GENS DU ROC ET DU SABLE
Les Toubou

CENTRE NATIONAL DE LA RECHERCHE SCIENTIFIQUE
Centre Régional de Publication de Marseille

ENS DU ROC ET DU SABLE

Les Toubou

Hommage à Charles et Marguerite Le Cœur
Textes réunis par Catherine Baroin

**EDITIONS DU CENTRE NATIONAL
DE LA RECHERCHE SCIENTIFIQUE**
15, quai Anatole-France - 75700 PARIS
1988

C.N.R.S.
ADMINISTRATION DE LA 12ᵉ CIRCONSCRIPTION
PROVENCE, ALPES, COTE D'AZUR, CORSE

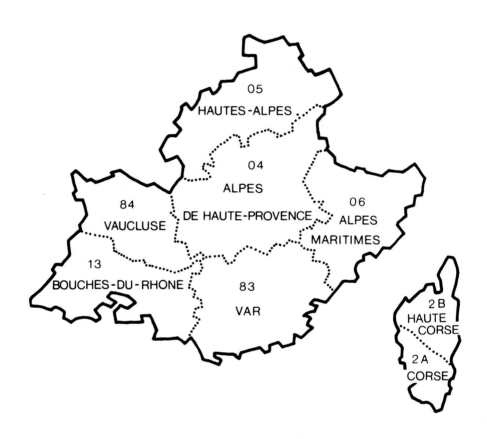

Cet ouvrage a été réa ١s
par le Centre Régional
de Publication de Marseille

© C.N.R.S. 1988

ISBN 2-222-04066-3

LISTE DES AUTEURS

Baroin Catherine, Chargée de recherche au C.N.R.S.

Brandily Monique, Chargée de recherche au C.N.R.S.

Buijtenhuijs Robert, Chercheur au Centre d'Etudes Africaines de Leiden.

Caron Louis, Colonel (E.R.) des Troupes de Marine.

Fuchs Peter, Professeur à l'Institut für Völkerkunde de Göttingen.

Tourneux Henry, Chargé de recherche au C.N.R.S.

Zeltner Jean-Claude, Historien du bassin du Tchad.

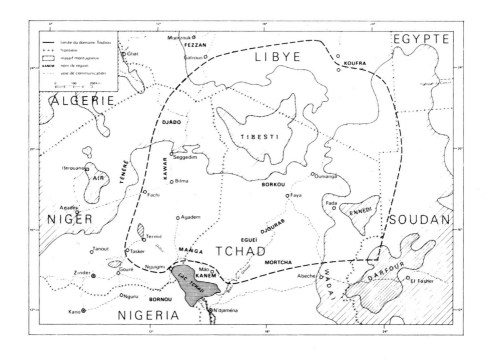

Le domaine toubou.

INTRODUCTION

Les Toubou, ces pasteurs saharo-sahéliens éleveurs de vaches et de chamelles, furent au contraire de leurs voisins les Touaregs, très longtemps ignorés du grand public. Il a fallu les troubles politiques du Tchad et l'affaire Claustre pour que l'attention se porte enfin sur eux. Aujourd'hui ils sont moins méconnus, l'actualité politique continuant de faire état des conflits non résolus auxquels ils sont mêlés. Cependant la presse ne nous informe guère sur les particularités de la culture toubou, et dans ce domaine l'investigation scientifique se limite encore de nos jours au travail de chercheurs trop peu nombreux.

Ils ont eu pourtant un précurseur de talent : Charles Le Coeur, qui fut le premier ethnographe à se rendre au Tibesti de 1933 à 1935, puis au Djado en 1942-1943. Nous lui rendons ici l'hommage le plus vif, car son travail de pionnier reste pour les chercheurs d'aujourd'hui une référence permanente, et ses observations perspicaces demeurent, à bien des égards, parfaitement d'actualité. Malheureusement, Charles Le Coeur fut tué sur le front italien à la veille de l'Armistice, et ne put rédiger l'important ouvrage qu'il avait projeté sur l'anthropologie des Toubou. L'oeuvre qu'il nous a laissée sur cette population se compose de quelques articles de revues, de certains chapitres de sa thèse, *Le rite et l'outil*, publiée en 1939, et de deux ouvrages posthumes édités par sa veuve Marguerite Le Coeur : le *Dictionnaire ethnographique téda* (1950) et la *Grammaire et textes téda-daza* (1955), livre auquel elle apporta sa contribution personnelle.

Après ce deuil prématuré, Marguerite Le Coeur, agrégée de géographie qui n'avait pas hésité à suivre son mari dans ces régions reculées du Sahara, mit toute son énergie et sa compétence à poursuivre l'oeuvre de son époux. Elle retourna seule au Kawar en 1946 puis en 1975, publia les travaux inédits de Charles Le Coeur ainsi que quelques articles sous sa propre plume. En 1985 paraissait son dernier ouvrage, une étude historique sur les oasis du Kawar. Elle mourut quelques mois après. Femme obstinée et charmante, marquée par un dévouement sans borne à la mémoire de son mari, nous lui rendons à elle aussi un hommage plein d'affection car nous partageons avec elle, sinon l'amour, du moins une très grande admiration pour l'homme exceptionnel que fut Charles Le Coeur.

Fig. 1 — Charles Le Coeur en tournée au Tibesti (1934) : l'entrée dans la gorge de Soborom (cliché Marguerite Le Coeur).

En dehors des travaux de Charles et Marguerite Le Coeur, l'ouvrage le plus significatif qu'il nous faut citer est celui du colonel Chapelle, *Nomades noirs du Sahara*, paru chez Plon en 1957. Ecrit par un homme qui a longuement fréquenté les Toubou et qui connaît bien leur mentalité, ce livre donne une vue d'ensemble de leur société et une description très vivante de leur mode de vie. Il constitue lui aussi une référence essentielle pour la connaissance de cette population.

Les chercheurs qui travaillent actuellement sur les Toubou se trouvent rassemblés dans le présent volume, qui associe, sous leur plume, quelques études nouvelles, ainsi qu'un choix de textes anciens de Charles Le Coeur, trop peu connus, mais dont la qualité mérite de les porter à nouveau à l'attention du public. Avant de présenter de façon plus détaillée chacun de ces textes et de montrer comment, en se complétant, ils donnent une image d'ensemble de cette société, brossons un tableau de ses caractéristiques principales, et des traits qui fondent son originalité.

Les Toubou, chameliers et bouviers du désert et de la zone sahélienne, occupent une très vaste région. Leur domaine couvre environ un quart de la surface du Sahara. La plupart d'entre eux sont des Tchadiens, mais le pays toubou déborde au nord sur la Libye, à l'est sur le Niger et à l'ouest sur le Soudan. Au Tchad même, on ne trouve guère de Toubou au-delà de la limite nord de la zone de culture du mil, qui se situe approximativement au niveau du lac Tchad. Les Toubou en effet sont des pasteurs, éleveurs de chamelles et de vaches pour l'essentiel, et s'opposent radicalement par leur économie et leur mode de vie aux sédentaires cultivateurs de mil qu'ils côtoient sur leur frange sud.

Le monde toubou en lui-même n'est pas pour autant uniforme. S'il s'oppose de façon très nette aux autres groupes sociaux qui l'entourent, il présente aussi des variations internes notables. Ainsi distingue-t-on, de manière très grossière, les Téda au nord, qui sont surtout éleveurs de chamelles, et les Daza au sud, plutôt éleveurs de bovidés. A l'intérieur de chacun de ces ensembles existent divers groupes aux statuts fortement différenciés, à tel point qu'il peut sembler justifié de parler de castes, comme le fait Monique Brandily dans l'article qu'elle publie ici, intitulé « Les inégalités dans la société du Tibesti ». Ces castes sont au nombre de trois. Aux Téda et Daza proprement dits s'opposent les forgerons, d'une part, et les esclaves. Les forgerons forment un groupe endogame spécialisé dans le travail des métaux, la chasse au filet et la musique. Certains sont également éleveurs. Quant aux esclaves, ils sont voués aux tâches les moins nobles et leur statut varie en fonction de leur origine, comme le précise Monique Brandily (voir aussi Baroin, 1981).

Les deux grands ensembles qui composent le monde toubou, les Téda et les Daza, se distinguent par leurs dialectes, le *tédaga* et le *dazaga*, mais ceux-ci sont apparentés et relèvent d'une même langue, dite toubou, qui fait partie du groupe des langues sahariennes et dont la structure est totalement différente de celles des langues parlées par les autres sociétés pastorales voisines, en particulier la langue arabe. Les Téda et les Daza ont des modes de vie quelque peu distincts, les premiers étant plutôt sahariens, les seconds plutôt sahéliens, mais Téda et Daza s'inter-marient volontiers et la frontière entre les deux groupes est loin d'être nette. C'est pourquoi, bien souvent, c'est le facteur linguistique qui est retenu comme facteur de distinction. On oppose alors les Tédagada, ceux qui parlent le *tédaga*, aux Dazagada qui parlent le *dazaga*. En dépit de ces différences, les Téda et les Daza appartiennent bien au même monde culturel, communément appelé toubou ou, parfois, téda-daza. Les Bideyat de l'Ennedi et les Zaghawa du Ouaddaï et du Darfour leur sont apparentés, bien qu'ils se distinguent des Toubou tant par l'habitat que par la langue, et qu'ils soient considérés par eux comme des étrangers.

Les contraintes d'un milieu écologique ingrat imposent aux Toubou un mode de vie à bien des égards similaire à celui d'autres pasteurs voisins, tels que les Touaregs par exemple qu'ils côtoient sur leur frange ouest. Ces populations en effet vivent de l'exploitation du même type de milieu naturel, et pratiquent un élevage extensif de chameaux et de bovins, dans des proportions qui diffèrent selon la latitude. Les aléas du climat, et de la chute des pluies notamment, les contraignent à de fréquents déplacements pour rechercher les pâturages, ce qui conditionne l'habitat, qui doit être à la fois mobile et léger. C'est la tente du nomade, qu'elle soit faite de peaux comme chez les Touaregs de l'ouest, ou de nattes de doum comme chez les Touaregs de l'est (E. Bernus, 1981 : 126) ou les Toubou. La tente et le mobilier toubou, même s'ils restent souvent de nombreux mois au même endroit, peuvent être déplacés à tout moment et transportés par un seul chameau.

Fig. 2 — Conduite des vaches vers un nouveau campement (Niger, 1969) (cliché Catherine Baroin).

Un autre trait commun à la plupart des sociétés pastorales saharo-sahéliennes, à l'exception de certaines ethnies d'Afrique de l'Est, est la religion musulmane. Les Toubou y adhèrent de tout coeur, même s'ils conservent dans certains rites familiaux des pratiques non islamiques, et s'ils n'appliquent pas toujours au pied de la lettre les règles islamiques. Cette appartenance à l'islam a des répercussions politiques importantes et peut être la source, dans des proportions qui varient d'une population à l'autre, d'un certain nivellement culturel. L'islam en effet n'est pas seulement une religion ; il comporte aussi des préceptes sociaux applicables dans les moments-clés de l'existence : naissance, circoncision, mariage et décès. La règlementation musulmane du mariage et du partage de l'héritage exerce nécessairement une influence sur les sociétés qui ont adopté cette religion, même si les règles de l'islam ne sont pas toujours appliquées de manière rigoureuse. Ceci dépend, dans une large mesure, de la dynamique propre à chaque culture.

Au nombre des points communs à la plupart des sociétés pastorales saharo-sahéliennes, il faut ajouter le caractère de « feud society ». La violence chez elles est en effet une donnée culturelle de premier plan, mais elle est en même temps régie de façon très précise. Ces sociétés partagent un sens très aigu de l'honneur, même si les lois de l'honneur ne sont pas identiques de l'une à l'autre. Il n'est pas exclu de supposer que le caractère guerrier de ces sociétés pastorales soit une conséquence de leur économie. En effet, la pratique de l'élevage extensif en milieu aride oblige le bétail à se déplacer beaucoup en broutant ; c'est donc un bien facile à voler. Tel est le cas des chameaux en particulier, qui se dispersent au pâturage et peuvent parcourir, en une seule journée, de nombreux kilomètres. Comme ils ne nécessitent pas un abreuvage journalier et qu'ils ne reviennent pas au puits tous les jours, leur surveillance est moins aisée que celle des vaches et la tentation de vol, en ce qui les concerne, est plus forte. Or comment les pasteurs pourraient-ils protéger leur bien, autrement que par la violence ? L'intimidation et les représailles armées sont leur meilleure défense. Aussi comprend-on qu'avant l'époque coloniale, l'histoire de ces régions ait été une histoire de razzias et de contre-razzias. Il n'est d'ailleurs pas certain que la colonisation, en imposant à tous ces éleveurs une domination commune, ait modifié très profondément ce type de logique sociale.

Un autre trait caractéristique de la société toubou, peut-être moins communément partagé par les pasteurs voisins, est son anarchie. C'est un point sur lequel ont insisté aussi bien Charles Le Coeur (1951 notamment) que Jean Chapelle (1957), Catherine Baroin (1985) ou Monique Brandily dans l'article qui suit, même s'il est fondé de parler, comme elle le fait, d' « anarchie ordonnée ». Un exposé, même bref, de l'anarchie toubou suppose un détour historique, car la situation de ce point de vue a été sensiblement modifiée par la colonisation. Avant celle-ci, les chefs téda ou daza étaient généralement des meneurs de razzia ou des hommes qui avaient pris la tête d'une migration, à un moment donné. Ils devenaient ainsi fondateurs d'un lignage ou d'un clan. Ces actes les entouraient, eux et leurs familles, d'un certain prestige, mais ne leur donnaient pas pour autant le pouvoir de décider pour autrui. Seul le consensus global pouvait et peut encore permettre, à l'occasion, une action commune. Pour ses affaires personnelles, chaque toubou se considère comme son propre maître et ne rend de comptes à personne.

On ne s'étonnera donc pas que ces pasteurs aient toujours été, pour les Français de l'époque coloniale, difficiles à contrôler et à administrer. C'est là un leitmotiv caractéristique de tous les rapports d'archives que l'on peut consulter. Cette difficulté tient à deux aspects de la société toubou qui empêchaient l'Administration coloniale d'avoir prise sur elle : le premier est son caractère intrinsèquement guerrier, qui vient d'être évoqué, le second l'absence de chefs aux pouvoirs clairement définis. En somme, la société toubou était, – et reste encore, dans une large mesure –, à la fois guerrière et anarchique. Ce sont ces deux caractéristiques sans doute qui ont fait jusqu'à nos jours sa fortune, personne n'ayant jamais réussi à dominer les Toubou, ni globalement ni durablement.

Pour tenter de contrôler le monde toubou, l'Administration coloniale française s'est efforcée de jouer sur ces deux tableaux, c'est-à-dire de pacifier les Toubou et de les doter de chefs au rôle plus établi que ceux qu'ils connaissaient jusqu'alors. Parmi les chefs issus de la société précoloniale, qui jouissaient d'un ascendant moral plus que d'un véritable pouvoir, certains ont été maintenus comme tels par les Français quand ils n'étaient pas hostiles à la politique française, mais bien d'autres chefs nommés par la France n'étaient jusqu'alors que de simples guides ou goumiers, ou des hommes qui avaient eu l'habileté de se soumettre au régime colonial au nom des leurs sans avoir pour autant, aux yeux de ceux-ci, aucune autorité morale pour le faire.

Ces nouveaux chefs ont pu tirer avantage de leur position d'interlocuteur privilégié avec le pouvoir colonial, et aussi de leur rôle de percepteur puisqu'ils gardaient (et gardent encore, après la décolonisation) un léger pourcentage sur l'impôt qu'ils perçoivent. Mais leurs *talaka*, leurs « pauvres », c'est-à-dire les hommes qui leur versent l'impôt, souvent se défient d'eux plus qu'ils ne leur font confiance, les soupçonnant en particulier d'exiger un impôt supérieur à celui qui est normalement dû. En tout cas, l'autorité de ces chefs se limite là. Chaque homme a même la possibilité de payer l'impôt auprès d'un autre chef s'il n'est pas satisfait de celui avec lequel il est recensé. Au Niger, nous avons pu constater que les groupes qui paient l'impôt à un même chef et les unités claniques, dont nous examinerons plus bas la nature, n'ont aucun rapport : les membres d'un même clan paient l'impôt à des chefs divers, qui bien souvent appartiennent à un autre clan que le leur, et inversement les hommes qui paient l'impôt à un même chef sont de clans très divers.

Du pourcentage qu'ils conservent sur le prélèvement de l'impôt, les chefs tirent une richesse supérieure à la moyenne qui leur donne d'emblée une position privilégiée dans la société. Comme ils sont les plus riches, ce sont eux qui reçoivent les « étrangers » (le terme *osurdo*, « étranger », désigne en même temps l'hôte, celui qui est reçu, en langue daza). Ils doivent aussi, plus que les autres, faire preuve de largesse en toutes sortes de circonstances, notamment dans les nombreuses occasions de la vie familiale où des dons de bétail sont attendus de l'entourage.

Ainsi donc fut instituée une chefferie dont la fonction essentielle était de percevoir l'impôt et de servir d'intermédiaire entre l'Administration et la population. Mais cette chefferie n'eut jamais qu'un impact limité sur la société toubou qui conserva par ailleurs ses ressorts profonds, et en particulier son caractère anarchique. Quant à la pacification, imposée elle aussi de l'extérieur, elle fut très difficile à établir et resta superficielle : si les razzias de bétail furent progressivement enrayées, le tempérament toubou n'en resta pas moins foncièrement guerrier, comme en a témoigné le conflit tchadien et comme en témoignent journellement les conflits d'ordres divers qui opposent les Toubou entre eux. C'est précisément au caractère guerrier de ce peuple que Robert Buijtenhuijs attribue, dans l'article qu'il publie dans ces pages, le rôle important qu'il a pris dans la politique actuelle du Tchad.

Les conflits, chez les Toubou, sont à la fois animés et réglementés par une notion essentielle dans ce monde pastoral, celle de l'honneur. Charles Le Coeur insiste à juste titre sur ce point dans un remarquable compte rendu de mission publié en 1951, intitulé « Méthode et conclusions d'une enquête humaine au Sahara nigéro-tchadien », que nous avons le plaisir de reproduire ici. La mise au défi de l'honneur d'autrui, et surtout la défense de son propre honneur sont, pour un Téda ou un Daza, des impératifs journaliers. C'est l'honneur de la famille qui est en jeu, celui des femmes en particulier, mais aussi l'honneur personnel et celui de la propriété. Il n'y a pas de frontière nette entre les trois, car l'honneur d'un individu est remis en cause aussi bien par une atteinte à sa famille ou son bien (son bétail, essentiellement) qu'à sa personne propre. Les conflits armés qui tourmentent le Tchad depuis de nombreuses années ont sans doute été une occasion privilégiée pour les Toubou de faire jouer les règles de l'honneur propres à leur société. C'est un point qui, faute d'observation scientifique directe, n'a pu être étudié. En dehors de cela, le vol de bétail semble à l'heure actuelle la forme la plus fréquente de ces défis à l'honneur. Il est institutionnel dans ce milieu pastoral, en dépit des efforts de l'autorité coloniale, puis étatique, pour le combattre. Le vol de chameaux surtout, car ce sont les chameaux qui sont le plus volés, est une atteinte à l'honneur du propriétaire qui se doit de réagir aussitôt. Il fait appel aux solidarités dont il dispose, c'est-à-dire celle de sa famille consanguine et celle de son clan.

C'est dans le domaine de la violence que le rôle du clan apparaît le plus clairement. L'analyse du rôle des clans chez les Toubou n'est pas chose aisée, peut-être parce qu'il existe un certain flou, plus ou moins délibéré, dans ce domaine, peut-être aussi parce que la colonisation française a estompé certaines prérogatives des clans. Les deux facteurs jouent d'ailleurs probablement de façon simultanée. Qu'est-ce donc qu'un clan toubou ? Ce n'est pas une unité géographique. Les membres d'un même clan sont libres de leur résidence et vivent dispersés dans des campements souvent très éloignés les uns des autres. Ils ne se réunissent jamais. Les clans ne sont pas non plus des unités politiques. S'il existe des chefs de clan, tous les clans n'en sont pas pourvus. Leur autorité est très faible car chacun des membres du clan se considère comme libre d'agir comme bon lui semble. Le clan n'a pas de politique unifiée. Il se définit en principe par la patrilinéarité, mais lorsqu'on y regarde de plus près, on constate que l'unilinéarité n'est pas appliquée de façon très stricte dans la formation des clans.

Si la plupart de ceux-ci sont formés à partir d'une souche patrilinéaire commune, d'autres sont d'origine géographique. Ainsi les habitants d'un même lieu, unis par les mêmes intérêts, seront désignés par un terme commun et insensiblement ce nom deviendra celui d'un clan. Par ailleurs, les Toubou considèrent qu'ils n'appartiennent pas seulement au clan patrilinéaire de leur père mais aussi, à titre secondaire, à celui de leur mère. Ils tirent également vanité de tous les clans où ils comptent un ancêtre. Ces liens leur sont un avantage précieux, car ils leur permettent de se faire restituer plus facilement un animal volé par le membre d'un tel clan. Cette possibilité résulte du fait que le vol de bétail est prohibé entre les membres d'un même clan.

Le clan toubou est donc un groupe patrilinéaire sans unité géographique ni politique. Pour reprendre ce qu'ont écrit à ce sujet Charles Le Coeur (1953a) et Jean Chapelle (1957), il se caractérise par un ensemble d'attributs : un nom, un surnom, un interdit, un habitat théorique ou d'origine, une tradition historique et, surtout, une marque de bétail. Les interdits de clans, d'ordre assez varié, sont souvent liés à un épisode de la vie de l'ancêtre commun. Dans la vie courante, comme l'a remarqué très judicieusement Charles Le Coeur, la fonction unificatrice de l'interdit du clan s'exerce moins par les occasions qu'il donne d'être respecté que par son rôle de marqueur d'un champ commun de l'honneur. En effet les interdits sont souvent tels que leur respect dans la vie pratique représente une contrainte bien mince, alors qu'ils apparaissent, de façon beaucoup plus fréquente, dans des formules de défi. L'homme qui dit au membre d'un autre clan : « Je n'ai pas fait telle chose », signifiant « Je n'ai pas respecté ton interdit » lui lance un défi que tous les membres du clan doivent relever sous peine de déshonneur.

Un clan peut se caractériser aussi, mais pas toujours, par un habitat traditionnel. Il s'agit d'un habitat d'origine à partir duquel les membres du clan se sont dispersés, ou bien d'un habitat théorique. C'est alors le ou les lieux où se trouve une importante concentration de membres de ce clan, ce qui n'exclut pas, bien entendu, la présence de membres du clan en de nombreux autres points du territoire.

De tous les attributs du clan, la marque de propriété est sans conteste celui dont l'usage est demeuré le plus vivant. Cette marque, dessin géométrique simple, est imprimée au fer rouge sur la peau du bétail, les chameaux principalement. Elle permet aux voleurs potentiels de savoir à qui appartiennent les animaux qu'ils rencontrent, de façon d'autant plus précise que chaque propriétaire ajoute à la marque de son clan celle du clan de sa mère ou d'un proche parent puissant. Ainsi sont constitués de véritables blasons personnels. L'apposition d'une marque correspond en même temps à un engagement, car les membres d'un même clan ne sauraient se voler des animaux entre eux et sont tenus de se porter assistance mutuelle en cas de vol.

Le clan, encore de nos jours, joue de ce fait un rôle certain dans la réglementation des conflits liés aux vols de bétail, qui sont restés une réalité quotidienne en dépit de l'influence « pacificatrice » de la colonisation. Hormis cette fonction, si l'on en juge du moins sur ce qui se passe chez les Toubou du Niger, le clan ne semble pas avoir gardé une grande influence dans la vie de tous les jours. Mais peut-être la situation dans cette partie du monde toubou n'est-elle pas très typique. Des enquêtes comparatives, sur ce point, seraient à mener dans d'autres secteurs de leur domaine, car il est difficile à l'heure actuelle, faute de données, de mener une analyse beaucoup plus poussée de la fonction des clans toubou. La meilleure analyse que nous possédons sur ce sujet reste, incontestablement, celle de Charles Le Coeur dans son article « Le système des clans au Tibesti », écrit en 1935 et repris dans cet ouvrage. En quelques pages magistrales, Ch. Le Coeur y brosse l'interprétation la plus fine qui ait jamais été faite du rôle des clans et mieux que tout autre, il nous éclaire sur cet aspect fondamental de la société toubou.

En dépit des variations locales qui peuvent s'observer, en ce qui concerne l'extension du rôle du clan ou d'autres aspects de l'organisation sociale, le monde toubou se caractérise par un certain nombre de traits communs à l'ensemble et qui, en même temps, distinguent cet ensemble radicalement des autres groupes sociaux avoisinants. L'un de ces traits est la règle de mariage. Les Toubou en effet, contrairement à tous leurs voisins, ne se marient pas entre proches parents. L'interdiction de mariage porte non seulement sur les cousins, mais sur tous les parents par le sang, en ligne paternelle, maternelle ou par combinaison des deux, jusqu'au huitième degré de parenté. C'est donc l'ensemble de la parentèle cognatique proche qui constitue une unité exogame, et non le clan comme cela se produit dans de nombreuses autres ethnies. Les Toubou se marient aussi bien au sein de leur clan qu'au dehors, pourvu que les interdits de mariage soient respectés.

Parmi les aspects culturels spécifiques à la société toubou, lorsqu'on la compare aux autres ensembles pastoraux et musulmans voisins, le trait distinctif le plus évident est la prohibition du mariage au sein de la parentèle. Cette règle n'est pourtant pas caractéristique des seuls Toubou. On trouve dans des régions d'Afrique plus éloignées, à l'est, d'autres groupes de pasteurs ou agro-pasteurs qui l'observent. Mais par rapport à eux, la société toubou présente un autre trait distinctif qui, pour sa part, semble bien particulier à elle seule : à la règle de mariage s'associe tout un ensemble de prestations, transferts matrimoniaux de bétail, qui constitue un véritable système et que l'on ne retrouve dans sa totalité, à notre connaissance, nulle part ailleurs.

Quel est ce système ? Il prend place au fil des diverses étapes qui mènent au mariage. Lorsqu'une famille veut marier un de ses fils, généralement entre vingt-cinq et trente ou trente-cinq ans, elle fait son choix parmi des jeunes filles, âgées de quinze à vingt ans le plus souvent, qui n'ont aucun lien de parenté proche avec le jeune homme. La préférence est donnée à celle dont les parents sont les plus riches et les plus nombreux, ceci en fonction des possiblités de la famille du jeune homme elle-même, car une jeune fille de très riche famille ne serait pas accordée à un jeune homme trop pauvre. Lorsque des démarches officieuses ont permis de s'assurer que la demande en mariage officielle ne sera pas l'objet d'un refus (ce qui serait un affront), cette demande est faite par les parents du garçon à ceux de la jeune fille, et les deux familles s'accordent sur le montant de la compensation matrimoniale qui sera versée au père de la future épouse.

Ce montant, chez les Toubou, est beaucoup plus élevé que chez les autres sociétés pastorales voisines. Il s'élève fréquemment à une dizaine de chamelles adultes, lorsqu'il est remis sous cette forme. Mais la compensation, à la demande du père de la fille, peut aussi être versée sous forme de thé et de sucre. Le thé, amer et très sucré, est extrêmement apprécié des Toubou et constitue l'un des rares luxes d'une vie qui n'en comporte guère. Dans ce cas des animaux sont vendus au marché pour acheter le thé et le sucre requis. Ce sont alors vingt à trente animaux d'âge divers qu'il faut vendre pour atteindre le montant exigé.

Ce bétail, le jeune homme ne le possède pas, car il vit jusqu'à son mariage sous la dépendance de son père pour lequel il travaille et auquel il obéit. Le père lui-même ne saurait amputer le troupeau familial d'un si grand nombre de bêtes sans hypothéquer la vie future de sa propre famille. Le cheptel de la compensation matrimoniale doit donc être trouvé ailleurs. Pour le rassembler, le jeune homme fait la tournée de ses parents, paternels et maternels, proches et plus éloignés, et dit à chacun « *turko ten* », « donne-moi le cadeau ». Chaque parent ainsi sollicité, au bout d'un temps plus ou moins long, donne un animal au futur marié. Ces démarches, selon la richesse et le nombre des parents du garçon, prennent plus ou moins de temps. Elles durent deux années en moyenne, au cours desquelles la compensation matrimoniale est remise, peu à peu, au père de la jeune fille. Celui-ci ne la conserve pas pour lui seul, il la redistribue aux parents paternels et maternels de sa fille, de façon que chacun reçoive à peu près l'équivalent d'une tête de gros bétail.

Lorsque tous les versements ont été effectués, la date du mariage est fixée par le père de la jeune fille, souvent à la saison des pluies car c'est le moment où le lait est abondant et la dure tâche de l'abreuvage limitée au minimum. Le mil de la cérémonie, qui servira à nourrir les invités, est apporté par la famille du garçon tandis que c'est la famille de la mariée, dans le campement de laquelle le mariage a lieu, qui procure la viande. La cérémonie du mariage dure trois jours et se conforme par bien des côtés aux préceptes de l'islam. Elle rassemble un nombre considérable de personnes, de deux à trois cents environ. Ce simple fait constitue par lui-même un événement exceptionnel, étant donné la faible densité de l'habitat de ces contrées et la petite taille des campements toubou.

Au cours du deuxième jour se produit un événement de grande importance et qui n'a rien d'islamique. C'est la présentation du *conofor*. On appelle *conofor* (pl. *conofora*) les animaux qui sont donnés au marié, lors de son mariage, par les parents de son épouse. Ces animaux sont présentés à l'assistance qui applaudit la générosité des donateurs. L'identité de ces derniers est annoncée publiquement ainsi que le détail de leurs dons. Sont donateurs, en principe, tous les parents de la mariée qui ont reçu une part de sa compensation matrimoniale. Le bétail qu'ils donnent au jeune marié constitue un contre-don de valeur sensiblement égale à la compensation initialement versée.

Après la cérémonie du mariage, l'époux passe une période probatoire de deux ans en moyenne auprès des parents de sa femme. La tente du couple est installée dans le campement des parents de la jeune mariée, et pendant cette période le gendre est à la disposition de son beau-père auquel il doit rendre divers services. Lorsque le beau-père le juge bon, il libère son gendre de cette obligation et celui-ci peut alors partir avec sa femme pour s'installer dans le campement de son choix. C'est à ce moment seulement qu'il prend possession du cheptel qui lui a été donné par sa belle famille, et c'est grâce à lui qu'il peut désormais mener une existence autonome. Mais ses droits sur ce bétail sont soumis à certaines restrictions. Le mari doit gérer ce troupeau dans l'intérêt de sa femme et des enfants qu'elle lui donne. Il ne peut, sans s'attirer de graves ennuis avec ses beaux-parents et son épouse, dilapider ce bien ou l'utiliser à des fins personnelles. Lorsqu'il meurt, ce bétail et son croît sont réservés aux seuls enfants nés de l'union. Les enfants d'autres lits ne sauraient y accéder.

Si les relations de l'époux avec ses alliés sont bonnes, ceux-ci lui donnent souvent, au fil des années qui suivent le mariage, de nombreux animaux complémentaires, sans y être en aucune façon obligé. Ces cadeaux entretiennent les bonnes relations, et une solidarité qui s'exerce aussi en sens inverse, car si un jeune parent de la femme souhaite se marier, il peut très bien faire appel au mari de celle-ci qui lui donnera un animal pour payer la compensation matrimoniale.

Indépendamment de ces dons ultérieurs, les animaux donnés par la famille de l'épouse lors du premier mariage sont toujours en nombre important. Il peut varier de dix à une trentaine de têtes de gros bétail. Il ne saurait être inférieur, car c'est sur ce bétail que le couple qui se forme fonde son autonomie économique, et un minimum vital est nécessaire. Ces dons sont la contrepartie d'une compensation matrimoniale qui, elle aussi, ne peut être inférieure à un certain niveau, faute de quoi les contre-dons qui lui font suite seraient insuffisants. C'est pourquoi les garçons et les filles de famille pauvre ont du mal à se marier. Une jeune fille pauvre peut être donnée en mariage à un homme riche déjà marié, donc qui possède déjà des moyens d'existence, ou encore à un lettré (*maallem*, celui qui sait lire le Coran), car cet acte pieux assure aux parents de la jeune fille l'accès au paradis après leur mort. Un jeune homme pauvre, quant à lui, ne peut épouser une jeune fille de même condition car ils n'auraient pas de moyens d'existence. Il n'a que deux solutions : soit il s'expatrie pour vendre ailleurs sa force de travail, dans l'espoir d'amasser un pécule suffisant pour se marier, soit il épouse une femme d'âge mûr, divorcée et suffisamment riche, car aucune compensation n'est exigée pour une femme qui a dépassé la trentaine et qui a déjà été mariée plusieurs fois. Si aucune de ces possibilités ne s'offre à lui, le jeune homme pauvre reste célibataire, comme c'est le cas de quelques-uns.

On comprend, de ce fait, pourquoi il est si important pour les Toubou d'être riche et d'avoir de nombreux parents. Ces deux formes de richesse donnent la garantie d'un mariage meilleur et plus vite réalisé. Avant même le mariage et après, en raison de la solidarité qui s'exerce au sein de la parenté en diverses circonstances, la richesse de nombreux parents constitue une forme d'assurance contre les aléas de l'existence.

La trame des dons et contre-dons de bétail qui sont effectués pour un seul mariage met en jeu, du côté du garçon, une bonne dizaine de familles nucléaires en moyenne (celles des parents qui contribuent au versement de la compensation matrimoniale), et autant du côté de la jeune fille (celles qui reçoivent une part de la compensation et font un contre-don équivalent). On peut donc considérer que vingt à trente cellules familiales distinctes sont impliquées dans les transferts de bétail occasionnés par un seul mariage. Ces deux groupes de parents, celui du garçon et celui de la fille, sont par définition étrangers l'un à l'autre puisqu'aucun lien de parenté proche ne doit exister entre les futurs conjoints. Ces importants dons et contre-dons sont donc un moyen de créer des liens entre les deux groupes ; ils leur permettent, en quelque sorte, de se mesurer l'un à l'autre. Il existe un lien logique entre la règle de mariage toubou et ces transferts de bétail, dans la mesure où les seconds supposent la première. En effet si le mariage avait lieu entre proches parents, les personnes qui versent la compensation matrimoniale seraient les mêmes que celles qui la reçoivent et donnent une contrepartie. Ce système d'échanges, si les partenaires n'étaient pas distincts, n'aurait plus aucun sens. C'est peut-être la raison pour laquelle les Toubou, en dépit de l'influence grandissante de l'islam, n'ont pas adopté la règle arabo-islamique du mariage avec la fille du frère du père. L'adoption d'une telle règle aurait pour effet de réduire à néant le système des échanges de bétail lié au mariage, système qui joue un rôle central dans la vie sociale toubou.

Quelles sont en effet les conséquences, à l'échelle de la société globale, de ces circuits d'échange de bétail ? Une même famille nucléaire, de par les nombreux liens de parenté qui la lient à des jeunes gens et des jeunes filles en âge de se marier (en plus de ceux qui ont grandi en son sein propre), se trouve impliquée au fil du temps dans toute une série de mariages distincts. Ceux-ci la mettent en relation avec des ensembles de familles qui ne sont jamais identiques, puisque le conjoint doit être chaque fois recherché au-delà du cercle des proches parents. Les réseaux de parenté se développent donc toujours dans des directions nouvelles, et de même les échanges d'animaux qui accompagnent chaque mariage. Il en résulte un brassage sans cesse renouvelé des liens du sang et une multiplication sans fin des échanges de bétail entre des cellules familiales différentes. Ainsi d'individu à individu, de famille à famille, l'alliance crée des rapports d'entraide toujours nouveaux qui, de proche en proche, englobent la société toute entière. Ceci produit un maillage social à la fois souple et solide, sans que des groupes aux contours distincts soient pour autant constitués puisque, en dehors des clans dont nous avons vu plus haut la nature, les seules unités d'entraide sont les parentèles. Celles-ci par définition se constituent chacune autour d'un individu et sont différentes pour chacun (hormis les frères et soeurs de même père et même mère). Elles se recoupent à l'infini.

Cette texture sociale souple, fruit de la conjonction de cette règle de mariage et du système d'échange de bétail qui lui est lié, explique dans une certaine mesure le caractère anarchique de la société. Car comment pourrait-il y avoir de chefs aux pouvoirs solidement établis, s'il n'existe aucun groupe précis sur lequel ils puissent asseoir leur autorité ? Ceci n'exclut pas pour autant la présence de chefs, mais leur rôle, comme nous l'avons noté plus haut, est assez limité.

Au Tibesti, des conditions géographiques et historiques particulières ont entraîné une institutionalisation du pouvoir plus marquée qu'ailleurs. Le relief très tranché de ce massif, qui « jaillit brusquement au milieu des plaines » (Chapelle, 1957 : 67) est un phénomène bien connu. Au fil des siècles, le Tibesti a servi à ses habitants tantôt de refuge, tantôt de pôle de diffusion, et les conditions de vie spécifiques qu'on y trouve expliquent à elles seules bien des particularités des Téda qui l'occupent. Le chef du Tibesti, le *derdé*, comme le souligne Monique Brandily dans l'article qu'elle publie ici, n'exerce pas un véritable pouvoir. Son rôle est avant tout honorifique et symbolique. Il est traditionnellement choisi en alternance dans trois familles issues du clan Tomagra, et doit de surcroît être reconnu et légitimé par l'ensemble des clans autochtones du massif, détenteurs des droits sur la terre.

Contrairement à ce qu'on pourrait attendre après les bouleversements qu'a connu cette région depuis le début des révoltes du Tchad, la cérémonie d'investiture du *derdé* s'est maintenue jusqu'à nos jours. La dernière s'est déroulée conformément à la tradition en avril 1979 et M. Brandily, qui a eu la chance d'y assister, en rend compte dans un article publié en 1981. L'analyse qu'elle nous livre ici des inégalités de la société du Tibesti apporte sur ce sujet des détails nouveaux et importants qui, nous l'espérons, pourront être développés dans un ouvrage ultérieur. Cet auteur insiste à juste titre sur ce qui fait la spécificité des Téda du Tibesti, mais on n'en reste pas moins frappé, à lire ses pages, de voir combien cette société particulière relève bien néanmoins de ce tout que forme l'ensemble toubou, dont nous venons d'évoquer les caractéristiques essentielles.

Si Monique Brandily fait état, dans l'article ci-dessous, des traits culturels des Toubou qui leur permettent de s'adapter au monde actuel (la flexibilité que nous soulignions plus haut y est indéniablement pour quelque chose), le point de vue de Robert Buijtenhuijs a, lui aussi, un accent très moderne. Cet auteur s'interroge en effet sur les motifs qui ont porté les Téda-Daza à occuper le devant de la scène politique au Tchad, en dépit de leur faiblesse démographique. R. Buijtenhuijs, politologue bien connu, s'est intéressé aux « rebelles du Tchad » et a publié en 1978 et 1987 deux imposantes études sur le Frolinat. Dans l'article qu'il publie ici, « Les Toubou et la rébellion tchadienne », il recherche les causes du rôle prédominant des Toubou dans le conflit tchadien. Il explique l'importance qu'ils ont prise, en premier lieu, par leur courage physique et leur combativité exceptionnelle. Ceci, notons-le, rejoint les remarques que nous faisions plus haut sur le caractère intrinsèquement guerrier de la société toubou. Il souligne en second lieu que le mode de vie habituel de cette population, qui laisse à chaque homme une grande liberté, le prédestine en quelque sorte à la vie de guérillero. R. Buijtenhuijs s'interroge enfin sur les raisons de la désunion des Toubou (l'opposition Habré/Goukouni) à laquelle il propose quelques explications. Aucune d'entre elles pourtant ne nous semble parfaitement convaincante. Regrettons que l'auteur n'ait pas songé à invoquer ce trait culturel spécifiquement toubou lui aussi qu'est l'anarchie, car elle explique aisément l'absence, naturelle pour les Toubou, de politique unifiée.

Le texte de Louis Caron, colonel en retraite des Troupes de Marine, est d'une autre nature. Cet officier, entre 1955 et 1962, vécut pendant cinq ans comme administrateur militaire au milieu des Toubou. Il séjourna d'abord en Ennedi, à Fada, puis au Tibesti et au Borkou. En particulier, il assuma pendant deux ans et demi la présidence du tribunal de conciliation de Fada. Il nous livre ici un témoignage précieux sur l'administration militaire de la région du Borkou-Ennedi-Tibesti (B.E.T.) au moment de l'indépendance, et sur la façon dont se déroulait la justice à Fada. A parcourir ses lignes, on mesure toute la distance culturelle qui sépare notre civilisation de celle des Toubou, et en particulier l'inadéquation du droit français à régler les conflits de cette société si différente de la nôtre. En même temps, en dépit de ces différences, on découvre au travers des démêlés qu'il évoque la présence d'un champ de compréhension mutuelle et même d'une certaine sympathie entre ce militaire français parachuté là sans préparation particulière, et ses remuants administrés. Comme le souligne Louis Caron en effet, les Toubou sont doués d'un caractère si pragmatique et individualiste qu'ils nous sont, au bout du compte, moins étrangers que bien d'autres populations africaines.

La présidence du tribunal de conciliation de Fada lui offrait une position d'observateur privilégié dans les conflits toubou. Or chacun sait combien ceux-ci sont révélateurs d'un état de société. L. Caron nous montre comment la violence, toujours latente au B.E.T., éclate à propos de chameaux volés, de droits territoriaux (droits sur les branches d'arbre au Tibesti), d'affaires liées aux femmes ou d'histoires de dot. Il nous décrit avec pittoresque nombre d'aspects typiques de la culture toubou : la manière de se saluer, la fierté des femmes, le rôle des forgerons, la beauté des danses sous la lune, la dureté de la vie au désert, dont les enfants font très tôt l'apprentissage. Tout ce qui concerne le serment sur le Coran et la façon dont il est pratiqué nous en dit long aussi sur la mentalité de ces pasteurs. Le témoignage que nous apporte L. Caron sur la vie des Toubou, leurs querelles et leurs relations avec l'Administration française est donc particulièrement précieux. Il concourt à nous donner d'eux une image aussi juste que vivante.

D'une manière différente, le conte présenté par Catherine Baroin, recueilli chez les Toubou du Niger, est lui aussi fortement révélateur des normes sociales. Autant le cadre de l'action correspond au mode de vie habituel du pays, autant l'action du conte elle-même se déroule complètement à l'envers de la règle. Un chef de bande s'en va razzier avec sa troupe. Rien là de plus banal. Il trouve de la viande au bord d'un fleuve et, pour la consommer seul, trouve un prétexte pour revenir en arrière, sans ses hommes. Ni le mensonge ni la ruse ne sont en eux-mêmes des actes répréhensibles pour les Toubou, au contraire, mais le refus du partage par contre est intolérable. C'est pourquoi il est immédiatement sanctionné. La viande mangée en cachette se met à chanter dans le ventre du chef, ce qui lui attire les pires ennuis. Sa femme le quitte tout d'abord et retourne chez ses parents : le scénario, sur ce point, est à nouveau parfaitement habituel. Pour convaincre de son bon droit non pas son père, avec lequel sa relation est plus distante, mais sa mère dont elle est beaucoup plus proche, la jeune femme incite cette dernière à se cacher sous son lit pour vérifier ses dires. Cet acte impudique est, pour les Toubou, proprement inimaginable. C'est une monstruosité. Le chef se trouve donc dans une situation insoutenable et n'a d'autre ressource, pour s'en sortir, que d'accepter une nouvelle inversion complète de la norme : il accouche comme une femme de la viande qu'il avait mangée.

Ce conte se déroule en trois étapes principales. Tout d'abord un chef trompe ses hommes pour manger seul de la viande. Ce refus du partage est un acte anti-social répréhensible dans toute société, mais encore plus peut-être chez les Toubou, surtout lorsqu'il porte sur une nourriture de fête comme la viande. Il débouche sur une série d'événements fantastiques qui culminent dans la transgression d'une autre norme de conduite essentielle, celle des relations d'évitement entre belle-mère et gendre. Cette double transgression sociale ne peut trouver sa solution que par une troisième transgression, d'ordre naturel cette fois : le chef accouche comme une femme. En somme, c'est une double leçon de morale que nous donne ce conte, qui illustre en même temps la nature des relations familiales chez cette population. On y observe la distance des rapports entre les conjoints, face à la proximité maintenue des liens de l'épouse avec sa famille d'origine ; on y remarque aussi l'étroitesse de la relation mère-fille, qui s'oppose à un rapport plus distant avec le père.

Si les relations familiales et certains éléments de base du code moral toubou sont illustrés dans ce conte, l'article de Peter Fuchs sur les relations inter-ethniques à Fachi nous éclaire sur un autre aspect important de la société toubou. Cet auteur, qui a publié en 1983 une étude socio-économique détaillée sur les Kanouri de Fachi, y fait le point sur les relations entre les Toubou et les Kanouri de cet oasis. Par contraste avec ces sédentaires, la spécificité du tempérament toubou apparaît de façon très révélatrice. L'anarchie et l'individualisme des Toubou sont une fois de plus soulignés, ainsi que leurs interminables querelles intestines, leur violence et leur mépris de la mort. A l'extrême inverse, c'est l'humilité des Kanouri qui ressort, dictée par un profond sentiment d'infériorité. Ce sentiment très intériorisé les porte à un comportement qui n'est pas sans rappeler celui des Aza, artisans castés,

« forgerons » des Daza, qui souffrent du même complexe bien qu'ils appartiennent à la culture toubou (Ch. Le Coeur, 1953b : 31-32 et Baroin, 1985 : 71). Fruit du même contraste culturel, Fuchs note aussi le très faible nombre des mariages entre Kanouri et Téda ou Daza. A quelques exceptions près, aucune adaptation n'est en effet possible au niveau conjugal entre ces deux cultures trop radicalement différentes l'une de l'autre.

Si la relation hiérarchique est déterminante dans les rapports avec les Kanouri de Fachi, la supériorité des Toubou étant reconnue implicitement de part et d'autre, le cas est moins net avec les Arabes Ouled Sliman, voisins plus récents avec lesquels les contacts furent longtemps beaucoup plus houleux. Ces Arabes, chassés de Tripolitaine par les Turcs, envahirent le territoire toubou en deux vagues successives, vers 1842 et 1930. A la fin du siècle dernier, ils ravagèrent le pays pendant plus de cinquante ans grâce à la supériorité que leur conférait la possession d'armes à feu, grâce aussi à la relative cohésion de leurs bandes face aux courageux mais anarchiques guerriers toubou. Des renversements continuels d'alliance entre les divers groupes toubou et Ouled Sliman en présence, d'ailleurs souvent unis, provisoirement, dans le combat d'un ennemi commun, rendirent cette période particulièrement troublée. L'ouvrage de J. Chapelle (1957) donne, par bribes, un aperçu de ses épisodes les plus marquants.

Mais aucune étude historique complète n'a encore été menée sur cette tribu arabe, si ce n'est la synthèse rapide qu'en fait J.-C. Zeltner dans ses *Pages d'histoire du Kanem* (1980 : 224-251). Sur le plan sociologique non plus, les Ouled Sliman n'ont fait l'objet d'aucune recherche récente. La meilleure description que nous avons de leurs moeurs reste celle, déjà ancienne, que nous a laissée Nachtigal (1879-1881):

La contribution de Jean-Claude Zeltner à cet ouvrage comble donc en partie les lacunes de nos connaissances historiques sur cette tribu. Cet auteur y établit en effet la chronique des Arabes Ouled Sliman en Tripolitaine, de la fin du XVIIIe siècle au début du XIXe siècle, c'est-à-dire plus de vingt-cinq ans avant leur migration vers le Kanem et avant qu'ils n'aient de contacts très fréquents avec les Toubou. Dans l'histoire déjà très mouvementée qui fut la leur en Tripolitaine et que nous narre J.-C. Zeltner, on entrevoit déjà certains traits caractéristiques de cette tribu guerrière qui ont marqué par la suite leurs rapports avec les Téda et les Daza. Ces rapports, toutefois, n'ont jamais été étudiés pour eux-mêmes jusqu'à présent. Une telle recherche serait d'autant plus souhaitable que l'étude des relations entre deux ethnies est toujours révélatrice d'aspects marquants tant chez l'une que chez l'autre. Des enquêtes ethnologiques restent à faire également sur les Ouled Sliman eux-mêmes, comme sur bien d'autres tribus arabes du Tchad, qui dans l'ensemble sont fort mal connues.

Pour en revenir aux Toubou, le dernier apport contemporain à cet ouvrage est la « bibliographie linguistique teda-dazza » préparée par Henry Tourneux. Ce linguiste, qui a publié d'importants travaux sur plusieurs langues du Bassin du Tchad, réunit dans cette liste de nombreuses références nouvelles. Il est vrai qu'une bibliographie générale du monde toubou reste à faire. La plus complète à l'heure actuelle est celle de J. Chapelle dans la deuxième édition (1982) de son ouvrage sur les « nomades noirs du Sahara ». Mais les 183 titres qui s'y trouvent rassemblés ne constituent pas un recensement exhaustif des travaux sur cette ethnie. Du point de vue proprement linguistique, la bibliographie de H. Tourneux est plus riche car elle regroupe de nombreux titres qui ne sont pas mentionnés par Chapelle, en particulier parmi les plus anciens. Elle fait ainsi remonter à 1797 la date du premier vocabulaire toubou recueilli, celui d'Hornemann, publié en 1803. L'autre intérêt de la bibliographie de H. Tourneux réside dans les commentaires qu'on y trouve sur l'apport linguistique d'un grand nombre des références citées. Ce texte constitue donc un document de travail d'une grande valeur pour celui qui, dans un futur que nous espérons proche, reprendra l'étude de la langue toubou. Cette étude, en effet, est restée en sommeil depuis les travaux de Johannes Lukas et de Charles et Marguerite Le Coeur, dans les années cinquante.

Nous n'évoquerons pas ici en détail l'oeuvre linguistique de Ch. et M. Le Coeur. Elle est indéniablement importante, mais peut-être aussi est-elle un peu vieillie actuellement compte tenu des grands progrès qu'a connu cette discipline. Sur le plan ethnologique par contre, les observations perspicaces de Ch. Le Coeur demeurent, à bien des égards, parfaitement d'actualité. C'est cette actualité que nous avons voulu mettre en évidence en regroupant ici, à côté de textes contemporains, quelques articles insuffisamment connus de cet auteur. Ces articles, dispersés dans des publications anciennes et le plus souvent difficiles d'accès, témoignent d'une justesse de vue qui est – pour ceux qui connaissent ce peuple – tout à fait saisissante.

Tel est le cas tout particulièrement de ce compte rendu de mission au titre rébarbatif « Méthode et conclusions d'une enquête humaine au Sahara nigéro-tchadien ». Dans cet article posthume, Ch. Le Coeur fait le bilan de la méthode employée et des principales conclusions de sa mission chez les Daza et les Téda du Niger en 1942-1943. Il y expose très succinctement les grandes lignes de sa démarche et y résume la thèse de sociologie qu'il se proposait de rédiger sur l'honneur et le bon sens chez les Toubou. Il n'eut malheureusement pas le temps d'écrire cette thèse. Mais tout ce qu'il note dans cet article sur la mentalité des Toubou, « mélange de générosité chevaleresque et de perfidie brutale », tout ce qui concerne le « caractère essentiellement négatif de l'honneur » reste parfaitement actuel. L'auteur souligne d'ailleurs la permanence de ce qu'il appelle le « côté imaginatif de la vie sociale », source à la fois de la spécificité et de la durabilité de chaque culture. Nous ne chercherons pas à discuter cette thèse, car l'ouvrage où Ch. Le Coeur projetait de l'étayer et de la développer n'a jamais vu le jour. L'idée en est intéressante. Mais ce qui nous a frappé dans ce compte rendu de mission n'est pas tant cette généralisation théorique que la justesse de vue dans la description, si brève soit-elle, de l'état d'esprit des Toubou.

Un autre texte que nous rééditons également porte sur « Le système des clans au Tibesti ». L'analyse qu'en fait Ch. Le Coeur est remarquable par sa précision, sa concision, sa justesse et sa perspicacité. Nous l'avons déjà évoquée plus haut dans notre description succincte des clans toubou, aussi n'est-il pas utile d'y revenir à nouveau en détail. Il importe par contre d'insister sur son intérêt fondamental.

Figure également dans cet ouvrage le brillant article qu'écrivit Ch. Le Coeur pour *Hespéris* en 1937, « Les *mapalia* numides et leur survivance au Sahara ». Dans ce texte si souvent cité en référence dans les travaux ultérieurs sur l'Afrique du Nord et le Sahara, un rapprochement est établi entre les *mapalia* numides, habitations mobiles en forme de carène de bateau renversée, et les tentes de nattes des Toubou. L'auteur appuie sa démonstration sur les descriptions données par un grand nombre d'auteurs anciens qu'il cite et dont il fait la critique. Il en conclut que ces *mapalia*, dont les tentes toubou seraient la survivance actuelle, pourraient être caractéristiques de cette vieille civilisation saharienne, précameline, de numides cavaliers et pasteurs de boeufs dont les gravures rupestres du Sahara sont le témoignage.

A ces documents de base s'en ajoutent d'autres de moindre portée peut-être mais qui, pour des raisons diverses, présentent aussi un intérêt pour la recherche actuelle. Ainsi dans la courte note intitulée « Humour et mythologie », Ch. Le Coeur établit un lien entre deux anecdotes curieuses où transparaît le sens de l'humour des Toubou. Il remarque que ces anecdotes pourraient être à l'origine de certaines croyances totémiques ou récits mythologiques. Dans « Un Toubou conciliateur de l'Islam et du Christianisme », c'est l'ouverture d'esprit de l'auteur qui transparaît, de même que ses préoccupations religieuses, le problème de la compatibilité ou de la non-compatibilité de l'islam et du christianisme n'étant pas le souci du seul Toubou dont les idées sont exposées ici.

Un autre bref article intitulé « Une chambre des hôtes dans la ville morte de Djado » donne une description de l'architecture de cette ville d'oasis abandonnée, sur le passé de laquelle des questions sont posées. Publié pendant la guerre comme « Humour et mythologie », il est actuellement presque introuvable en bibliothèque.

Enfin le dernier texte de Charles Le Coeur que nous rééditons ici a pour titre « L'honneur et le bon sens chez les Toubou du Sahara central ». Tel est le nom de l'oeuvre maîtresse qu'il se proposait d'écrire sur la société toubou, projet que sa mort en 1944 l'empêcha de mener à bien. On trouvera sous ce titre le premier chapitre de cette oeuvre. Il s'agit d'une vaste fresque introductive où le Sahara toubou est tout d'abord mis en situation. Les populations voisines y sont brièvement décrites ainsi que la façon dont les Toubou les considèrent, phénomène toujours révélateur qui permet de saisir la place qu'eux-mêmes s'octroient dans la variété des ethnies qu'ils fréquentent.

A ces articles en réédition sont joints deux inédits de 1935, que Marguerite Le Coeur eut la gentillesse de nous communiquer peu de temps avant sa mort. Le premier, « Causerie sur le Tibesti », fut diffusé à la radio. Il s'agit d'un texte au ton familier, voire badin, qui ne saurait être mis sur le même plan qu'un écrit scientifique ou littéraire. Mais il n'en est pas moins intéressant, car il insiste sur certains traits spécifiques de la vie toubou que l'auteur n'aurait pas exprimé de la même manière dans un texte de plus noble statut. La pauvreté des Téda y est décrite de façon saisissante, et opposée à la rigueur de leur étiquette. Le second texte inédit, « Notes sur le Tibesti », avait été rédigé à l'intention du feuilleton du journal *Le Temps* où il ne semble pas avoir été publié (nos recherches sur ce point n'ont pas abouti). Comme tout feuilleton, il devait être suivi d'autres pages qui n'ont jamais vu le jour, et ceci est d'autant plus regrettable que Ch. Le Coeur conclut ce premier feuilleton avec la question fondamentale à laquelle il envisageait de répondre dans sa thèse : comment peuvent se créer, entre cultures voisines, des différences morales aussi profondes ?

Nous avons ajouté à cet ensemble un interview de Charles Le Coeur paru dans *La Nouvelle Dépêche* en 1935, assorti d'une superbe photographie de l'épouse du Derdé. Ce bref article témoigne de la grande méconnaissance dont le monde toubou était l'objet à cette époque.

Tout ceci ne représente, bien entendu, qu'une petite partie de l'oeuvre de Charles et Marguerite Le Coeur. La mesure peut en être prise à leur bibliographie, que nous publions également. Cette bibliographie apporte des éléments nouveaux par rapport à celle parue dans les *Etudes nigériennes* en 1953. Les textes qui figurent dans ce volume ont été choisis, dans le volet toubou de l'oeuvre, parmi les plus significatifs et les moins accessibles. Nous espérons que le lecteur en appréciera, comme nous, la finesse et la qualité.

Les textes de Ch. Le Coeur, comme les articles nouveaux qui sont rassemblés dans cet ouvrage, sont extrêmement divers. Pourtant, à travers leur diversité même, c'est l'unité du monde toubou qu'ils nous font apparaître. La variété des points de vue est grande, mais ils se complètent et donnent, tous ensemble, une image plus juste de ces pasteurs. C'est pourquoi il était utile de les réunir dans ce volume. Les convergences qui se font jour sont à bien des égards saisissantes et mettent en relief l'originalité culturelle des Toubou, en particulier leur anarchie, leur caractère guerrier, mais aussi leur souplesse et leur adaptabilité.

Il convient, pour finir, de dire un mot sur l'emploi controversé du terme toubou, plutôt que téda, daza, ou téda-daza. Il est certain que le terme toubou prête à confusion, dans la mesure où il n'a pas le même sens selon le locuteur qui l'utilise. On trouvera dans l'article de Monique Brandily des précisions utiles sur cette question. Si, en dépit des objections qu'on peut y faire, nous avons choisi ce mot pour désigner l'ensemble du groupe ethnique téda-daza, c'est parce que son emploi a été généralisé ces dernières années par la presse, et que c'est sous ce nom que cette population est maintenant connue du grand public. C'est dans ce même sens globalisant, d'ailleurs, que le terme toubou a été employé avant nous par Charles et Marguerite Le Coeur, et qu'il l'est, dans les pages qui suivent, par Jean-Claude Zeltner, Peter Fuchs et Robert Buijtenhuijs. Louis Caron, quant à lui, reste fidèle à l'usage administratif des termes toubou et gorane : toubou désigne dans son texte essentiellement les Téda du Tibesti, et gorane le reste du monde téda-daza, cette distinction restant cependant assez floue. Notons enfin que Monique Brandily et Henry Tourneux écrivent teda sans accent, pour rester plus proches de la prononciation du terme par les Téda eux-mêmes.

Références bibliographiques

Baroin, C., 1981. « Les esclaves chez les Daza du Niger », *Itinérances, en pays peul et ailleurs, mélanges offerts à la mémoire de P.F. Lacroix*, vol. 2, *Littératures et cultures*, Paris : Mémoire de la Société des africanistes, p. 321-341.

1985. *Anarchie et cohésion sociale chez les Toubou : les Daza Kécherda (Niger)*, Cambridge : Cambridge University Press, Paris : Editions de la Maison des sciences de l'homme.

Brandily, M., 1981. « Au Tibesti, l'investiture du dernier derdé », Balafon, n° 51, p. 12-21.

Buijtenhuijs, R., 1978. *Le Frolinat et les révoltes populaires du Tchad, 1965-1976*, La Haye : Mouton.

1987. *Le Frolinat et les guerres civiles du Tchad (1977-1984)*. Paris : Karthala et ASC.

Chapelle, J., 1957. *Nomades noirs du Sahara*, Paris : Plon, réédition 1982, Paris : L'Harmattan.

Fuchs, P., 1983. *Das Brot der Wüste - Sozio-ökonomie der Sahara-Kanuri von Fachi*, Wiesbaden : Franz Steiner Verlag.

Le Coeur, Ch. et M. Voir bibliographie dans les pages qui suivent.

Nachtigal, G., 1879-1881. *Sahara und Sudan, Ergebnisse sechsjahriger Reisen in Afrika*, 3 vol., réédition 1967, Graz : Akademische Druck- u. Verlagsanstalt.

Zeltner, J.-C., 1980. *Pages d'histoire du Kanem - pays tchadien*, Paris : L'Harmattan.

Biographie de Charles et Marguerite Le Coeur

Charles Le Coeur et son épouse Marguerite sont nés en 1903. Sorti de l'Ecole Normale Supérieure en 1928, Charles Le Coeur s'orienta rapidement vers la sociologie et l'anthropologie en suivant les cours de Marcel Mauss à Paris puis de Bronislav Malinowski à Londres. Marguerite, née Tardy, d'origine savoyarde, obtenait de son côté l'agrégation de géographie. Ils se marièrent en 1929 et se rendirent au Maroc où Charles Le Coeur devint rapidement directeur d'études d'ethnographie à l'Institut des hautes études marocaines, pendant que Marguerite enseignait au Lycée de jeunes filles de Rabat dont elle devint ensuite la directrice.

Fig. 3 — Charles Le Coeur au Tibesti, 1934 (cliché Marguerite Le Coeur).

De la fin 1933 au début de 1935, Charles Le Coeur effectua une première mission chez les Téda du Tibesti en compagnie de son épouse dont la présence en ces lieux (insolite pour une femme, à cette époque) lui procurait une assistance scientifique précieuse. Ils en rapportèrent d'importants matériaux sur les Téda ainsi qu'une collection d'objets pour le Musée de l'Homme. De retour au Maroc, il considéra que sa documentation avait besoin d'être vérifiée et complétée avant publication. Aussi retourna-t-il chez les Téda, toujours en compagnie de sa femme, d'avril 1942 à novembre 1943. Ils allèrent cette fois au Kawar, le Tibesti étant devenu inaccessible à cause de la guerre.

Mais en dépit de son travail scientifique et de son isolement, Charles Le Coeur, lieutenant de réserve, n'oubliait pas ce qu'il considérait comme son devoir de patriote. Dès que la lutte armée redevint possible, il se mit à la disposition de l'autorité militaire (décembre 1943). Un an plus tard il put rejoindre le Maroc, puis arriva en Italie où il sollicita lui-même de ses chefs un poste périlleux. Il fut tué le 20 juillet 1944.

Marguerite Le Coeur s'attacha alors à poursuivre l'oeuvre de son mari. Elle publia ses travaux et retourna elle-même à plusieurs reprises chez les Téda et les Daza qu'elle avait connus en sa compagnie. De novembre 1945 à novembre 1946, elle séjourna seule à Bilma et au Djado. Elle reprit ensuite son enseignement de géographie au Lycée Marie Curie à Sceaux, puis au Lycée Claude Monet à Paris. Dès la retraite, en 1969, elle effectua une nouvelle mission au Niger, cette fois en compagnie de Catherine Baroin qui faisait à ses côtés ses premières armes. Elle repartit pour Bilma en 1975 afin de compléter ses enquêtes de géographie et entreprit à son retour une étude d'histoire et de géographie sur les oasis du Kawar. La première partie de ce travail parut en décembre 1985, peu de temps avant sa mort le 13 avril 1986.

Fig. 4 — Marguerite Le Coeur, née Tardy (Paris, 1929).

Bibliographie de Charles et Marguerite Le Coeur

Le Coeur, Ch., 1927. « Le commerce de la noix de kola en Afrique occidentale », *Annales de géographie*, 36ᵉ année, n° 200, p. 143-149.

1932. *Le culte de la génération et l'évolution religieuse et sociale en Guinée*, Paris : E. Leroux, Bibliothèque de l'école des Hautes Etudes, Sciences religieuses, vol. 46, 147 p.

1933. « Les rites de passage d'Azemmour », Paris : Larose, *Hespéris*, 17, n° 2, 4ᵉ trimestre, p. 129-148.

1935a. « Le Tibesti et les Téda : une circoncision », *Journal de la Société des africanistes*, 5, 1, p. 41-60, pl. I-II.

1935b. « Pendant une année, un jeune savant français, M. Le Coeur, a séjourné au Tibesti », interview de Ch. Le Coeur à son retour du Tibesti, *La Nouvelle Dépêche - organe de la France extérieure*, 2ᵉ année, n° 129, samedi 30 mars 1935, p. 1-2.

1935c. « Le Tibesti et ses habitants », *Bulletin de la Société des amis du Muséum national d'Histoire naturelle et du Jardin des plantes*, nouvelle série, n° 14, juillet 1935, p. 15-16.

1935d. « Le plan de réformes du nationalisme jeune-marocain », *L'Homme nouveau*, 2ᵉ année, n° 20, 1ᵉʳ octobre 1935, 3 p.

1935e. « La révolution de Lyautey », *L'Homme nouveau*, 2ᵉ année, n° 21, 1ᵉʳ novembre 1935, 4 p.

1936a. « Socialistes humanistes », *L'Homme nouveau*, 3ᵉ année, n° 30, octobre 1936, 4 p.

1936b. « L'enseignement de la sociologie marocaine », Actes du Deuxième congrès de la fédération des sociétés savantes de l'Afrique du Nord, Tlemcen, 14-17 avril 1936, t. 1, p. 167-193, in *Revue africaine*, 79, n° 368-369, 3ᵉ et 4ᵉ trimestres 1936, Alger : Société historique algérienne.

1936c. « Métiers et classes sociales d'Azemmour », Actes du Deuxième congrès de la fédération des sociétés savantes de l'Afrique du Nord, Tlemcen, 14-17 avril 1936, t. 2, p. 933-956, in *Revue africaine*, 79, n° 368-369, 3e et 4e trimestres 1936, Alger : Société historique algérienne.

1937a. « Les *mapalia* numides et leur survivance au Sahara », *Hespéris*, 24, p. 29-45, 6 photographies.

1937b. « La sociologie dans le contact des civilisations au Maroc », in *Les convergences des sciences sociales et l'esprit international*, Travaux de la conférence internationale des sciences sociales, Centre d'études de politique étrangère, Travaux des groupes d'études, n° 9, Paris : Hartmann, p. 290-299.

1939a. *Le rite et l'outil - Essai sur le rationalisme social et la pluralité des civilisations*, Paris : Presses universitaires de France, 2e édition 1969, 248 p.

1939b. *Textes sur la sociologie et l'école au Maroc*, Paris : Alcan, Travaux de L'année sociologique, Bibliothèque de philosophie contemporaine, 184 p.

1943a. « Humour et mythologie », *Notes africaines*, Dakar : Institut français d'Afrique Noire, n° 19, p. 4-5.

1943b. « Une chambre des hôtes de la ville morte de Djado », *Notes africaines*, Dakar : Institut français d'Afrique Noire, n° 20, p. 9-10, fig. 6-7.

1945. « Un Toubou conciliateur de l'islam et du christianisme », Travaux de l'Institut de recherches sahariennes, Université d'Alger, 3, p. 155-159. Réédition 1948 in *Revue des études islamiques*, Paris : Geuthner, p. 85-88.

1950. *Dictionnaire ethnographique téda*, Paris : Larose, Mémoire de l'Institut français d'Afrique Noire, n° 9, 143 p.

1951. « Méthode et conclusions d'une enquête humaine au Sahara nigéro-tchadien », Dakar : Institut français d'Afrique Noire, Première conférence internationale des africanistes de l'ouest, comptes rendus, t. 2, p. 374-381.

1953a. « Le système des clans au Tibesti » (1935), Institut français d'Afrique Noire, Etudes nigériennes, n° 1, in Memoriam Charles Le Coeur, p. 11-16.

1953b. « Technique, art et point d'honneur d'après l'inventaire d'une collection toubou (daza) » (1942), Institut français d'Afrique Noire, Etudes nigériennes, n° 1, in Memoriam Charles Le Coeur, p. 17-34.

1953c. « L'honneur et le bon sens chez les Toubou du Sahara central, étude des particularités de l'instinct humain dans une société spontanée », Institut français d'Afrique Noire, Etudes nigériennes, n° 1, in Memoriam Charles Le Coeur, p. 35-56.

1953d. « Extrait du carnet de route » (1942), Institut français d'Afrique Noire, Etudes nigériennes, n° 1, in Memoriam Charles Le Coeur, p. 57-58.

1969. *Mission au Tibesti - Carnets de route 1933-1934*, Paris : Centre National de la Recherche Scientifique, 215 p.

1988a. « Causerie sur le Tibesti » (1935), in *Gens du roc et du sable - Les Toubou*, ouvrage en hommage à Charles et Marguerite Le Coeur, textes réunis par C. Baroin, Paris : Centre National de la Recherche Scientifique, p. 265-271.

1988b. « Notes sur le Tibesti », in *Gens du roc et du sable - Les Toubou*, ouvrage en hommage à Charles et Marguerite Le Coeur, textes réunis par C. Baroin, Paris : Centre National de la Recherche Scientifique, p. 273-277.

Le Coeur, Ch. et M., 1944. « Tombes antéislamiques du Djado », Dakar : Institut français d'Afrique Noire, *Notes africaines, n° 21, p. 1-2.*

1946. « Initiation à l'hygiène et à la morale de l'alimentation chez les Djerma et les Peuls de Niamey », *Bulletin de l'Institut français d'Afrique Noire*, 8, n° 1-4, p. 164-180.

1955. *Grammaire et textes téda-daza*, M. Le Coeur (éd.), Paris : Larose (Mémoire de l'Institut français d'Afrique Noire, n° 46), 394 p.

Le Coeur, M., 1947. « Les archives de Bilma : enquêtes et enquêteurs », *Notes africaines*, n° 33, janvier, p. 24-28.

1948. « Les nomades téda et l'exploitation des palmeraies du Sahara central », *Bulletin de l'Association des géographes français*, n° 194-195, mai-juin, p. 74-79.

1952. « Compte rendu d'une mission au Niger », *Bulletin de l'Institut français d'Afrique Noire*, t. 14, n° 3, juillet, p. 1108-1110.

1960. Article « Borkou », in *Encyclopédie de l'Islam*, nouvelle édition, t. 1, Leyde : Brill / Paris : Maisonneuve, p. 1295-1296.

1970. « Mission au Niger, juillet-décembre 1969 », *Journal de la Société des africanistes*, 40, 2, p. 160-168.

1985. *Les oasis du Kawar - Une route, un pays, t. 1 : le passé précolonial*, Niamey : Institut de Recherches en Sciences Humaines, Etudes nigériennes, n° 54, 136 p.

Le Coeur, M. et Baroin, C., 1974. « Rites de la naissance et de l'imposition du nom chez les Azza du Manga (République du Niger) », *Africa* (Londres), vol. 44, n° 4, p. 361-370.

LES INEGALITES DANS LA SOCIETE DU TIBESTI

Monique BRANDILY

Introduction

Au Tibesti, l'organisation globale de la société se fonde sur une norme inégalitaire. Etant entendu que, dans toute société ou presque, on peut constater des inégalités, il importe de préciser les critères en fonction desquels on s'autorise à considérer que les inégalités observées, loin d'être conjoncturelles, ont un caractère structurel. Le trait qui semble fondamentalement nécessaire est l'existence de sous-groupes institutionnalisés dont l'ensemble s'ordonne en une hiérarchie de telle manière que le statut individuel de chacun des membres de la société soit déterminé, *d'abord*, par son appartenance à l'un ou à l'autre de ces groupes juridiquement inégaux. Autrement dit, la norme repose sur une inégalité systématisée de groupe à groupe qui rejaillit sur les individus composant ces groupes. C'est donc précisément l'inverse du processus d'agglutination d'individus ayant des niveaux de vie à peu près équivalents et qui, petit à petit, se constituent en *classes* au sens moderne du terme, sens qui d'ailleurs est assez proche de celui de *classis* dans l'Antiquité romaine, surtout tardive.

Ces groupes institutionnellement inégaux, s'ils constituent un trait pertinent commun à de nombreuses sociétés anciennes ou contemporaines, de type archaïque ou industrialisé, ne sont pas pour autant partout de même type.

Pour rendre compte clairement de cette diversité l'élaboration d'une terminologie non équivoque serait tout à fait nécessaire. Malheureusement, aucun travail taxonomique d'ensemble n'a encore été entrepris dans ce domaine et le choix des termes adéquats pose toujours un problème difficile, en particulier pour les africanistes cherchant à définir la réalité des sociétés de la zone dite communément « soudanaise ».

A partir de faits observés au Tibesti, je tenterai d'apporter une modeste contribution à la clarification d'une partie du vocabulaire, notamment en ce qui concerne l'emploi discuté du terme *caste* pour désigner des réalités sociales hors de l'Inde. Auparavant j'utiliserai des termes d'acception moins spécialisée et d'usage moins périlleux tels que *strate, couche*... qui, en tout cas, connotent une superposition et non une simple juxtaposition à un même niveau, d'une part, et une certaine stabilité plutôt qu'une dynamique, d'autre part.

Au Tibesti

L'état de société auquel il est ici fait référence est celui qui, sur place, est considéré comme traditionnel et qui, au moment de la colonisation, fonctionnait à peu près ainsi depuis plusieurs siècles. Pour un état antérieur, non situé historiquement, on en est réduit aux conjectures. Cependant, une réflexion sur les traditions et les institutions ainsi que sur les systèmes d'attitudes permettent de poser quelques hypothèses sur la façon dont la société a élaboré et codifié ces normes. D'autre part, sans se livrer à des prédictions hasardeuses, on peut essayer de trouver, à travers les bouleversements récents et la façon dont ils ont été vécus, des éléments donnant à prévoir des modifications qui sont de l'ordre du possible dans un avenir plus ou moins proche.

La société traditionnelle, encore aujourd'hui, est divisée par un clivage de premier niveau, sans reliquat, en trois strates endogames et spécialisées. Un second niveau tient compte de hiérarchies internes à chaque strate et repose sur des critères d'un tout autre ordre que le clivage de premier niveau. On verra que, d'une strate à une autre les subdivisions internes ne sont pas homologues. Les trois strates de premier niveau sont :
– les Teda proprement dits (pour ne pas alourdir inutilement l'exposé on écrira simplement : les Teda),
– les descendants de captifs puisque les captifs au sens restreint n'existent plus à ma connaissance, on y reviendra à propos de la terminologie locale,
– les forgerons, qui sont éventuellement musiciens.

Chacune de ces strates comporte une hiérarchie interne (de second niveau) qui s'organise en fonction de deux séries de critères. Les premiers sont d'ordre biologique – sexe, âge – ils seront examinés conjointement pour les trois strates de premier niveau de façon à faire mieux apparaître les écarts significatifs. Les seconds sont d'ordre social *stricto sensu* et les clivages qu'ils déterminent sont ceux qui présentent le plus de distorsions d'une strate à une autre.

Enfin, l'on peut considérer comme un troisième niveau, aux limites imprécises, celui qui ressortit à des différences familiales ou individuelles. Bien que, théoriquement, ces dernières n'aient pas à être prises en compte par le système puisque celui-ci repose sur des oppositions de groupe à groupe, elles jouent cependant un rôle dans le vécu quotidien mais, surtout, il arrive qu'elles interfèrent avec les normes codifiées, à titre d'exception. Par cela même, le système n'est pas infirmé mais plutôt explicité. C'est la seule procédure qui permette une certaine mobilité sociale de strate à strate, limitée à l'extrême, certes, mais non négligeable dans la mesure où, d'une part il ne s'agit pas d'une simple éventualité théorique puisqu'il en existe des cas concrets, et où, d'autre part, elle peut constituer le point d'articulation avec un état futur réalisable par des moyens réformistes et non obligatoirement révolutionnaires. Ceci signifie qu'une dislocation radicale de la société traditionnelle ne serait pas un préalable obligé pour accéder à sa transformation.

Dans la strate supérieure les clivages internes sont, à la fois, plus complexes et plus marqués que dans les deux autres. Comme une description complète et détaillée outrepasserait largement le cadre qui m'est ici imparti, je me contenterai de signaler les aspects qui me paraissent propres à donner un aperçu qualitativement exact des principales caractéristiques de cette société en commençant par le haut de la hiérarchie et en essayant de dégager quelques-unes des motivations, des justifications qui assurent le fonctionnement du système. Les questions posées étant de rechercher quels sont les facteurs, internes et externes, qui favorisent, d'une part, la permanence du système, sa reproduction et, d'autre part, ceux qui sont porteurs d'une dynamique engendrant des changements déjà amorcés et, en quelque sorte, à l'essai sans que l'on puisse encore distinguer avec certitude ceux qui échoueront (momentanément ou définitivement) et ceux qui se développeront jusqu'à amener, éventuellement, la transformation radicale du système lui-même.

Enfin, ces éléments étant posés, on sera en mesure d'aborder quelques problèmes de terminologie en se référant à des données bien définies.

Les Teda

Les membres de cette strate se regroupent en un certain nombre de sous-groupes communément désignés sous l'appellation de clans. Ce terme pourrait être mis en concurrence avec celui de tribu. Cependant, clan semble plus adéquat compte tenu des principales caractéristiques de la réalité qu'il recouvre au Tibesti, soit : un groupe de familles qui se considèrent comme descendantes, par filiation patrilinéaire, d'un ancêtre commun (souvent éponyme) plus ou moins mythique ou, du moins, mythifié dans un récit de type étiologique.

L'appartenance clanique s'exprime principalement par un nom, une marque pour le bétail [arbi] et l'observance d'un interdit [yugote] le plus souvent alimentaire, mais pas exclusivement. Dans le langage courant on désigne chaque clan par un pluriel qui sous-entend « les gens de… tel clan ». Par extension, on utilise ce pluriel pour désigner l'appartenance clanique de quelqu'un. Cependant, le singulier existe et s'emploie parfois. Par exemple on dit : « le clan des Terintera », ou, si l'on demande à quel clan appartient telle personne, on peut répondre simplement : *Terintera* mais aussi « un tel *terinteré* » au singulier. Le terme clan a un correspondant en *tedaga* [yele] mais il est fréquent d'user d'une litote et d'employer [arbi] : on dit couramment : [arbi wuna] « quelle est la marque ? » pour : « quel est le clan ? ». Ceci est en relation avec l'une des principales conséquences de l'appartenance clanique puisqu'il n'est pas admis de razzier le bétail qui porte la marque de son propre clan. Cependant, les liens claniques sont assez lâches et n'entraînent guère d'obligation codifiées, notamment en ce qui concerne l'endogamie ou l'exogamie, encore que ce soit cette dernière pratique la plus fréquente dans les faits. Il n'est pas exclu qu'à une époque antérieure les liens entre membres d'un même clan aient été plus resserrés, quand chaque clan était quantitativement moins important. A ce propos il est intéressant de relever que dans les paroles des chants qui, comme l'on sait, comportent souvent des archaïsmes et des références à des pratiques ou à des coutumes devenues obsolètes, on désigne tous les gens du clan maternel par le terme [dihi] qui, dans le langage quotidien désigne l'oncle maternel. En effet, si l'appartenance clanique se transmet par filiation patrilinéaire, cela n'exclut pas pour autant toute référence au clan maternel. Il existe même des termes, utilisés comme des surnoms, qui sont globalisants puisqu'ils indiquent, sous un seul vocable, la double appartenance clanique, paternelle et maternelle, de ceux auxquels on l'applique. Cet usage se retrouve dans la langue poétique, notamment dans les chants de louange. On pourrait y déceler, semble-t-il, la trace d'attitudes selon lesquelles certaines alliances seraient considérées comme particulièrement prestigieuses. Il serait intéressant de dresser l'inventaire exhaustif de ces alliances présumées préférentielles et de l'analyser. Ce travail reste à faire.

Toujours est-il qu'aujourd'hui encore, c'est au niveau des clans que l'on voit se dessiner d'importants clivages, internes à la strate de premier niveau. Trois critères de différenciation peuvent être distingués sans préjuger, dès l'abord, de l'ensemble hiérarchique qu'ils délimitent et qui est moins simple à définir avec exactitude qu'il n'y paraît à première vue. L'un de ces critères fait référence à la maîtrise du sol, de type propriété collective et/ou droit du premier occupant. Le second, pas exactement de même niveau mais interférant avec le premier, prend en compte la localisation de l'établissement permanent. Le troisième, enfin, fait intervenir la notion plus abstraite de dévolution du « pouvoir ». La mise entre guillemets est motivée par les caractéristiques de la société du Tibesti qui rendent contestable l'emploi, à son propos, du terme pouvoir sans, pour autant, justifier pleinement celui d'anarchie qui a été souvent avancé. A tout le moins faudrait-il le nuancer et parler, éventuellement, d'anarchie ordonnée, reprenant la formulation d'Evans-Pritchard appliquée aux Nuer. Ouvrons une parenthèse pour signaler que les divergences que l'on pourrait relever entre le développement qui suit et les travaux d'autres auteurs n'entament nullement la crédibilité des uns ni des autres mais qu'elles doivent être considérées comme une mise en évidence de la spécificité du Tibesti et, par voie de conséquence, de l'impossibilité d'extrapoler systématiquement et de considérer l'ensemble des observations faites dans telle ou telle région comme applicables à l'ensemble du monde dit *toubou*.

Ce m'est l'occasion d'incriminer à nouveau l'habitude de mésuser de ce terme qui est l'une des sources, et non la moindre, de la confusion qui règne dans les appellations des populations de ces régions[1]. Pour clarifier un peu cette terminologie, qui pose perpétuellement problème, il faut considérer plusieurs niveaux de discours. *Tou* désigne le Tibesti et, dans les régions voisines du massif, sur le modèle de *kanem-bou*, « gens du Kanem », par exemple, on a construit *tou-bou* (devenu en Libye *tebou* puis *tibou*) « gens du Tibesti ». C'est avec ce sens restreint que *Toubou* est généralement utilisé au Tchad quand on veut signifier que l'on parle des gens du massif et non d'un ensemble plus vaste. En opposition, il existe un terme globalisant *gorane*, répandu largement par l'Administration qui, par commodité, l'a adopté pour désigner un ensemble de populations situées au nord du quinzième parallèle et les distinguer des différents groupes arabes établis dans la même zone. A ce niveau de parole, source permanente de confusion, on inclut les Toubou, au sens restreint, ainsi que les Daza proprement dits auxquels s'ajoutent d'autres groupes qui, sur place, ne sont pas tous considérés comme Daza (les Karra, dits Kréda, entre autres). Le terme *gorane*, supposé commode ne l'est que de façon tout à fait illusoire puisque sa signification est d'autant plus imprécise qu'elle varie sensiblement en fonction du locuteur.

A un autre niveau de discours, entre interlocuteurs d'une zone géographique qui déborde assez largement la circonscription administrative du B.E.T. (Borkou-Ennedi-Tibesti), on se réfère plus généralement au critère linguistique. Celui-ci a le mérite d'introduire des délimitations claires (comportant des implications culturelles et institutionnelles) entre, d'une part, les arabophones et, d'autre part, les deux groupes Teda et Daza, voisins entre eux mais non assimilables l'un à l'autre. On dit donc : les *dazagada* : ceux qui parlent le *dazaga* et les *tedagada* : ceux qui parlent le *tedaga*. Pour nous cette répartition présente l'avantage d'esquiver la référence au concept d'ethnie, lui-même entaché de flou et contesté par un certain nombre d'anthropologues (cf. notamment Amselle, 1985). Le vocable *tedagada* inclut donc les Toubou *stricto sensu* mais comporte une extension beaucoup plus large puisqu'il englobe tous ceux qui parlent cette langue, fussent-ils établis ou nés loin du Tibesti, notamment au Niger, en Libye ou au Nigeria (je ne mentionne pas d'autres groupes assez proches et parlant, par exemple, *anaga* pour ne pas compliquer davantage).

De tout cela il ressort que, dans l'état actuel des connaissances, il est aventureux d'opérer des regroupements sans disposer d'un substrat vérifié capable de les justifier. Dans un contexte plus restreint, comme celui qui nous occupe et dans lequel la légitimité du regroupement n'a pas à être mise en cause, il n'en reste pas moins que le fait de choisir le terme qui, dans l'usage local, a l'acception la plus précise et la plus limitée pour en faire celui auquel on accorde le champ sémantique le plus large ne me paraît pas un bon choix, surtout dans l'optique d'un discours scientifique qui vise, entre autres fonctions, à la recherche d'une terminologie claire et univoque. Ces considérations, indépendamment des problèmes théoriques qu'elles soulèvent et qui ne peuvent être traités ici, ne sont pas hors sujet dans le présent propos dans la mesure où il est nécessaire de tenir compte du fait que des différences s'instaurent forcément entre groupes (eussent-ils une origine commune et des relations ininterrompues) soumis depuis longtemps à des conditions de vie sensiblement distinctes dans des environnements, naturel et humain, dissemblables. Ainsi en est-il des nomades du Niger décrits par C. Baroin par rapport aux semi-nomades du Tibesti, notamment en raison d'une relation au terrain non identique qui entraîne des différences institutionnelles, ce qui n'est pas pour surprendre.

D'ailleurs, Ch. et M. Le Coeur, à qui l'on doit les travaux de base sur ces populations, les désignent en gardant les deux termes : Teda-Daza par souci d'éviter une assimilation abusive. En effet, ils avaient parfaitement repéré des différences entre groupes en fonction, simplement, de leur localisation lorsqu'après avoir travaillé au Niger ils arrivèrent au Tibesti. A tel point qu'ils sentirent la nécessité de noter systématiquement les écarts. En plus des informations recueillies auprès de Marguerite Le Coeur à ce sujet, je crois intéressant de signaler ici que, me trouvant en mission au Tibesti une trentaine d'années après le séjour des Le Coeur, j'ai eu l'occasion d'y travailler avec l'un de leurs informateurs qui se plaisait à rappeler les longues heures passées avec eux pour opérer le tri entre les observations et la terminologie recueillies au Niger et celles issues du Tibesti. Cet informateur ayant une connaissance aussi approfondie des deux communautés, il en soulignait complaisamment les différences sans que cela mette en cause, si peu que ce soit, leur appartenance respective au groupe plus large des *tedagada* ou, plus simplement, des Teda. Ce dernier terme se réfère non plus seulement à la langue mais à une communauté intégrant d'autres critères parmi lesquels la durée de l'appartenance à cette communauté. On reviendra sur cette donnée plus loin à propos du terme « ethnie ».

On a donc, pour le groupe qui nous occupe, trois termes, se recoupant partiellement seulement, qui se réfèrent à trois ordres de critères :
1) la culture commune : *Teda* ;
2) la langue commune : *tedagada* ;
3) la localisation particulière : *Toubou*.
Comme l'on voit, on peut être *tedé* sans être *toubou* et, à la rigueur, être *tedagade* sans être *tedé*. L'usage de *gorane*, on l'a vu est un peu différent.

Il n'est, évidemment, pas question de dénier à l'approche scientifique la possibilité d'opérer des regroupements qui transcendent ceux opérés simplement dans le vécu quotidien. Cependant, dans les sciences sociales, je crois que l'on a tout à gagner à tenir le plus grand compte de l'opinion que les intéressés émettent sur eux-mêmes et qu'ils expriment, en partie inconsciemment, à travers leurs formulations et leurs attitudes.

Pour en revenir à la notion de « pouvoir » au Tibesti, il faut donc garder présent à l'esprit qu'il n'est en rien comparable (pour s'en tenir à des exemples géographiquement proches) à celui qui est exercé dans les sultanats du Ouaddaï, du Kanem ou du Bornou. C'est pour ne pas risquer de trahir d'emblée sa spécificité que je n'utilise pas des termes comme « sultan », « chef »… qui véhiculent, en français, des flots d'images associées. Il est plus économique de garder le terme local *derdé* pour désigner celui qui est investi de la partie de ce pouvoir la plus visible.

Ceci nous ramène au problème de l'anarchie puisque les deux notions sont antinomiques. On ne saurait passer sous silence, en effet, l'opinion du colonel Chapelle dont l'ouvrage *Nomades noirs du Sahara* est, après les travaux des Le Coeur, une source privilégiée d'informations. Il écrit fortement : « L'administrateur éprouve une sorte de vertige lorsqu'il se penche sur ce désordre » (p. 371). De fait, en cette qualité d'administrateur, les structures de cette société ont dû lui apparaître d'autant plus insaisissables que les administrés avaient plutôt tendance à entretenir le flou comme moyen d'échapper à l'emprise que l'Administration tentait de leur imposer. Sans doute cette position particulière de responsabilités l'a-t-elle incité à surestimer quelque peu le caractère anarchique des habitants du B.E.T., tous sous-groupes confondus. Il faut, cependant, insister sur le fait que les arcanes de cette organisation, car il y en a une, émergent peu dans les comportements quotidiens auxquels, par la force des choses, s'intéressaient prioritairement ceux qui avaient la tâche malaisée d'y introduire un ordre fondé sur une échelle de valeurs étrangère à ceux à qui on prétendait l'imposer. Notons enfin, pour prévenir toute erreur d'interprétation de la part de ceux qui n'auraient pas lu

J. Chapelle, que son appréciation concernant l'anarchie n'est nullement la conséquence d'un jugement péjoratif qui méconnaîtrait les capacités politiques des Teda, et je ne saurais mieux faire que citer ce qu'il écrit à propos du *derdé* Chahaï : « Il est étrange de voir une sorte de sauvage subtil et rusé, installé au point de rencontre de quatre puissances convergentes et opposées, comme la Senoussiya, la Turquie, la France et l'Italie, luttant de finesse et d'habileté avec elles, se faisant de leurs puissances respectives et de leurs desseins une opinion assez juste pour pouvoir les tromper toutes et n'en servir réellement aucune, s'adaptant aux situations successives et en tirant le meilleur parti, et d'une manière générale, menant brillamment sa partie sur le plan de l'intelligence politique » (p. 96-97).

Quoi qu'il en soit, si chez les nomades du Niger, certainement propres à donner des vertiges aux responsables de l'Administration centrale, «… l'Administration coloniale créa presque de toutes pièces le système actuellement en vigueur » (Baroin, 1985, p. 76), on ne saurait en dire autant de l'institution du *derdé* au Tibesti qui plonge ses racines dans le passé de ce peuple et laisse entrevoir même un reflet de ce qu'était son organisation antérieurement à l'islamisation.

Les inégalités internes à la première strate

La première à retenir est celle qui est liée à la maîtrise du sol. Certains clans, en effet, sont considérés comme autochtones et propriétaires de portions du territoire bien délimitées. Par ce trait, ils s'opposent globalement à tous les autres clans. Le nombre actuel de ces clans liés au sol varie selon les informateurs car, à la suite de circonstances diverses, ils ont éclaté, essaimé et le souvenir plus ou moins précis des liens qui les unissent, par référence à l'ancêtre primitif unique, amène les informateurs à les regrouper plus ou moins en fonction de la connaissance que chacun a de sa société ou de certaines fractions de celle-ci. Ce qui est constant, en revanche, c'est le nombre des clans originels, au nombre de quatre et mis en relation avec les principales directions de l'espace. Ceci confirme, s'il en était besoin, le lien explicite avec le territoire et la maîtrise de sa totalité, partagée entre les clans Arna (Sud) ; Gonna, orthographié parfois Gounda (Ouest) ; Derdékéchiya (Nord-Est) ; Tozoba (Est). Il est dit que ces quatre clans recevaient alternativement les insignes du pouvoir avant de s'en être déssaisis en faveur des Tomagra, devenus ainsi le seul clan donneur de *derdé*.

La seconde catégorie de regroupements opérés par les Teda se fonde sur un critère géographique également, mais en fonction du lieu où l'on habite ou, du moins, de celui auquel on se rattache, où l'on revient à la saison des dattes, pour ceux qui nomadisent avec leur troupeau. Les regroupements de ce type déterminent des unités territoriales de plusieurs niveaux qui vont du village à l'agglomération comprenant plusieurs d'entre eux, plus ou moins proches les uns des autres. Ils reposent sur la reconnaissance d'une communauté minimale d'intérêts et de la nécessité d'un *modus vivendi* implicitement accepté entre gens qui coexistent dans un espace relativement restreint. L'institutionalisation de ces communautés de fait contrebalance l'éclatement des clans et des groupes familiaux engendré par le système matrimonial. Il serait trop long de le décrire ici. Rappelons simplement qu'il prohibe le mariage entre parents jusqu'au cinquième degré, ce qui constitue un motif de dispersion qui s'ajoute à celui qui est lié à la relative pauvreté des pâturages contraignant les familles nomades à rester assez éloignées les unes des autres.

Un exemple concret permettra de mieux saisir l'articulation entre les différents éléments du système et les sources de confusion possibles. En effet, dans la pratique courante, les Teda situent les gens, selon les cas, soit par référence au critère de premier type (clan) soit par référence à celui du second type (regroupement territorial). Ainsi parlera-t-on des Serdéga, des Odebaya… (clans) aussi bien que des Berdoa (gens de la région de Bardaï). Les deux notions ne se recouvrent pas mais elles interfèrent. Une personne dite *berdoa* aura certaines prérogatives dues à cette qualité sans que cela préjuge de celles qu'elle aura, ici ou ailleurs, du fait de son appartenance clanique.

Pour résumer : les liens entre un individu et un territoire sont définis par les Teda en fonction : 1) de la filiation qui détermine le clan, donc un certain nombre de droits ; 2) du choix d'un endroit comme « port d'attache » d'où découle l'acceptation de contraintes et de comportements adaptés aux relations de voisinage ; 3) d'une notion complexe prenant en compte, notamment, les divers degrés de connaissance des lieux. Cela s'exprime à l'aide d'un certain nombre de termes en *tedaga*, dont certains sont intraduisibles sinon par périphrases.

L'opposition maximale est entre [ɔsurdo] qui peut se traduire par « étranger » au plein sens du terme en français. C'est celui qui n'est pas de la région, qui appartient à une autre culture. Il s'oppose à [numɔdi], celui qui est né au Tibesti, qui y est intégré et connaît les lieux (double critère). Entre ces extrêmes il y a des degrés intermédiaires : [əmə] est une forme atténuée de ce que nous traduisons par « étranger ». C'est celui, par exemple, qui appartient à un autre village que celui du locuteur mais pas à un autre monde culturel ; [moyo] enfin, se réfère prioritairement à la connaissance des lieux. On me donne comme exemple : quelqu'un, même né dans le Tibesti, qui ne serait jamais allé à Zouar. Lorsqu'il arrive à Zouar il y est [moyo]. L'antonyme de [moyo] est [mogoni] « celui qui connaît », indépendamment de toute considération d'origine.

Fig. 5 — Village téda de la région de Zouar (Tibesti) (cliché Yves-Eric Brandily, 1979).

Ces exemples illustrent l'influence exercée par les conditions de vie sur la manière d'appréhender la réalité et de la traduire dans le langage. Une bonne connaissance des lieux est sans importance réelle en milieu urbain ; en revanche, pour ceux qui nomadisent dans les régions désertiques, elle constitue la condition première de la survie. C'est une notion qui intervient donc tout naturellement dans la classification des individus. Concrètement, quelqu'un, fut-il né au Tibesti et issu d'un clan prestigieux, s'il arrive dans une partie du massif qu'il ne connaît pas, ne saurait se voir confier un troupeau et ne pourrait même voyager seul s'il ne connaît ni les points d'eau ni les passages pour s'y rendre. On voit donc que ces références au concret ont pour fondement, non une incapacité à manier l'abstraction mais le fait que, localement, elles correspondent à des différences qui ont un caractère vital, dans toute l'acception du terme.

Ceci dit, le fait d'appartenir à un clan de propriétaires du sol entraîne des prérogatives dont l'importance, même si elle est actuellement moins grande qu'autrefois dans le domaine pratique (cueillette des plantes sauvages, etc.) est loin d'être négligeable. On en a pour preuve le rôle joué par certains de ces clans en certaines occasions, notamment l'intronisation du *derdé*, chef traditionnel du Tibesti. Le déroulement de la cérémonie projette un éclairage intéressant sur la manière dont la société est pensée par ses ressortissants en ce qui concerne l'évolution qui a abouti à l'établissement des normes actuellement en vigueur. Puisque ces normes doivent être actualisées obligatoirement pour que le *derdé* soit effectivement investi de sa charge on peut penser qu'elles sont considérées comme éventuellement révisables, voire révocables. Il faut noter que, malgré les avatars d'une longue guerre civile et les perturbations sociales qu'elle a entraînées, la tradition reste bien vivante et cela nous ramène au problème posé par la place à donner au troisième des sous-groupes qui composent la première strate. En effet, s'il n'y avait que l'opposition entre clans autochtones et clans non autochtones, les premiers ayant des droits plus étendus sur leurs territoires respectifs que les seconds, la situation serait simple. Elle se complique du fait de l'intervention des Tomagra. J'orthographie ainsi pour me conformer à un usage maintenant établi, d'ailleurs conforme à l'étymologie, et pour la commodité des lecteurs appelés à consulter d'autres travaux sur le Tibesti. Il faut signaler, cependant, que l'on dit en *tedaga* [tɔmara]. Il est utile de le savoir pour le cas où le terme se rencontre dans une transcription phonétique.

C'est le clan des Tomagra qui donne le *derdé* ou, plus exactement, les descendants de l'un des lignages issus de l'ancêtre éponyme. Le récit étiologique[2] nous apprend, en effet, que ce dernier eut quatre fils. Trois d'entre eux fondèrent leur propre clan tandis que le dernier est l'ancêtre des Tomagra actuels. Lui-même eut trois fils mais, à la seconde génération, il n'y eut pas division du clan. Les trois familles : celle de Erdé, de Lay et d'Arami exercent le pouvoir en alternance et il en est ainsi aujourd'hui encore.

Ainsi, le *derdé* qui exerce le pouvoir politique, limité mais reconnu[3] appartient à un clan non autochtone dont l'ancêtre était venu d'ailleurs comme le dit explicitement le récit d'origine de l'institution. Comment, dans ce cas, définir un ordre hiérarchique ? Deux interprétations sont possibles quant au rang occupé respectivement par les autochtones d'un côté et les Tomagra, de l'autre. Première interprétation : le clan du sein duquel, de toutes façons, sera issu le détenteur du pouvoir doit être considéré comme hiérarchiquement supérieur. Deuxième possibilité : les clans desquels dépend l'investiture, qui sont habilités par la tradition à remettre valablement les insignes du pouvoir, sont les décideurs et doivent, par conséquent, être mis à la première place. C'est un peu le problème de la poule et l'oeuf, si l'on veut bien me passer cette expression familière.

Si l'on considère le pouvoir d'investir dont le corollaire est le pouvoir de destituer (même si l'on n'en cite pas de cas concret la possibilité semble aller de soi) ceux qui détiennent ce pouvoir occupent la place prééminente. Il faut aussi remarquer que si le fait d'être tomagra (de la famille dont le tour est venu) est une condition nécessaire pour devenir *derdé*, elle n'est pas suffisante. Le choix de tel « derdéifiable » plutôt que de tel autre est fait en fonction de ses qualités propres à l'échelon individuel. Si l'honneur en rejaillit sur les siens, c'est de façon indirecte et le clan dans son ensemble ne bénéficie d'aucune prérogative particulière. Tout au contraire, il est même requis du *derdé* qu'il ne fasse preuve d'aucun favoritisme ni envers sa famille ni envers son clan. Si l'on reste dans la perspective de la définition proposée plus haut, selon laquelle est dite inégalitaire une société dans laquelle ce sont des groupes institutionalisés qui se répartissent en une échelle hiérarchique, la position supérieure revient au groupe qui, comme tel, investit du pouvoir un individu et non l'ensemble du groupe auquel cet individu, librement choisi, appartient.

Il faut signaler, par ailleurs, un autre trait du système des Teda. Plus un groupe y occupe une position élevée plus les contraintes et interdits imposés à ses membres sont rigoureux. Il n'est donc pas indifférent de remarquer que le délai de réclusion du jeune circoncis aussi bien que du nouveau marié est allongé d'un jour pour les Tomagra. Dans le même ordre d'idées, on fait volontiers remarquer au Tibesti que, bien que cela ne soit pas une obligation, les Tomagra s'imposent souvent de respecter un degré d'éloignement supplémentaire dans la parenté pour choisir une épouse. Ces indices, entre autres, suggéreraient qu'ils se placent au-dessus de *tous* les autres. On voit que les positions respectives sur un axe vertical sont difficiles à évaluer avec certitude.

Une hypothèse peut être proposée pour rendre compte de cet ensemble. L'opposition entre les clans autochtones et les autres correspondrait à la mise en jeu de deux principes qui nécessitent une négociation permanente pour que leur relation, au lieu d'être conflictuelle, s'harmonise et aboutisse à un système organisationnel unique dont la stabilité est assurée par le maintien d'un certain partage du pouvoir entre groupes représentatifs complémentaires. Les premiers occupants détiennent une part du pouvoir par référence à des liens chtoniens : matériellement ils sont maîtres du terrain et, de ce fait, médiateurs avec les puissances invisibles tutélaires des lieux (certes, l'Islam a oblitéré cet aspect mais le clivage entre les clans en est vraisemblablement une survivance). A ce titre il leur incombe de garantir la protection et l'intégration de nouveaux venus s'ils le jugent utile. D'après le récit étiologique concernant Tomagar (ancêtre éponyme des Tomagra), celui-ci apportait des innovations techniques. Pour en bénéficier, les premiers occupants se sont déssaisis de l'exercice du pouvoir. Ce pouvoir étant, d'ailleurs, beaucoup plus un pouvoir d'arbitrage qu'un pouvoir de commandement. Les Tomagra détiennent donc le pouvoir en fonction d'une compétence, par référence à des personnes et non à telle ou telle portion du territoire, ce qui facilite, bien

Fig. 6 — Kinnimi, l'actuel Derdé du Tibesti
(cliché Yves-Eric Brandily, 1979).

entendu, la reconnaissance de leur représentativité pour l'ensemble du Tibesti par les autres clans.

Cependant, il n'était pas question, pour les autochtones, d'une abdication inconditionnelle et irréversible. Ils se sont donc assurés de garder la maîtrise de l'institution par l'obligation faite à chaque nouveau *derdé* d'être reconnu et légitimé par eux d'abord. Une garantie supplémentaire contre le danger d'accaparement du pouvoir est due au système d'alternance entre les trois familles donneuses de *derdé*. Il est, en effet, à peu près exclu qu'un *derdé* ait son fils pour successeur et improbable même qu'il ait son petit-fils dans ce rôle. Il ne peut donc pas y avoir installation, si l'on peut dire, dans l'habitude du pouvoir. Cette organisation fonctionne parfaitement, sans coercition, sans doute parce qu'elle est bien adaptée à ce peuple qui valorise à l'extrême l'autonomie, la fierté et l'initiative chez ses ressortissants et qui possède un sens aigu de l'indépendance et de la liberté.

Sans se livrer à des extrapolations hasardeuses, il faut tout de même rappeler qu'il existe ailleurs bien des exemples de sociétés qui attribuent, ou ont attribué, une valeur qualitative à la terre en fonction de rites, jugés indispensables au bien commun et qui ne peuvent être valablement exécutés qu'en des lieux définis et par des exécutants également déterminés (cf. notamment J.-P. Vernant, 1965, repris par de nombreux auteurs ; G. Balandier, 1971, etc.). La survivance de certaines pratiques encore observées, discrètement, par de nombreux Teda qui dressent des pierres et font des libations en des lieux précis vient appuyer une telle hypothèse.

S'il en est ainsi l'on se trouve amené à revoir l'une des conditions posées par L. Dumont pour admettre l'existence d'un système de castes, à savoir la dissociation entre le statut religieux et le pouvoir politique. Précédemment (Brandily, 1974) j'avais jugé discutable l'exigence de la présence de ce trait lorsqu'il s'agit de sociétés africaines, d'autant que L. Dumont lui-même écrit : « Cette question qui peut paraître abusive a la vertu de fixer immédiatement une limite à l'influence indienne dans le sud-est asiatique » (1966, p. 272). Ce souci n'existe évidemment pas lorsqu'il s'agit de l'Afrique. De plus, on ne voit pas pourquoi l'existence éventuelle de traits spécifiquement africains devrait interdire l'emploi, commode, du terme *caste* à partir du moment où l'on en définit correctement l'acception propre aux sociétés de ce continent. (Ce problème de terminologie sera abordé à propos des forgerons, d'autant que c'est à leur sujet que cette question se pose fréquemment aux africanistes).

Ceci étant posé, il est d'autant plus intéressant de noter que la séparation entre les rôles religieux et politique semble cependant présente, au moins à l'état de traces, dans la société du Tibesti en dépit de l'islamisation de l'ensemble de la population. Cet aspect m'avait échappé avant que j'aie pu recueillir des informations complémentaires sur l'investiture du *derdé*. En effet, durant toute la seconde phase de la cérémonie, l'épouse du nouveau *derdé* se tient à ses côtés sur le tertre qui matérialise sa position prééminente. Or, cette épouse, tout comme le *derdé* lui-même, doit impérativement être issue du clan des Tomagra. C'est le seul cas, à ma connaissance, d'endogamie clanique obligatoire au Tibesti. Elle ne supprime pas, pour autant, la prohibition de consanguinité dont la transgression est ressentie comme radicalement inacceptable, comme cela a pu être vérifié récemment.

L'endogamie obligée introduit clairement la notion de pureté, de non-mélange, au niveau du clan donneur de *derdé*. Cette obligation constituant une exception dans cette société, cela conforte l'hypothèse de la complémentarité des rôles de clans à clan, qui ne saurait s'accommoder d'un mélange d'appartenance chez ceux qui assument ces rôles au plus haut niveau avec la valeur symbolique que cela comporte. L'endogamie clanique est la garantie que la représentativité de ce couple se prolongera dans sa descendance [tɔmara mɔgri] « pur tomagra », pur politique devrait-on dire et qu'il ne pourra pas glisser vers la confusion des rôles, par exemple en se mélangeant aux « maîtres de la terre » dont la fonction est d'un autre ordre.

Comme on a déjà pu s'en rendre compte, c'est autour de l'institution du *derdé* que se cristallisent, au Tibesti, les éléments fondamentaux des institutions des Teda. Les cérémonies d'intronisation ont pour effet, sinon pour objet, de les réactualiser, de les remémorer. Leur description complète occuperait toute la place qui m'est impartie, et au-delà. Cependant, avant de passer à d'autres aspects de l'organisation globale, je mentionnerai encore deux éléments qui me semblent particulièrement signifiants.

Le *derdé*, dès le début du cérémonial, a l'obligation de remettre à chacun des clans originels, liés aux quatre directions, un chameau. Or, le chameau est l'animal sacrificiel par excellence. On ne tue les chameaux que pour des repas communiels liés à des cérémonies importantes, jamais en temps ordinaire comme un simple animal de boucherie. C'est aussi le chameau qui est utilisé comme compensation pour des obligations graves (blessures, meurtres, dot...). Le caractère rituel de la remise de ces animaux aux clans originels est donc, pour tous, une évidence même si ses significations profondes ne sont plus parfaitement claires pour tout le monde.

D'autre part, parmi les premiers préparatifs marquant l'entrée dans la période cérémonielle prend place la fabrication d'un nouveau tambour *nang'ara*. Les tambours de ce type ne sont pas exclusivement réservés aux *derdé* bien qu'il faille les faire figurer parmi les *regalia*. Cela demande une courte explication en raison de l'ambiguïté apparente du statut de ces tambours au Tibesti. Dans d'autres sociétés où la chefferie est fortement structurée et centralisée (au Ouaddaï par exemple) les timbales du sultan symbolisent l'autorité au point que perdre les timbales revient à perdre le pouvoir. Au Tibesti on ne peut exprimer les choses aussi abruptement. En effet, chaque groupe résidentiel, disons chaque village, dispose (ou a la possibilité coutumière de disposer) d'un tambour *nang'ara* qui est la propriété collective des gens du village. Ce tambour est donc lié à une unité territoriale. Indépendamment de son utilisation rythmique dans les réunions de musique et de danse [abi] il est frappé, d'une seule baguette, à l'occasion de différentes proclamations intéressant la communauté locale (M. Brandily, 1974).

Quant à celui dit « du *derdé* », il n'est pas, pour autant, dépouillé de toute référence territoriale, bien au contraire puisque celle-ci est transposée à l'échelle du massif tout entier. On frappe ce tambour pour marquer l'irrévocabilité d'engagements solennels qui concernent la collectivité : prestation de serment du *derdé*, extinction de la dette de sang... A chaque intervention, par la fonction dont il est investi, le *nang'ara* rappelle la position particulière du *derdé* qui, transcendant les clivages d'ordre clanique aussi bien que géographique, est le représentant de tous les Teda du Tibesti sans exception. Pour maudire ou bannir quelqu'un la formule employée par le *derdé* n'est-elle pas : [Allah debi nər do t'odər] « Que Dieu, de l'intérieur de mon turban, te sorte » ? On ne peut exprimer plus clairement que le porteur de ce turban est le représentant symbolique du groupe social tout entier. Il a donc vocation à arbitrer tout conflit d'importance qui constitue une menace potentielle pour la société dans son ensemble.

Les descendants de captifs

Ils forment la seconde des strates constitutives de la société du Tibesti. Disons d'emblée qu'en ce qui les concerne, pas plus que pour la première strate, on ne peut extrapoler les observations faites ailleurs, en particulier au Borkou où leur situation et leur nombre relatif par rapport à la population globale ne sont en rien comparables à ce qu'ils sont au Tibesti où, notamment, ils ne sont jamais regroupés en villages séparés. L'examen du vocabulaire les concernant aussi bien que de leur devenir oblige à considérer leur situation présente dans une perspective diachronique. On y reviendra, d'ailleurs, dans la conclusion en envisageant les transformations réelles et potentielles.

Les clivages internes à la deuxième strate

La multiplicité de termes concernant le statut servile est le signe que ce statut comporte, et surtout comportait, des différences qu'il ne faut pas laisser masquer par la pauvreté de notre propre vocabulaire qui nous amène à désigner sous le terme unique d'esclavage des situations, en fait, assez diversifiées. On pourra lire avec profit les considérations sur le même problème dans le monde antique dans Moses I. Finley (1984). Au Tibesti, à l'époque relativement récente où l'on allait encore en expéditions pour capturer, à la pointe de la sagaie, troupeaux et captifs, on distinguait pour ces derniers trois états institutionnalisés, en fonction du temps et des générations écoulés entre la capture proprement dite et le moment considéré pour une personne donnée.

Le captif au sens étroit, celui-là même qui a été capturé, est désigné en *tedaga* par le terme [bodər], on utilise également [ɔgər], littéralement « attaché », « non libre » qui, par extension, s'emploie avec le même sens que [bodər].

Le stade suivant est [tiyeni], sa situation est celle d'un domestique qui, cependant, ne jouit pas de sa liberté de déplacement ; il est lié à la maison et à la personne de ses patrons-maîtres et à leurs propres déplacements.

Après un minimum de trois générations et pour toutes les suivantes [tiyeni] accède à l'état de [kamaya] que l'on a pris l'habitude d'orthographier ainsi, ou encore *kamaja* ce qui allège la graphie en supprimant les crochets. A l'heure actuelle, au Tibesti, l'on ne trouve des représentants que de cette dernière catégorie car, comme je l'ai déjà signalé, il n'y a plus de captifs au sens littéral du terme.

Concrètement les trois formulations renvoyaient à des situations sensiblement différentes, en correspondance avec les attitudes des membres de la strate dominante qui se modifiaient au fur et à mesure que s'effectuait l'intégration des captifs, et surtout de leurs descendants, dans le milieu naturel et culturel du massif. Cette notion d'intégration est l'une des clefs commandant les systèmes d'attitudes chez les Teda du Tibesti. On l'a déjà rencontrée à propos de la terminologie appliquée aux membres de la première strate qui prend en compte le fait de connaître les lieux et les gens et son corollaire, en être connu. Explicitement l'on mentionne cet aspect à propos des *kamaya* présents dans le massif depuis plusieurs générations en soulignant : « On connaît leur famille, ce n'est pas la même chose » sous entendu : que les captifs ignorants et ignorés. Cette idée est illustrée également par les significations données au terme [arobo], littéralement « aveugle ». Il s'emploie au figuré pour signifier « qui ne comprend pas », « inintelligent », s'utilise comme insulte. Une extension supplémentaire intéresse notre propos, le terme est utilisé également pour désigner globalement les troupeaux et les captifs. Une autre paire de mots permet de couvrir tous les biens de quelque importance que l'on peut posséder : [tərtenna], « les biens fixes » et son antonyme : [tərtia], « les biens mobiles » ; ces derniers comprennent à la fois les troupeaux de chameaux et les captifs. On peut bien penser que cette double assimilation, aussi bien sous le terme [arobo] que [tərtia] trouve son origine dans le mode d'acquisition commun qui est le raid guerrier suivi du retour à marches forcées avec les prises. De surcroît il est certain qu'avec des captifs emmenés déjà adultes, parlant une autre langue et traumatisés, la communication ne devait pas être des plus faciles. Avec leurs enfants, nés au Tibesti et élevés comme les petits Teda, il en allait tout autrement. En ce qui concerne la famille, élément valorisant s'il en est dans cette société, il faut encore noter un terme qui s'applique aux Teda eux-mêmes pour exprimer la non-valeur que constitue l'absence de famille, on dit [aõ bide], « quelqu'un sans famille » péjorativement.

On aura remarqué que le passage de [bodər] à [tiyeni] puis à [kamaye] s'opère de façon quasi automatique. L'autonomie s'affirmait d'autant plus nettement que l'on faisait don de petit bétail et de jardins à cultiver pour permettre aux nouveaux *kamaya* de se suffire à eux-mêmes et d'entretenir leur famille tout en gardant certaines obligations envers leurs patrons dans le détail desquelles il n'est pas possible d'entrer ici. En effet, ils demeuraient *alieni juris* pour reprendre le terme de droit romain qui désigne celui qui est dépendant, par opposition à *sui juris*, celui qui tient son droit de lui-même, qui n'est pas soumis à la puissance d'un autre. Il y a en *tedaga* le terme [melleu] que l'on peut traduire par « dépendant », non entièrement libre de ses décisions. Une légende, donnée comme source étymologique du terme *kamaya* met l'accent sur ce critère. On raconte qu'autrefois, un étranger arriva au Tibesti monté sur un chameau et transportant un homme en croupe. On lui demanda qui était ce dernier et il répondit : [kamaye nər], « mon *kamaye* ». L'emploi du possessif [nə r] fit comprendre que l'homme en croupe était sa propriété, son captif, son serviteur. C'est pourquoi, depuis, on appelle ainsi les descendants de captifs.

Ces changements d'état à l'intérieur de la condition servile entraînent des différences concrètes très importantes dans les conditions de la vie quotidienne. Cependant, la strate demeure fermée sur elle-même puisqu'elle est parfaitement endogame. Pourtant, il existe une possibilité de déverrouillage au moyen d'une procédure que l'on peut comparer à celle de l'adoption sans en avoir, cependant, toutes les conséquences juridiques. Précisons qu'il s'agit non pas d'une virtualité toute théorique mais d'une possibilité dont il existe des réalisations concrètes, bien que rares. J'évoquerai le cas d'un *kamaye* de Zougra que n'ai pas moi-même rencontré mais j'ai bien connu son fils et sa fille. Il était si intelligent, si plein de qualités et de compétence que son « patron » fit une déclaration publique solennelle pour proclamer qu'il était maintenant comme son fils, qu'il n'était plus son *kamaye* et qu'il pouvait donc épouser une fille *tedé*. C'est comparable à l'*adsertor libertatis* du droit romain, celui qui témoigne que la personne est réellement libre et non simplement « en liberté ». Il s'agit donc bien d'un changement radical de statut, du passage d'une strate à une autre. Ce passage étant en quelque sorte prouvé par le fait de pouvoir épouser une fille qui, préalablement, n'était pas épousable, était interdite.

On voit qu'il y a là un facteur de mobilité sociale qui présente l'intérêt d'avoir été mis en place au sein même de la société traditionnelle avant les bouleversements actuels qui ne peuvent que favoriser cette mobilité. Je reviendrai sur les facteurs nouveaux intervenus dans ce sens à la faveur de la guerre civile ; il faut souligner qu'il s'agit d'une mobilité ascendante qui s'applique à des hommes et qui est donc, dans un système patrilinéaire, transmissible aux enfants à naître.

Les forgerons

De même que pour les deux premières strates on a été amené à signaler la spécificité de leur situation au Tibesti, pour la troisième, celle des forgerons, cette spécificité est encore plus marquée. Elle s'exprime tout à fait explicitement par référence à l'origine particulière des forgerons du Tibesti, qui les différencie de ceux des régions voisines. Un récit étiologique en rend compte dans lequel l'aspect historique semble non négligeable par rapport à l'aspect mythique, en tout cas il induit des conduites qui restent tout à fait actuelles. La place me manque, malheureusement, pour le rapporter intégralement et le commenter, j'en indique simplement les points fondamentaux qu'il est indispensable de connaître pour comprendre les attitudes propres aux gens du massif à l'égard des forgerons.

A une époque ancienne (impossible à dater avec précision) deux frères de la région de Goubone attribuent leurs difficultés à obtenir de bonnes récoltes à l'absence d'outils adéquats, en métal. Ils décident donc que l'un d'eux ira au Borkou, où les forgerons sont nombreux, afin d'en ramener un au Tibesti pour fabriquer des outils. N'ayant pu décider aucun forgeron à le suivre dans ses montagnes, il décide alors d'apprendre à faire ce travail lui-même. Il épouse une fille de forgeron et repart avec elle. Il est l'ancêtre de tous les forgerons du Tibesti. On précise parfois qu'en ce temps-là ce n'était pas trop honteux de faire ce travail. Ainsi, le clan des Gouboda s'est scindé en deux ; d'un côté le clan originel n'a subi aucun changement [gubɔda mɔgre], « Gouboda purs », on retrouve ce concept explicitement invoqué pour faire la distinction avec la fraction issue du couple dont l'épouse était la fille de forgerons du Borkou dont la descendance est donc mélangée [kazədəde].

Il n'empêche que l'appartenance première à un clan du Tibesti n'est pas gommée et que ce premier forgeron l'est devenu pour le bien commun. Ceci explique que, pour les gens du massif, il ne saurait être question de témoigner dégoût ou mépris à l'égard de ses descendants. Dans la vie quotidienne on ne peut relever aucune discrimination. A la question directe concernant un éventuel refus des Teda purs de partager la nourriture ou d'entrer dans la maison d'un forgeron comme cela existe dans d'autres sociétés africaines, les Teda interrogés ont trouvé cette supposition non seulement saugrenue mais choquante, « personne ici ne voudrait faire ça », m'a-t-on dit avec véhémence.

Pour les mêmes raisons, sans doute, je n'ai jamais trouvé trace de cette « haine féroce » signalée au Niger par exemple (Baroin, 1985, p. 7). Il faut redire que les conditions de vie des forgerons du Tibesti sont si différentes de celles qui existent au Niger ou au Borkou que l'insertion sociale s'en ressent bien évidemment, tout comme pour les *kamaya*. En effet, si au Niger « ils ont leurs propres campements et leurs propres puits » (Baroin, *ibid.* p. 70, 179) de même que leurs propres quartiers et villages au Borkou, il n'en va pas ainsi au Tibesti. je n'ai jamais constaté non plus qu'ils soient l'objet de moquerie en raison de leur statut, bien au contraire. A l'appui de cela, je signalerai que le terme signifiant forgeron en *tedaga* est [duudi], pluriel [duude] ; or l'habitude des gens du massif est de ne pas employer ce terme pour éviter toute vexation. En effet, traiter un *Tedé* de [duudi] est une injure, de même que dire d'une femme *tedé* qu'elle couche avec les forgerons ou qu'elle est fille de forgeron [duudido]. En fonction de cela on dit [mogone] « celui qui sait », « celui qui est habile », autrement dit l'on remplace un terme péjoratif par un terme valorisant. Ces précautions sont générales dans les rapports quotidiens et, si l'on n'est pas prévenu, il est impossible de déterminer que quelqu'un est forgeron en se fondant sur les comportements observés à son égard ou sur les siens propres, à une exception près, concernant les conduites musicales, comme nous le verrons plus loin.

Néanmoins la prohibition de mariage entre les forgerons et les membres des autres strates, ainsi que des relations sexuelles hors mariage, est observée avec une absolue rigueur alors que cette dernière pratique existerait au Niger (Baroin, 1985, p. 179). Je m'autorise à employer le conditionnel car C. Baroin, dans le même paragraphe, prend soin de préciser que « Les relations sexuelles extra-conjugales... sont de toute façon entourées de la plus grande discrétion ». Il est donc bien difficile d'affirmer qu'il en existe entre Daza et Aza d'autant que l'idée d'un mariage avec un Aza « inspire une répugnance viscérale » (*ibid.*, p. 178). A quoi l'on peut me rétorquer que je n'ai pas davantage de preuves de l'abstention au Tibesti. J'avancerai, cependant, à l'appui de mon information, des témoignages dont je n'ai aucune raison de mettre la véracité en doute. Notamment celui de plusieurs garçons qui, étant étudiants en France, s'étonnaient eux-mêmes de cette rigueur, jamais mise en question, et s'interrogeaient sur leur propre attitude en observant que telle jeune fille ou femme forgeronne était fort jolie. Cette remarque est intéressante en ce qu'elle éclaire un aspect du fonctionnement de systèmes ainsi stratifiés. L'interdit est si intériorisé, dès l'enfance, que son observance n'implique même pas un effort mais apparaît comme un comportement pour ainsi dire naturel.

D'autre part, le refus des gens du Tibesti d'avoir ce type de rapports est connu, semble-t-il, au Borkou car il m'a été dit que, dans l'hypothèse ou un homme du Tibesti serait amené à solliciter les faveurs d'une femme en ignorant sa qualité de forgeronne, celle-ci le préviendrait avant que l'irréparable soit accompli, craignant pour sa vie au cas où elle ne le ferait pas.

A contrario, on évoquera peut-être le cas d'un mariage, au Niger, entre un forgeron et une femme du clan Maadéna je crois. Les intéressés avaient été contraints de demander protection aux représentants des troupes coloniales pour ne pas être massacrés. Ce cas, survenu au début du siècle m'a également été rapporté lors d'une mission... plus de soixante ans plus tard. C'est dire que les esprits en avaient été marqués et qu'il n'est pas abusif de le considérer comme l'exception (il n'en existe pas d'autres à ma connaissance) qui confirme la règle. Encore n'était-ce pas au Tibesti où l'on reste très strict sur ce point aujourd'hui encore. De plus il faudrait vérifier s'il n'y avait pas eu abus de langage en parlant de « mariage ». En effet, on voit mal comment la famille aurait mené les tractations nécessitées par un mariage coutumier alors qu'elle était disposée à régler radicalement cette affaire d'honneur en éliminant physiquement les contrevenants. On est porté à penser qu'il s'agissait d'un concubinage ressenti, cependant, comme d'autant plus intolérable qu'il s'affichait publiquement.

Cela dit, le mariage des forgerons *gouboda* du Tibesti leur pose parfois quelques problèmes car ils sont fort peu nombreux et tous issus d'un seul couple initial. Le récit, sur ce point est corroboré par le fait que les forgerons sont tous originaires de la région de Goubone. La difficulté de trouver des épouses dans un groupe aussi restreint et parfaitement endogame est, en partie, résolue parce que les forgerons n'ont pas à satisfaire aux mêmes exigences que les Teda purs en ce qui concerne les degrés prohibés. Le mariage avec leurs cousines les plus proches est, en effet, autorisé. C'est un facteur de différenciation institutionnelle non négligeable dans une société où la strate supérieure est très attachée aux règles de mariage prohibant les parentes jusqu'au quatrième degré, ce qui la distingue de la plupart des autres groupes de population de la région au sens large.

Le comportement, auquel j'ai fait allusion plus haut et qui constitue une véritable marque du statut de forgeron (indépendamment du travail du métal, bien entendu) concerne leur activité annexe, pourrait-on dire, de musiciens. Il s'agit là d'un ensemble complexe de comportements (on en trouvera une analyse détaillée dans M. Brandily, 1974 et un résumé succinct dans M. Brandily, 1981) dont l'essentiel est que les hommes teda ne chantent jamais en public au village (j'y reviendrai à propos de la condition féminine). Le fait que le forgeron, lui, chante au milieu de la place du village et soit rémunéré pour le faire le met en opposition, de façon ostentatoire, avec les comportements masculins traditionnels. Cela peut sembler en complète contradiction avec tout ce qui vient d'être dit sur la recherche de non-différenciation dans les attitudes. Cela est, effectivement, si vrai que les forgerons *gouboda* n'ont pratiqué cette activité que pendant une période limitée et y ont maintenant renoncé malgré les bénéfices substantiels qu'ils en tiraient sur le plan matériel.

La référence à l'origine *tedé* a également une incidence sur les éléments constitutifs d'une situation de dépendance. Elle exclut, notamment, le système signalé au Niger où chaque famille a son ou ses Aza, ce qui rapproche leur statut de celui des captifs ou de celui des griots dans des régions plus occidentales. Au Tibesti, il semble que l'on puisse analyser la situation des forgerons *gouboda* comme étant globalement dépendante de l'ensemble des Teda purs et non de tel ou tel individu ou groupe familial. Cela implique un rapport, disons subalterne par rapport au *derdé* considéré comme le représentant de la strate dominante et induit des attitudes de non agression, de la part des forgerons, plutôt que de soumission à proprement parler.

Les clivages d'ordre biologique : âge, sexe

La description qui précède, bien que limitée aux grands traits, est déjà relativement longue. J'essaierai donc de m'en tenir au minimum pour les inégalités liées à l'âge puisqu'aussi bien elles sont, par nature, transitoires. La condition féminine, à elle seule, mériterait de longs développements. A défaut, elle sera évoquée seulement à travers quelques aspects fondamentaux choisis parce qu'ils constituent des repères significatifs pour situer ce type d'inégalité dans l'ensemble du tissu social. C'est, là encore, la strate supérieure qui a fait l'objet de l'élaboration la plus poussée quant à la codification des comportements mis en corrélation avec la place que chacun de ses membres occupe dans la hiérarchie en fonction de son âge biologique, certes, mais plus encore de son âge socialisé. Cette distinction s'impose car il y a parfois des décalages non négligeables entre les deux concepts. Il va sans dire que c'est l'âge socialisé qui détermine l'appartenance à telle ou telle catégorie et les comportements correspondants. Des écarts sont dus aux différences de sexes, raison pour laquelle il est préférable de ne pas dissocier ces deux critères.

Pour un homme, le déroulement de la vie comporte plusieurs périodes qui ne sont pas toutes délimitées de la même façon ; certaines restent du domaine familial et privé, d'autres sont prises en compte, publiquement, par la société tout entière. Ce sont ces dernières qui sont à considérer particulièrement ici ; les événements, hautement ritualisés et socialisés, qui marquent le passage de l'une à l'autre sont la circoncision et le mariage. La période de vie qui va de la naissance à la circoncision comporte des subdivisions qui se traduisent dans le domaine comportemental par un cheminement progressif du monde des femmes, pendant la petite enfance, à celui des hommes pendant les années suivantes.

La circoncision clôt abruptement cette période et l'enfant [ɔdɛy] devient, du jour au lendemain, [ɔmri] un homme. Ces deux termes sont d'ailleurs utilisés dans la phrase rituelle qui accompagne l'opération. Un certain nombre de marques extérieures accompagnent ce changement d'état : le garçon circoncis porte le turban, joue des instruments de musique, observe les interdits, etc. Autrefois, l'âge biologique et l'âge social coïncidaient à peu près mais, pour des raisons trop longues à expliquer ici, les habitudes se sont modifiées et il arrive maintenant que la circoncision soit pratiquée quand les garçons ont une dizaine d'années, parfois même moins. Il est clair que leur état d'*homme*, dans ce cas, est une fiction. On en trouve un reflet dans le vocabulaire adapté à ces états intermédiaires. Les garçons circoncis sont désignés par le terme [ɔlugu] qui correspond à peu près à *adolescent* en français. En effet, quand le garçon atteint une vingtaine d'années, on ne dit plus [ɔlugu] mais plutôt [deli] qui est en corrélation avec une différence d'âge, mais qui se réfère conjointement à une autre notion puisqu'il implique que le garçon n'est pas marié tout en ayant atteint l'âge où il pourrait l'être, biologiquement et socialement. Ce terme a donc un correspondant assez exact en français (pour une fois) qui est *célibataire*.

Au Tibesti, un homme non marié, eût-il passé la trentaine, est toujours considéré comme [deli] et participe aux activités des jeunes gens. Ensuite, de même que l'on cesse d'être un enfant [ɔdɛy] par la circoncision, l'on cesse d'être un *jeune homme* [deli] par le mariage. Encore n'est-on [ɔmri] un adulte tout à fait à part entière que lorsqu'on devient père de famille. L'étape suivante, celle d'homme très respectable [bugudi], est liée non seulement à la capacité d'assumer une famille mais aussi à l'acquisition d'une certaine sagesse ainsi que de connaissances qui, dans les cultures purement orales, impliquent un âge un peu plus avancé. Cela est ressenti ainsi car les Teda parlant français traduisent spontanément [bugudi] par « le vieux », même s'il s'agit de quelqu'un d'une quarantaine d'années. L'entrée dans la catégorie [bugudi], donnant accès à toutes les charges de responsabilité et de prestige, est donc variable dans le temps, d'un individu à l'autre. Un surdoué peut être considéré comme [bugudi] alors qu'il est encore jeune au regard des critères européens.

On remarque donc que, dans le continuum temporel d'une vie d'homme, interviennent deux types de clivages : ceux qui sont ritualisés, socialement reconnus de façon solennelle et qui déterminent des unités discrètes : 1) enfance, 2) âge adulte. A l'intérieur de ces unités, la progression est plus souple et se réalise en fonction de chaque cas individuel. Cela illustre parfaitement la démarche d'esprit invétérée des Teda qui trouvent toujours le moyen d'opérer la prise en compte des qualités individuelles. On a vu que le récit étiologique de l'institution du *derdé* tomagra s'inscrit dans le droit fil de cette conception.

Pour les deux autres strates, on retrouve les divisions de la vie masculine marquées par la circoncision et le mariage mais les différences sont moins prononcées puisque la plupart des capacités (au sens juridique du terme) et fonctions auxquelles pouvaient accéder les Teda purs n'étaient pas ouvertes aux autres : porter les armes traditionnelles, conduire une expédition armée, assumer l'arbitrage des conflits, etc.

Il en va de même pour la vie féminine. On y retrouve une tripartition mais avec des décalages moins marqués d'une période à l'autre, tout d'abord parce que la rupture avec l'enfance n'implique pas le changement radical, que vit le petit garçon passant du monde féminin au monde masculin, amorcé vers l'âge de six ou sept ans quand il commence à aller prendre ses repas avec les hommes.

Les Teda ne procèdent pas à l'excision des filles, pratique considérée comme choquante par ceux qui en connaissent l'existence dans d'autres cultures. Ils pratiquent, cependant, un rituel de passage pubertaire féminin : le tatouage des lèvres et des gencives qui a pour objectif de les rendre noires. Je n'entrerai pas dans une discussion sur les implications symboliques qui n'aurait pas sa place ici. Quoi qu'il en soit, le tatouage, effectué par une femme choisie pour sa compétence, est suivi d'une retraite, comme la circoncision des garçons. Elle s'en distingue dans la mesure où la sortie des jeunes filles reste du domaine familial et privé et ne donne pas lieu aux cérémonies publiques qui accompagnent la sortie des nouveaux circoncis. Le changement de vie qui suit le tatouage des lèvres est marqué par une rigueur accrue des comportements de pudeur concernant le vêtement et, surtout, la prise de la nourriture par laquelle la séparation des sexes, entre adultes, est marquée de façon tout à fait stricte.

Comme pour les hommes, la cérémonie du mariage et sa suite logique, la naissance d'un enfant, marquent la véritable entrée dans l'état d'adulte. Il faut préciser « la cérémonie » car le mariage peut être décidé, « attaché » entre les deux familles alors que les protagonistes sont encore des enfants. Cette décision induit un certain nombre de conduites qui consistent essentiellement à observer des règles d'évitement entre les fiancés eux-mêmes, d'une part, et entre chacun d'eux et les membres de sa belle-famille, d'autre part. Cependant, c'est la cérémonie liée à la consommation du mariage (dont la date est décidée par la mère de la jeune fille) qui constitue le véritable rituel de passage à caractère public. Il faut noter que la forme de la cérémonie varie en fonction de la jeune épousée. S'il s'agit d'une jeune fille dont c'est le premier mariage, les cérémonies sont accomplies de façon complète et donnent lieu à un grand rassemblement des deux familles (sauf en cas de rapt) ; s'il s'agit du remariage d'une veuve ou divorcée tout est beaucoup plus simple. Quant au marié, que ce soit pour lui un premier, second ou troisième mariage n'est pas pris en considération ; on tient compte seulement de la situation de la nouvelle épouse.

Pour le choix de son conjoint, la décence interdit en principe à la jeune fille de marquer des préférences. Cependant, si elle souhaite voir évincer un prétendant, elle peut le faire comprendre à sa mère qui, à son tour, essaiera d'infléchir le choix du père de la jeune fille à qui revient la décision. La procédure fonctionne assez bien dans la plupart des cas. Si d'aventure on a à affronter un père autoritaire qui, pour diverses raisons, agrée le candidat qui est considéré comme inacceptable par sa fille, celle-ci a encore un recours pour échapper au mariage forcé. Elle peut, en effet, transformer en fuite effective le simulacre de fuite que comporte le rituel de mariage. Pour que cela réussisse il lui faut, bien entendu, l'aide d'un certain nombre de parents ou encore celle d'un autre soupirant qui, aidé par ses propres frères et cousins, se tient prêt à enlever la jeune fille au moment où, de toute façon, elle s'échappe rituellement. Je passe sur les affrontements qui peuvent en résulter et qui vont parfois jusqu'à déclencher des batailles rangées entre groupes importants. Heureusement, un règlement à l'amiable est possible moyennant des tractations compliquées concernant la restitution de la dot. Pour apprécier, au-delà du discours, la position réelle faite aux femmes dans la société il est important de noter cette possibilité institutionnalisée d'éviter le mariage forcé (qui n'existe pas partout, il s'en faut). Précisons qu'il ne s'agit pas d'une simple potentialité qui serait parfaitement irréalisable. En effet, même s'il n'est nullement exclu que le père, dont l'autorité est ainsi mise en échec publiquement, manifeste une grande fureur, il n'est pas admis, cependant, qu'il se livre à des voies de fait sur la personne de sa fille lorsqu'il réussit à la récupérer, éventuellement par la force avec l'aide de sa parenté.

On pourrait supposer qu'un tel comportement de révolte contre l'autorité de son père entraîne, à l'égard de la jeune fille, une réprobation sociale généralisée. Or, ce comportement est plutôt valorisé. Il existe, en *tedaga*, un terme désignant celle qui a fui plutôt que d'accepter : [sunedi] et les autres jeunes filles la célèbrent dans leurs chants. Le plus important est que cette valorisation de la fille qui ne se soumet pas ne se limite pas au groupe féminin (ce qui serait somme toute compréhensible) mais s'étend au groupe des jeunes gens. Il est couramment admis que l'on sera prêt à donner une dot élevée pour épouser une fille [sunedi]. Il n'est pas interdit de penser que cet avantage ne contribue pas médiocrement à apaiser la fureur paternelle... Si la jeune fille ne parvient pas à disposer de l'aide nécessaire à sa fuite avant la consommation du mariage, il lui reste la ressource de repartir dans sa famille quelque temps après. Auquel cas l'on donne un cadeau au mari abandonné mais on n'est pas obligé de restituer la totalité de la dot. Cet exemple me paraît suffisant dans la mesure où il est représentatif et démontre que même une très jeune fille a la possibilité de transgresser la volonté du père de famille dans un domaine généralement aussi intangible que celui des alliances.

Les écarts avec les autres strates dans ce domaine concernent le volume des échanges de biens mais surtout le fait qu'il n'était pas question de batailles entre familles puisque l'usage des armes était réservé aux purs Teda. Bien sûr, il reste les cailloux et les bâtons mais je n'ai pas eu d'informations selon lesquelles de tels conflits se seraient produits chez les *kamaya* ou les forgerons.

Il semble que quelques modifications récentes du statut féminin soient dues à des emprunts culturels introduits sous le couvert de l'islam. Bien que les informations soient insuffisantes sur la période préislamique (notamment en ce qui concerne l'héritage) la survivance de certaines pratiques comme celle dont il vient d'être question ainsi que la forme des relations entre époux, par exemple, donnent à supposer que ces changements iraient plutôt dans le sens d'une dégradation que d'une amélioration de la condition des femmes dans la société du Tibesti, notamment si on la compare à celle des femmes en milieu traditionnel arabe de Libye bien connue des gens du Tibesti depuis fort longtemps.

Conclusion

Revenons maintenant aux questions soulevées au début et voyons si quelques éléments de réponses peuvent être tirés de la description sommaire qui vient d'être donnée des caractéristiques principales de la société du Tibesti, y compris de ses aspects paradoxaux. Tout d'abord, son caractère inégalitaire est, je crois, indiscutable et, s'il en était besoin, cela serait confirmé par la donnée brutale des différences de « tarif » de la compensation pécuniaire due en cas de meurtre et dont la base (qui peut être négociée) est la suivante :
– pour les Teda purs : hommes 100 chameaux, femmes 50 chameaux
– *Kamaya* : homme ou femme 30 chameaux
– forgeron : homme ou femme 25 chameaux.

Dans ce tarif, dicté au capitaine de Saint-Simon par le *derdé* Woddeye en 1952, on distingue encore le cas de l'ancien captif dont le meurtre est compensé par dix têtes, dues à son maître. D'autre part, m'ont dit plusieurs informateurs, avant la colonisation, lorsqu'il y avait encore des captifs (au sens étroit), en cas de meurtre de l'un d'eux l'on ne pratiquait pas la compensation, on le remplaçait. L'âge des chameaux est précisé, tout comme on le fait pour chiffrer coutumièrement la dot, par exemple. Les simples blessures sont également tarifées en fonction du statut de l'individu qui en est victime mais leur compensation est habituellement calculée en chèvres et non en chameaux.

Certes, l'étude détaillée de la tarification des différents dommages corporels compensables par des amendes serait très instructive et pourrait être prise comme base d'un travail sur les inégalités. Cependant, l'image de la société qui serait obtenue à partir d'une telle approche, pourtant objective en apparence, serait très éloignée de la réalité vécue. La raison en est, entre autres, que dans un grand nombre de cas les normes juridiques et les normes comportementales s'articulent de telle façon que les secondes ont tendance à occulter, ou tout au moins à atténuer, les différences hiérarchiques plutôt qu'à les souligner, ainsi qu'on l'a déjà noté. En résumé, l'appartenance à l'un ou l'autre des groupes inégaux institutionnalisés comportait, jusqu'à une époque récente, des marques codifiées. En dehors de celles-ci il ne semblait nullement nécessaire d'ajouter des discriminations à caractère ressenti comme vexatoire dans les comportements quotidiens.

La situation actuelle résulte du fait que les marques distinctives ont subi une atténuation importante au cours des quelques dizaines d'années qui viennent de s'écouler à la suite de changements intervenus en deux vagues. La première est liée à la colonisation qui a beaucoup réduit l'importance des raids armés, principale source de différenciation puisque, d'une part, seuls les Teda purs pouvaient s'y livrer et que, d'autre part, cela permettait de perpétuer le sous-groupe des captifs et de leurs descendants immédiats [tiyeni]. Ceci dit, même du temps de l'Administration coloniale, l'habitude s'était maintenue, pour les Teda purs, de ne jamais se déplacer au-delà des abords immédiats de leur maison sans prendre leurs sagaies portées en bandoulière. Comme le port des armes leur était réservé, du plus loin qu'on les voyait on ne pouvait les confondre avec un *kamaya*. Cette pratique a cessé brutalement en 1964-1965 quand les administrateurs militaires français (maintenus après l'indépendance, dans ces régions, pendant une période transitoire) ont laissé la place aux représentants du gouvernement Tombalbaye qui, immédiatement, ont interdit formellement à leurs administrés de porter leurs armes traditionnelles. Ils n'ont, cependant, jamais réussi à les empêcher de conserver au moins leur poignard de bras dissimulé contre le biceps ou, dans les moments de tensions aiguës, dans une poche au creux de l'aine. Dans notre optique cela introduit une grande différence par rapport à la situation précédente puisque le port du poignard est commun à tous les membres de la société et ne peut donc constituer une marque, d'autant qu'il est dissimulé alors que le port des sagaies était ostentatoire.

La seconde vague de bouleversements est due à la guerre civile dans laquelle, du point de vue qui nous occupe ici, il faut encore distinguer deux phases. La première, celle de la guérilla contre les représentants du gouvernement de Fort-Lamy (devenue N'Djaména) rendait l'exercice de l'administration précaire, limité, voire impossible mais ne comportait pas un changement institutionnel concerté. La seconde, en revanche, coïncidant avec la prise de contrôle complète du B.E.T. par le Frolinat (Front de Libération Nationale du Tchad) en 1978, a marqué un changement plus radical puisqu'elle a vu le rétablissement d'un pouvoir de type étatique. Les structures administratives instaurées alors par le Frolinat devaient tenir compte des conditions très particulières dans lesquelles se trouvait ce territoire contraint de vivre en quasi autarcie. En effet, il était coincé entre les forces du gouvernement de N'Djaména, épaulées par le corps expéditionnaire français d'un côté, et la Libye de l'autre. Celle-ci exerçait une pression en verrouillant sa frontière pendant de longues périodes chaque fois que des affrontements se produisaient avec les F.A.P. (Forces Armées Populaires) dirigées par Goukouni Weddeye, principale composante armée du Frolinat qui s'opposait par la force à toute tentative d'infiltration libyenne dans le B.E.T.

Malgré cette situation de guerre larvée et un degré de pénurie à peine concevable en Europe, l'Administration mise en place par les combattants s'est efforcée de traduire par des mesures concrètes une idéologie égalitaire et démocratique. On trouvera ailleurs quelques informations sur cette organisation (Brandily, 1984). Je n'en retiendrai ici qu'un aspect, choisi parce qu'il est en relation directe avec la stratification sociale traditionnelle dont il met en cause l'un des éléments fondamentaux. On se souvient, en effet, que la disposition des armes, ainsi que la prise de responsabilités au combat, était le privilège des Teda purs et que les *kamaya* n'y avaient pas accès. Or, le Frolinat recrute ses combattants dans toutes les couches de la société et ne fait aucune discrimination pour leur confier des responsabilités. On aurait pu penser que des frictions en auraient résulté, or il n'en est rien ; voilà bien l'un des paradoxes auxquels je faisais allusion. Le fait, pour un combattant, d'être d'origine *kamaya* ne lui crée pas de difficulté particulière dans l'exercice de ses responsabilités. Du moment qu'il est compétent, il est accepté. Le rôle joué par la participation au combat est spontanément mis en avant quand il est question des relations avec les *kamaya* dans le contexte actuel. J'entends encore le fils d'une famille prestigieuse du Tibesti me dire : « Les *kamaya*, ils ont combattu à côté de toi, ils sont comme toi ». Si la logique formelle, seule, s'appliquait aux actions humaines, on pourrait inférer de ce qui précède que la tradition est tombée en désuétude et qu'un nivellement de portée générale s'est opéré. Une fois de plus, cela ne serait pas exact car l'endogamie de chaque strate se maintient.

Il est bien clair, cependant, que la voie est ouverte pour que, dans ce domaine aussi, les choses évoluent. Une partie du discours d'intronisation du nouveau *derdé* allait, d'ailleurs, dans ce sens. Tout le monde n'a pas été d'accord, cela signifie que les esprits ne sont pas encore prêts pour un tel changement mais on peut légitimement poser l'hypothèse que, au fur et à mesure que des activités génératrices de prestige seront ouvertes aux *kamaya*, les inconvénients d'intermariages éventuels iront en s'atténuant jusqu'à disparaître tout à fait en quelques générations. Je dis à dessein, « activités génératrices de prestige » et non d'avantages pécuniaires ce qui peut surprendre les ressortissants de sociétés qui valorisent prioritairement la possession de biens matériels. Or, l'exemple des forgerons qui ont abandonné une activité qui était source de profits considérables mais les dévalorisaient, cependant, montre bien que ce n'est pas par ce biais que les structures de la société se modifieront au départ. Bien entendu, il n'est pas question de dénier toute importance à l'aisance matérielle et de fantasmer sur le désintéressement des Teda ; quand des éventualités d'intermariages se présenteront, si un *kamaya* qui a acquis du prestige est riche au lieu d'être pauvre on peut escompter que ça ne lui nuira pas... On voit donc que cette société qui, vue de loin, pourrait sembler figée dans un état vieux de plusieurs millénaires, possède des réserves de flexibilité qui lui permettent d' « encaisser » allègrement, peut-on dire, des chocs dont on aurait pu croire qu'ils seraient fatals à sa survie.

Je terminerai par quelques brèves remarques sur la notion de pouvoir et sur la terminologie. Il n'est évidemment pas question ici d'une analyse du concept de pouvoir, ce qui reviendrait à entamer un autre article, mais simplement de quelques réflexions en rapport direct avec l'une des questions posées au début : peut-on dire que le principe de base sur lequel repose la société du Tibesti est l'anarchie ? Sans sombrer dans la confusion et assimiler l'existence d'une organisation à l'existence d'un pouvoir il faut cependant noter que, si cette organisation fonctionne, il doit bien y avoir quelque part, sous une forme ou sous une autre, un pouvoir garant de ce fonctionnement. Un débat de fond pour déterminer si anarchie et organisation sont des principes compatibles ou s'ils sont antinomiques, malgré l'intérêt qu'il présenterait, n'a pas sa place ici. Remarquons seulement que l'on est peut-être tenté de voir des anarchies dans les sociétés de ce type parce que la forme et les attributs du pouvoir y diffèrent trop radicalement de ceux auxquels nous ont habitués l'étude de nos sociétés ou de celles de l'antiquité classique dont elles dérivent.

On est en présence, en effet, d'un « pouvoir sans commandement » (L. Dumont, 1968), d'un pouvoir sans police. Ce pouvoir repose sur un consensus, sur le respect de l'arbitrage accepté et son garant est la pression de la société tout entière. Ne serait-ce pas une définition possible de la démocratie ? Paradoxe, là encore, puisque tout ce texte tend à démontrer, à l'aide d'arguments divers, le caractère fondamentalement inégalitaire de cette société. Comment, dans ce cas, parler de démocratie ? Un premier point est qu'il y a de cela des précédents illustres à commencer par la cité grecque, abondamment décrite et analysée comme démocratie en dépit du fait qu'il s'y trouvait « des égaux plus égaux que d'autres », remarque faite, sauf erreur de ma part, par Platon.

Revenons maintenant sur la terminologie à adopter pour désigner ces groupes inégalitaires, notamment en ce qui concerne l'usage, acceptable ou non, du terme *caste*. Certes, il est possible de s'en passer puisque je viens de décrire un cas concret de société hiérarchisée sans l'employer une seule fois. Cependant, quand j'écris *strate*, le lecteur ne sait pas d'emblée ce que je désigne par ce terme à acceptions multiples et doit donc se reporter à une description liminaire pour chaque cas. En revanche, *caste* serait plus économique parce que ce mot couvre un champ sémantique plus étroit. Si l'on ne retient que les trois critères devenus classiques depuis Bouglé : 1) hiérarchie, 2) séparation (endogamie), 3) spécialisation héréditaire, l'usage du terme paraît tout à fait acceptable. Essayons de considérer maintenant l'analyse affinée de L. Dumont pour définir un champ encore plus étroit et qui a paralysé la plume de plus d'un africaniste. J'ai déjà fait remarquer plus haut, à ce sujet, que l'exigence, comme critère supplémentaire, de la séparation entre le religieux et le politique me semblait pouvoir être écartée dès lors que l'on n'était pas dans le monde asiatique et que le problème des limites de l'influence indienne ne se posait pas. Rappelons cependant que des traces peuvent en être décelées dans le système du Tibesti (cela doit entrer dans une discussion d'ensemble dont quelques points sont seulement ébauchés ici).

Ce qui paraît d'une portée générale, en revanche, du point de vue de la méthode, c'est la critique faite par Dumont lorsqu'il écrit : « On parle du « système de stratification sociale » d'une société quelconque à partir d'un double postulat : 1) que l'on peut isoler ou abstraire de la société globale un tel « système » ; 2) qu'un tel « système » peut être caractérisé par des traits empruntés exclusivement à la morphologie des groupes, sans considération de l'idéologie qui dans chaque cas sous-tend le comportement. Ainsi, on emploie le mot « caste » pour désigner tout groupe de statut permanent et fermé. On trouve alors des "castes" un peu partout, même dans la société moderne, en Afrique du Sud et aux Etats-Unis » (Dumont, 1966, p. 270). Il incrimine notamment les déformations que fait subir aux faits sociaux la « Caste School of Race Relations » américaine pour en arriver à confondre discrimination raciste et système de castes. Ce qui nous concerne dans son argumentation c'est la distinction entre « fait de comportement » et « fait de valeurs », «... à savoir une somme de traits particuliers [...] et un système social total, "caste" dans le cas indien signifiant évidemment " système des castes "» (*ibid.*, p. 311). En résumé : « Pour qu'il y ait caste, il faut que la société soit tout entière et sans résidu constituée d'un ensemble de castes » (*ibid.*, p. 272).

On a vu que la société du Tibesti répond à ces critères, il me semble donc scientifiquement fondé d'employer le terme *caste* à son propos. La question reste posée pour des populations relativement proches comme celles du Kanem par exemple. Il serait sans doute préférable de marquer dans la formulation si l'on a à faire à des sous-groupes répondant à des « faits de comportement » qui, par un certain nombre de traits morphologiques, se rapprochent des castes ou si, la société globale étant institutionnellement et idéologiquement hiérarchisée et constituée tout entière d'un ensemble de castes à caractère systématique, on est en présence de « faits de valeurs », auquel cas seulement l'emploi de *caste* serait non seulement acceptable mais souhaitable dans la mesure où le terme serait alors débarrassé de toute ambiguïté.

Quant à la nature proprement *politique* du pouvoir, je ne m'y étendrai pas ici et me contenterai de renvoyer à l'analyse d'Evans-Pritchard, concernant les Nuer, où il définit comme politiques les groupes territoriaux par opposition aux groupes (tribus, clans) fondés sur la parenté. Lorsqu'il écrit : « Les membres d'une communauté locale sentent et reconnaissent – et c'est ce que j'entends par valeurs politiques – qu'ils forment un groupe exclusif, qui se distingue d'autres communautés du même ordre et s'oppose à elles... » (Evans-Pritchard, 1968, p. 298), cela s'applique assez bien à la communauté formée par les habitants du Tibesti et nous ramène au problème soulevé par l'usage du terme *ethnie*.

Que l'on en ait mésusé à l'époque coloniale et ultérieurement (Amselle, 1985) notamment dans l'analyse des problèmes politiques des nouveaux états, je l'admets d'autant plus volontiers que j'ai, moi-même, maintes fois contesté cette interprétation des problèmes du Tchad en termes de tribalisme et de régionalisme par référence, précisément, à la notion d'ethnie utilisée dans le flou et à tort et à travers. Cela seul, cependant, ne constitue pas un motif scientifiquement recevable pour bannir l'usage d'un terme. L'argument reposant sur l'absence de définition précise doit être considéré. En ce qui concerne les ethnonymes, j'ai longuement insisté plus haut sur le problème soulevé par la relativité de leur signification à propos de l'emploi de *Toubou*. Cependant, *ethnie* est utile peut-être en raison même de sa relative imprécision car celle-ci reflète le caractère fluctuant de la réalité que l'on évoque. On en a eu un exemple, plus haut, avec la complexité et la diversité des critères pris en compte pour reconnaître quelqu'un comme Teda. Dans cette perspective on peut citer également G. Balandier (1971, p. 294) lorsqu'il écrit que la société «... en tant que système approximatif... s'efforce continuellement d'établir la balance entre ce qui peut contribuer à son progrès sans véritable modification d'identité, et ce qui assure seulement son maintien. Pour cette raison, elle doit constamment rappeler sa définition, et se faire pour ne pas se défaire ».

Quant au vocable *tribu*, il est encore plus galvaudé, s'il se peut, qu'*ethnie*. Au sens originel de l'ancienne Rome, avec ses implications territoriales très délimitées, il ne semble pas adéquat, d'autant que l'usage récent a plutôt retenu le sens comportant une référence à un ancêtre commun. Dans cette acception on pourrait en envisager l'emploi pour désigner un ensemble de clans issus de l'éclatement d'un tronc commun ; par exemple les clans issus de chacun des quatre fils de l'ancêtre éponyme des Tomagra. Cependant, je n'ai pas retenu cette solution parce que cela sous-entendrait l'existence d'un clivage supplémentaire qui ne me paraît pas pertinent. Quand un nouveau clan est formé, il prend place *à côté* des autres et non *au-dessous*. Par ailleurs, l'emploi de *tribu* pour désigner l'ensemble qui se reconnaît comme Teda serait encore moins justifié, ne serait-ce que parce que les récits d'origine de plusieurs clans font état d'une arrivée d'ailleurs et d'une intégration dans le milieu social déjà établi au Tibesti, ce qui exclut la souche commune. Le terme *ethnie* semble, dans ce cas, commode pour désigner la réalité que recouvre localement *Teda* sans que l'impact de la colonisation et de ses séquelles y intervienne, je crois, en quoi que ce soit, pour répondre à Amselle (Amselle, 1985, *passim*).

Ainsi, ce groupe humain, dans certaines limites évoquées au début, se pense comme un ensemble cohérent, marqué par son attache territoriale au Tibesti mais qui la transcende et ne s'évanouit pas du fait des déplacements de ses ressortissants ou de leur longues absences à l'extérieur du massif (quitte à adapter leurs comportements aux milieux divers dans lesquels ils séjournent momentanément). On y relève un certain nombre de paradoxes dont le moindre n'est pas que cette société, fondamentalement inégalitaire, soit capable de fonctionner dans le quotidien plus démocratiquement que d'autres qui se réclament bien haut de principes égalitaristes. Ce constat ouvre des perspectives d'analyses qui devraient obligatoirement s'appuyer, pour ainsi dire à part égale, sur l'empirisme et la spéculation.

NOTES

(1) Le colonel J. d'Arbaumont avait déjà bien posé le problème dans une note restée inédite, intitulée : «Toubou et Goranes, Teda et Daza. Comment appeler les populations du Nord du Tchad ?».

(2) Si l'on se réfère à la typologie de Vansina il serait à classer dans la catégorie IV : Récit ; sous-catégorie : Historique ; type : mythe étiologique (Vansina, 1961, p. 120).

(3) Les forgerons chantent [dərde dəri de] ce qui peut se traduire : « derdé qui a le pouvoir » ; est-ce redondant ou plutôt explicatif ?

REFERENCES BIBLIOGRAPHIQUES

Amselle, J.-L., 1985. « Ethnies et espaces : pour une anthropologie topologique », *Au coeur de l'ethnie – ethnies, tribalismes et état en Afrique*, collectif sous la direction de J.-L. Amselle et E. M'Bokolo, Paris : Editions La Découverte, p. 11-48.

Balandier, G., 1971. *Sens et puissance*, Paris : P.U.F.

Bougle, C., 1908. *Essai sur le régime des castes.*

    1935. 3ᵉ édition, Paris : P.U.F.

    1969. Réédition, Paris : P.U.F.

Baroin, C., 1985. *Anarchie et cohésion sociale chez les Toubou : les Daza Késerda (Niger)*, Cambridge : Cambridge University Press/Paris : Editions de la Maison des sciences de l'homme.

Brandily, M., 1974. *Instruments de musique et musiciens instrumentistes chez les Teda du Tibesti*, Tervuren (Belgique) : Musée royal de l'Afrique Centrale.

    1976. « Un chant du Tibesti », *Journal des africanistes*, t. 46, 1-2, p. 127-192.

1978. « La réalité tchadienne », *Le Matin*, 24 juillet 1978, p. 10.

1980. « La guerre au Tchad - l'Afrique et nos fantasmes », *Le Matin*, 2 avril 1980, p. 12.

1981. « Au Tibesti, l'investiture du dernier derdé », *Balafon*, n° 51, p. 12-21.

1981. « Représentations et pratiques de la musique », *Le courrier du C.N.R.S.*, hors série du n° 42, octobre.

1982. « Le Tchad sans préjugés », *Croissance des jeunes nations*, dossier n° 236, février, p. 19-26.

1984. « Le Tchad face nord 1978-1979 », *Le Tchad*, Paris : Karthala, *Politique africaine*, n° 16, p. 45-65.

Chapelle, J., 1957. *Nomades noirs du Sahara*, Paris : Plon, réédition 1982, Paris : L'Harmattan.

Conte, E., 1983. « Castes, classes et alliances au Sud-Kanem », *Journal des africanistes*, t. 53, 1-2, p. 147-169.

1983. *Marriage patterns, political change and the perpetuation of social inequality in South-Kanem (Chad)*, Paris : O.R.S.T.O.M.

Dumont, L., 1966. *Homo hierarchicus*, Paris : Gallimard.

1968. « Préface », *Les Nuer - Description des modes de vie et des institutions politiques d'un peuple nilote*, Paris : Gallimard, p. I-XV.

Evans-Pritchard, E.E., 1947. *The Nuer - A description of the modes of livelihood and political institutions of a nilotic people*, Oxford : The Clarendon Press.

1968. Traduction française par L. Evrard sous le titre *Les Nuer - Description des modes de vie et des institutions politiques d'un peuple nilote*, Paris : Gallimard.

Finley, M.I., 1981. *Economy and Society in Ancient Greece*, Londres : B.D. Shaw et R.P. Saller.

1984. Traduction française par J. Carlier sous le titre *Economie et société en Grèce ancienne*, Paris : Editions La Découverte.

Gage, J., 1964. *Les classes sociales dans l'Empire romain*, Paris : Payot.

Le Cœur, Ch. Cf. bibliographie en début de volume.

Mauss, M., 1971. *Essais de sociologie*, Paris : Editions de Minuit.

Vansina, J., 1961. *De la tradition orale - Essai de méthode historique*, Tervuren (Belgique) : Musée royal de l'Afrique Centrale.

Vernant, J.-P., 1965. *Mythe et pensée chez les Grecs - Etudes de psychologie historique*, Paris : Maspéro, réédition 1981.

Fig. 7 — Réunion du Frolinat à Kalaït (Borkou) après la prise de contrôle de l'ensemble du B.E.T. en 1979 (cliché Yves-Eric Brandily).

LES TOUBOU ET LA REBELLION TCHADIENNE

Robert BUIJTENHUIJS

Deux hommes dominent, depuis 1979, la scène politique tchadienne : Hissène Habré et Goukouni Weddeye, deux hommes qui appartiennent, l'un et l'autre, à la constellation ethnique que l'on désigne communément comme les Toubou (ou parfois Goranes)[1]. Le fait est surprenant et en quelque sorte contraire à la logique. Les Toubou sont, d'abord, une population géographiquement périphérique, nomadisant dans les déserts de l'extrême nord du Tchad, loin des centres de décision n'djamenois. Ils constituent, ensuite, un groupe minoritaire ne représentant, d'après les chiffres les plus récents, que 6,26 % de la population totale du pays[2]. Troisième paradoxe : jusqu'aux dernières années, les Toubou ne se sont jamais conduits comme un « peuple-guide », selon l'expression de G. Balandier. Tout au long de la période coloniale, ainsi qu'au cours des premières années de l'indépendance, ils se sont tenus à l'écart des remous politiques qui agitaient certaines autres régions du Tchad, alors que le nombre de Toubou faisant partie des élites modernes était extrêmement réduit, du fait de la scolarisation tardive de la région du Borkou-Ennedi-Tibesti (B.E.T.). Comment expliquer, dès lors, l'ascension soudaine, foudroyante de deux personnalités toubou ? C'est à cette question que nous essaierons de répondre dans cet article, en précisant toutefois que nous ne tirerons ici que les conclusions provisoires d'une enquête qui est loin d'être terminée.

La combativité du B.E.T.

Une première constatation s'impose : Hissène Habré et Goukouni Weddeye ont commencé leur carrière politique au sein du Frolinat et de la rébellion du Nord-Tchad[3]. Goukouni, fils de Weddeye Kefédemi, l'ancien Derdé du Tibesti, s'est engagé dans la lutte armée en mars 1968, quand les populations du B.E.T. ont rejoint le soulèvement, lancé dans le Centre-Est dès octobre 1965. Après la mort au combat, en 1969, de Mahamat Ali Taher, le premier responsable des forces combattantes toubou, Goukouni a pris la tête de l'insurrection du B.E.T., tout en continuant à reconnaître l'autorité nominale du Dr. Abba Sidick, secrétaire général du Frolinat.

Hissène Habré n'est apparu dans les rangs de la rébellion tchadienne que vers la fin de 1971, après une carrière d'étudiant à Paris et de sous-préfet au Tchad. Fraîchement accueilli par le Dr Sidick, qui s'est toujours méfié de rebelles « intellectuels » pouvant revendiquer la position de « dauphin », Habré s'est ensuite rapproché de Goukouni qui, à cette époque, était déjà plus ou moins en rupture avec le Frolinat officiel, dominé par des dirigeants originaires du Centre-Est. « Conscient que sa faible culture politique ne lui permet pas de faire le poids en face du docteur Abba Sidick »[4], Goukouni propose alors à Habré la direction de ce que l'on appelait à l'époque la Deuxième armée, sur quoi les deux hommes se séparent définitivement d'Abba Sidick.

Ensuite, Habré et Goukouni ont poursuivi, chacun à sa façon, leur carrière au sein de la rébellion, et c'est donc grâce aux victoires militaires et politiques de celle-ci qu'ils sont devenus ce qu'ils sont aujourd'hui. Pour répondre à la question qui se trouve au centre de cet article, nous devons donc avant tout étudier l'histoire récente de la rébellion du Nord-Tchad et plus particulièrement le rôle que les Toubou y ont joué. Or, ce rôle a été hors de toute proportion avec le poids démographique modeste des populations du B.E.T.

Pourtant, durant la première période de la lutte armée rien ne semblait préfigurer ce rôle prépondérant. Comme nous l'avons vu, les Toubou ont été relativement lents à se révolter et leur entrée dans le combat se situe seulement deux ans et demi après les premiers affrontements dans le Centre-Est. Il n'est pas étonnant alors que les Toubou se soient retrouvés en position marginale au sein du Frolinat, position marginale que le Dr. Sidick a d'ailleurs consciemment renforcée, en favorisant, en ce qui concerne le ravitaillement en armes et en vivres, la Première armée du Centre-Est par rapport à la Deuxième armée. Pour justifier cette politique, Sidick invoquait l'argument que l'armée du Nord « mène un combat de fixation de l'ennemi », mais que « rien de décisif ne se passera à ce niveau »[5]. Argument qui semblait raisonnable à l'époque car, comme nous l'avons dit nous-mêmes, en nous basant sur une analyse des événements antérieurs à 1977 : « Vue sur le plan national, la population du B.E.T., en effet, ne fait pas le poids, et une victoire politico-militaire ne peut être obtenue que dans le Centre-Est du pays »[6].

Or, cette analyse a été démentie par les faits, et notamment par l'extraordinaire combativité des guerriers toubou. Tous les témoignages postérieurs à 1976 concordent, en effet, sur ce point : à forces égales, et à armement égal, les combattants dirigés par Goukouni Weddeye et par Hissène

Habré se sont montrés supérieurs à tous les adversaires qu'ils ont eu à affronter sur le terrain, y compris, à certaines occasions, l'armée libyenne. Notons d'ailleurs que l'on avait déjà eu un avant-goût de cette combativité toubou lors de l'intervention militaire française contre le Frolinat entre 1969 et 1972. En faisant le compte des militaires français tués au Tchad au cours de cette période et avoués officiellement par les autorités françaises, on arrive à un total de quarante et un. Or, trente et un d'entre eux sont tombés dans le B.E.T., contre dix dans le Centre-Est. Même si l'on ajoute à ce total les trois officiers, dont le fils du général Le Pulloch, mort en hélicoptère le 18 février 1972 dans le Ouaddaï (simple accident technique selon l'armée française, ce qui a été contesté et par le Frolinat et par le général Le Pulloch), on arrive à la conclusion que 75 % des pertes françaises étaient dues aux actions de la Deuxième armée du B.E.T. Comme les effectifs de cette armée ne constituaient qu'environ le quart des effectifs totaux des forces armées du Frolinat, une évidence s'impose : dès cette époque les Toubou savaient se battre.

Or, cette combativité s'est confirmée de façon éclatante à partir de 1977, après les péripéties de l'affaire Claustre qui a fait connaître la rébellion toubou sur le plan international, et après la brouille intervenue entre Goukouni et Habré en octobre 1976. Cette brouille portait sur l'opportunité d'une aide militaire libyenne : Goukouni y était favorable alors que Habré se posait des questions sur le désintéressement des Libyens.

En ce qui concerne les Forces Armées Populaires (F.A.P.) de Goukouni, qui recrute l'essentiel de ses troupes dans le Tibesti et dans une partie de l'Ennedi, leur supériorité militaire éclate dès juillet 1977 quand elles enlèvent, avec une facilité déconcertante, Bardaï et Zouar, les deux postes fortifiés que l'armée nationale tchadienne tient encore dans le Tibesti. Elle devient encore plus évidente en février 1978, avec la prise de Faya, chef-lieu du B.E.T., où près de 1 200 militaires tchadiens sont faits prisonniers, après une résistance que l'on aurait du mal à qualifier d'acharnée, alors que les F.A.P. n'étaient sans doute pas supérieurs de beaucoup au nombre de leurs adversaires. Par ces faits d'armes, qui constituent les premières grandes victoires militaires de la rébellion tchadienne, les F.A.P. libèrent l'ensemble du B.E.T. et se posent pour la première fois comme une menace réelle pour le régime en place.

Quant aux Forces Armées du Nord (F.A.N.) de Habré, dont le Borkou constitue le principal vivrier, elles se distinguent également dès 1977, lors de leur retrait du Tibesti vers le Soudan, après la rupture avec Goukouni. Un de leurs adversaires de l'époque, le général (français) Delayen, en convient, en louant leur courage et en attestant qu'ils « se battent comme des lions »[7]. Cette combativité exemplaire des F.A.N. et des F.A.P. s'est vérifiée ensuite tout au long des différentes guerres civiles qui ont ensanglanté le Tchad à partir de février 1979.

Les combattants toubou se vantent d'ailleurs eux-mêmes de leur supériorité militaire, en se gaussant notamment des piètres performances de l'armée régulière libyenne et de ses supplétifs de la Légion islamique. « Cent combattants motivés suffisent à arrêter cinq cents Libyens », affirmait par exemple Dagache, en avril 1979, quand les détachements F.A.P. qu'il commandait étaient harcelés, au nord, par des éléments armés venus de la Libye[8]. Même son de cloche chez les F.A.N. :

> « Les Libyens sont des femmes (...). Ils ne savent pas se battre. Si nos frères tombent à nos côtés, nous on continue l'attaque, car c'est ce que Dieu et nos frères souhaitent. Mais les Libyens s'arrêtent pour s'occuper de leurs blessés »[9].

Notons encore que les chefs militaires toubou, contrairement aux leaders de la plupart des autres tendances politico-militaires tchadiennes, avaient l'habitude de monter eux-mêmes en première ligne pour galvaniser le moral de leurs troupes et qu'ils ont perpétué cette tradition même après avoir accédé à de hautes fonctions politiques. C'est ainsi que Goukouni, à l'époque ministre d'Etat chargé de l'Intérieur et de la Justice, a passé une partie de l'été 1979 à la tête de ses troupes qui se battaient au nord de Faya contre les Libyens, au lieu de s'occuper de sa charge ministérielle. Comme le précisait Adoum Togoï, son adjoint, chez les F.A.P., « on n'est responsable qu'en partageant les difficultés des combattants »[10]. Quatre ans plus tard, Hissène Habré, tout chef d'Etat qu'il était, ne dédaignait pas non plus de prendre personnellement en main les opérations militaires lors des batailles d'Abéché et de Faya qui ont précédé l'intervention militaire française déclenchée par le président Mitterand en août 1983.

L'homme toubou : un guérillero-né

Etant donné cette extraordinaire combativité des partisans toubou qui a été déterminante dans les victoires politico-militaires de la rébellion tchadienne, on est amené à se demander si les Toubou se distinguent par des qualités spécifiques qui les rendent particulièrement aptes à la guerre, et plus particulièrement à la guerre de guérilla telle qu'elle a été pratiquée par le Frolinat. A notre avis, la réponse à cette question doit être positive. Les vastes étendues désertiques du B.E.T., d'abord, se prêtent particulièrement bien à la guerre de guérilla et, comme le constatait déjà J. Chapelle, en évoquant les exploits de guerre pré-coloniaux des Toubou, ceux-ci sont remarquablement bien adaptés à ce milieu :

> « (...) leur résistance à la fatigue et à la soif est, en effet, extraordinaire et supérieure à celle de tous les autres nomades (...). Les raids qu'ils accomplissent, avec des provisions insignifiantes d'eau et de dattes, dépassent certainement les exploits analogues des autres Sahariens, et ne sont limités que par la résistance de leurs montures. A pied, ils sont imbattables »[11].

Ce n'est d'ailleurs pas uniquement une question de qualités physiques et d'endurance. Par leur esprit guerrier et par leur mode de vie traditionnel aussi, les Toubou sont en quelque sorte « prédestinés » à la guerre de guérilla moderne. D'abord, comme l'explique encore Chapelle, « à ses yeux, aux yeux de sa femme, de ses enfants et des gens qui l'entourent, l'homme est « homme » par le port des armes et par son adresse à les manier »[12]. Chapelle, qui insiste sur les liens affectifs qui lient l'homme toubou à sa femme et à ses enfants et sur la cohérence de la cellule familiale restreinte, note ensuite que l'homme marié est très souvent absent de sa tente, soit pour s'occuper de ses troupeaux, soit en voyage de commerce ou en rezzou, et que sa femme s'occupe alors, tout naturellement, seule du campement. Donc :

> « Malgré les obligations qu'il a envers sa famille et le sentiment de ses responsabilités, l'homme se trouve extrêmement libre. S'il quitte sa tente, c'est pour faire son métier d'homme, et une fois en route il suivra son inspiration ou sa fantaisie. Ses voyages se prolongeront pendant des mois, sans que sa femme s'inquiète de savoir où il est ni ce qu'il fait »[13].

On peut donc en conclure que les combattants toubou ne font que poursuivre leur mode de vie traditionnel en partant en dissidence. Pour les habitants du Centre-Est tchadien au contraire, qui sont pour la plupart des paysans éleveurs plus ou moins sédentaires, la coupure est beaucoup plus nette entre leur mode de vie habituel et celui d'un guérillero. Ceci explique probablement, en partie, pourquoi le recrutement des combattants pose moins de problèmes dans le B.E.T. que dans les autres zones touchées par la rébellion. Ce mode de vie traditionnel spécifique, ainsi que le courage physique des guerriers toubou, explique également la part démesurée que les forces du B.E.T. se sont attribuées dans les victoires militaires du Frolinat depuis 1977, victoires militaires qui sont, à leur tour, à la base de la mise sur orbite politique d'hommes comme Goukouni Weddeye et Hissène Habré.

Les « amis » des Toubou

Deux restrictions doivent cependant être apportées aux considérations précédentes. On doit admettre d'abord que la combativité particulière des Toubou, même si elle constitue l'un des facteurs qui a contribué à imposer la rébellion tchadienne sur le terrain, n'aurait pas suffi par elle-même. Une autre donnée doit être prise en compte : les différentes interventions étrangères. Comme nous l'avons souligné ailleurs[14], Goukouni a bénéficié, depuis février 1977, d'une aide militaire substantielle de la part des Libyens. Cette aide comprenait, lors de la bataille de Faya en février 1978, des fusées sol-air SAM 7, type d'armement qui, d'après le général Delayen, « va bouleverser la stratégie des opérations »[15], dans la mesure où il permettait aux F.A.P. de s'opposer désormais efficacement au ravitaillement par voie aérienne des postes gouvernementaux assiégés : la Libye avait aussi livré des « orgues de Staline » qui auraient fait la différence dans la bataille terrestre, d'après un responsable militaire tchadien de l'époque. Pour la première fois dans l'histoire de la rébellion, des instructeurs libyens intervenaient également sur le terrain, au niveau de la logistique et de l'encadrement des F.A.P. : des sources proches du Frolinat citent des chiffres allant de 200 à 500, alors que l'état-major français, en avril 1978, évaluait le contingent libyen même à un millier de combattants[16].

Notons encore que la Libye ne se contentait pas de fournir aux F.A.P. de Goukouni une aide militaire conséquente, mais qu'elle intervenait également avec succès auprès des dirigeants de certaines branches dissidentes du Frolinat (l'armée Volcan et la Première armée du Centre-Est) pour que ceux-ci s'associent aux efforts de l'armée du B.E.T. Ce soutien politique a ensuite permis à Goukouni de s'imposer comme le président d'un Frolinat réunifié, qualité qui a été son atout principal pour accéder au poste de chef de l'Etat, lors de la formation du G.U.N.T. (Gouvernement d'Unité Nationale de Transition) en novembre 1979. Plus tard, et notamment fin 1980, et de nouveau à partir des premiers mois de 1983, Goukouni a reçu des aides libyennes encore bien plus conséquentes sans lesquelles il n'aurait pas pu tenir tête aux F.A.N. de Hissène Habré.

Quant à ce dernier, ses premiers soutiens ont d'abord été d'ordre politique. Quand il s'est séparé de Goukouni, en octobre 1976, après avoir mis en doute le caractère désintéressé de l'aide libyenne, Habré s'est, en effet, réfugié au Soudan, pays dont les responsables partageaient ses craintes de « l'impérialisme vert » du colonel Kadhafi. Ceux-ci ont alors convaincu les autorités tchadiennes de tenter une négociation avec les F.A.N. qui a résulté en un premier accord de principe signé en septembre 1977. Un an plus tard, en août 1978, le processus de « récupération » de Hissène Habré se parachève : avec la bénédiction du Soudan et, cette fois-ci, aussi de la France, le président Malloum offre à l'ancien rebelle le poste de premier ministre, ce qui, à défaut de succès militaire, représente pour Habré une victoire politique de taille. Il s'empressa de concrétiser cette victoire politique sur les champs de bataille, à partir de février 1979, en chassant l'Armée nationale tchadienne (et le président Malloum) de N'Djamena. Il fut aidé pour cela par les F.A.P. de Goukouni qui s'était brouillé avec ses protecteurs libyens en août 1978, et qui fit sa rentrée dans la capitale après avoir conclu un accord verbal avec le corps expéditionnaire français du général Forest. Cet accord couronnait la tentative franco-soudanaise de récupérer la rébellion tchadienne et de la soustraire à l'emprise libyenne.

Depuis ce temps, les aides militaires et financières ont rarement manqué aux F.A.N. S'étant forgé l'image de l'homme politique tchadien le plus anti-libyen, réputation qu'il n'a d'ailleurs pas volée, Hissène Habré, dans ses différentes tentatives de s'imposer seul au pouvoir (guerre civile de 1980 ; « longue marche » des F.A.N., commencée fin 1981 et qui s'est terminée par la prise de N'Djamena en juin 1982), a pu bénéficier de quelques soutiens plus ou moins discrets de la part de la France giscardienne, mais surtout du Soudan, de l'Egypte, de l'Arabie Saoudite et des Etats-Unis, réunis à ses côtés sous la bannière de la croisade anti-Kadhafi. Le montant exact et les modalités spécifiques de cette aide sont encore mal connus, et nous devons d'ailleurs signaler que Habré lui-même a souvent nié d'avoir été soutenu par qui que ce soit :

« Tantôt les F.A.N. sont les hommes des Américains, tantôt ce sont les hommes des Israéliens, ou les hommes des Egyptiens. Hier, ils étaient les agents de Paris. Ce qui agace les agents à la solde de l'impérialisme (…) c'est notre liberté d'action (…). Nous n'avons jamais reçu une balle ni un centime de l'Arabie Saoudite, ou des Etats-Unis (…). Rarement, je dirai même pour la première fois en Afrique, un mouvement africain, animé et dirigé par des Africains, a pu vaincre toutes les forces obscures qui, jusqu'à présent, ont manipulé l'évolution et l'histoire de l'Afrique »[17].

Il est vrai que l'aide dont ont bénéficié les F.A.N. a été moins déterminante dans leurs succès militaires que celle accordée par la Libye aux F.A.P. Il est vrai aussi que cette aide a probablement fait défaut à un moment crucial de l'histoire des F.A.N., c'est-à-dire fin 1981-début 1982, quand elles reprennent la conquête du Tchad aussitôt après le départ des troupes libyennes demandé par Goukouni Weddeye et le G.U.N.T. Quelques indices nous permettent de penser, en effet, que les protecteurs – soudanais et américains – de Habré lui ont suggéré à l'époque de respecter une trêve, conseil assorti d'un arrêt temporaire de toute aide matérielle et logistique[18]. Cependant, le futur président du Tchad a négligé ces avis et a relancé les combats, fort des aides accumulées tout au cours de 1981. Aide reconnue, en ce qui concerne l'Egypte, par son ministre des Affaires étrangères lui-même, le 16 mars 1981[19], et révélée, quant aux Etats-Unis, par la chaîne de télévision américaine

CBS qui, en 1983, faisait état d'une subvention de 10 millions de dollars accordée à Habré par la CIA en 1981[20].

Nous devons donc conclure que les Toubou doivent leurs victoires militaires et politiques en partie à leurs propres forces (ainsi qu'à la faiblesse de leurs adversaires), mais que leurs succès sont également tributaires de l'aide militaire et du soutien politique que leur ont procurés certaines puissances étrangères. Les deux choses sont d'ailleurs liées car les amis étrangers ont sans doute sélectionné leurs poulains respectifs en connaissance de cause et en tenant compte, notamment, de leur valeur militaire et de leur profil de possibles vainqueurs. Comme nous le disait avec humour un partisan des F.A.P. : malgré sa versalité et ses volte-face, Goukouni est finalement, du point de vue libyen, « le seul chameau qui avance ». Il en est de même pour Hissène Habré qui, lui encore moins, n'a pas déçu ceux qui ont parié sur sa victoire.

Une deuxième précision s'impose encore. Contrairement aux F.A.P., dont le recrutement est plus ou moins resté restreint au monde toubou, les F.A.N., à partir de 1978-79, ont considérablement élargi leurs zones de drainage, aussi bien en ce qui concerne les cadres que les combattants. Quant aux combattants, Habré a notamment introduit au sein des F.A.N. des Zaghawa, des Hadjeraï, des Boulala[21], ainsi que des originaires de la préfecture – sudiste – du Mayo-Kebbi. Aujourd'hui, ces groupes ethniques lui fournissent une bonne partie de ses militaires et l'on aurait donc tort d'attribuer les victoires obtenues par les F.A.N. uniquement aux guerriers toubou. Cependant, les troupes de choc de Habré, celles que l'on n'engage que lorsque l'heure est grave, sont toujours constituées d'Anakaza de son Borkou natal, et ce sont eux, surtout, qui ont donné aux F.A.N. l'aura d'invincibilité dont elles ont su si bien profiter lors de leur longue marche de 1981-82.

La désunion des Toubou

Ce rapide survol des actualités tchadiennes des dernières années nous a permis de dégager quelques facteurs permettant de comprendre pourquoi la scène politique tchadienne est aujourd'hui dominée par deux personnalités d'origine toubou. Or, depuis mars 1980, ces deux hommes sont engagés dans une lutte à mort, qui d'après leurs propres aveux ne prendra fin qu'avec la disparition de l'un d'entre eux. Il devient alors intéressant de savoir pourquoi le monde toubou, une fois la victoire acquise, n'a pas su rester uni et quelles sont les contradictions qui opposent les deux camps, en apparence irréconciliables.

Plusieurs hypothèses ont été avancées. Des journalistes français, et même certains responsables politiques, comme Claude Cheysson, ont parfois caractérisé la lutte entre F.A.N. et F.A.P. comme un « combat de chefs ». Non sans raison, car il existe entre Hissène Habré et Goukouni Weddeye, en tant qu'hommes, une haine profonde qui trouve peut-être, comme l'ont suggéré quelques spécialistes des affaires toubou, sa source dans le sens de l'honneur particulier à ces guerriers nomades. Raymond Depardon explique le problème dans les termes suivants :

> « Habré est peut-être le responsable de cette brouille à mort : il ne veut en aucun cas partager le pouvoir et, en août 1976, à Gouro, lors d'une réunion de toutes les tendances du Frolinat, il aurait traité Goukouni – selon ce que ce dernier m'a raconté – de « faux révolutionnaire ». Une insulte qui explique pourquoi Goukouni a ensuite déclaré : « Ce sera lui ou moi »[22].

Il semble en tout cas que Goukouni ait été profondément meurtri par le comportement hautain de Habré qui, du haut de ses diplômes parisiens et de ses capacités intellectuelles – qui sont indéniables –, a parfois affiché un profond mépris pour l'homme qui lui a facilité sa carrière au sein du Frolinat en lui offrant d'emblée la direction de la Deuxième armée, à une époque où Habré ne s'était encore distingué ni comme combattant, ni même comme militant. Le crédit que Goukouni a accordé à Habré ne semble pas avoir été payé en retour.

Si l'on réduit l'opposition F.A.N.-F.A.P. à un combat de chefs, on risque cependant de passer à côté d'autres facteurs qui pèsent sans doute aussi lourd sinon plus. Certains journalistes, comme F. Soudan[23], ont par exemple suggéré que le conflit est déterminé par des données ethniques et historiques, dans le sens qu'il refléterait l'opposition traditionnelle entre Téda du Tibesti, naturellement tournés vers la Libye (ainsi que vers la Senoussiya) et Daza des plaines qui sont davantage en contact avec les Arabes tchadiens, à leur tour orientés vers Le Caire et le Soudan. Si l'on veut en croire certains auteurs, les Téda et les Daza ne semblent, en effet, guère s'aimer. J. Clanet dit par exemple au sujet de leurs relations dans le Kanem :

> « Depuis 1973, des ferrick borkouans ont émigré au Kanem (...). La méfiance dont ils sont l'objet ne s'est pas encore dissipée et on les charge ou les rend responsables du moindre incident. Il y a là une véritable frontière entre des populations qui parlent malgré tout la même langue, ou du moins deux dialectes très proches, et qui continuent à se mépriser et à se dénigrer l'une, l'autre. Les Daza affirment que les Téda sont capables de voler un âne si l'occasion se présente. Et quand il leur arrive de perdre leurs sandales, ils s'écrient : « Il n'y a pas de Téda, il n'y a pas de chien, qui peut bien avoir emporté mes souliers ? ». Les Téda ont un comportement analogue »[24].

Cette dernière remarque est confirmée par O. Lopatinsky qui note que les Téda du Tibesti utilisent un terme d'un cinglant mépris pour désigner les Daza et les autres groupes ethniques avec lesquels ils sont en contact (ils les appellent *yabad*, c'est-à-dire sédentaires) et qu'aucun Téda ne peut accepter d'être traité de ce nom ; c'est une insulte qui se lave dans le sang[25].

Fig. 8 — Aux abords d'Aozou (1934)
(cliché Charles et Marguerite Le Coeur).

Là-dessus se greffe un problème plus récent d'ordre politique. Bien qu'il soit lui-même le responsable tchadien qui a abandonné aux Libyens la localité d'Aozou, occupée en 1973 par la Deuxième armée, ou peut-être à cause justement de ce fait, Hissène Habré n'a eu cesse, depuis dix ans, de dénoncer l'impérialisme libyen comme la menace la plus dangereuse pesant sur le Tchad. Ce nationalisme anti-libyen domine toutes les publications F.A.N. des dernières années[26], à tel point qu'il a parfois tenu lieu de programme politique. Or, c'est sur ce point que Habré et Goukouni se sont affrontés en octobre 1976, car le dernier, convaincu qu'il était impossible de se battre sur deux fronts, proposait alors une alliance tactique avec le colonel

Kadhafi, tandis que le premier préférait continuer seul le combat, pour se rallier un an plus tard au régime de N'Djamena. Depuis, et malgré la réconciliation éphémère de 1979-1980, Habré s'est toujours méfié des F.A.P., considérées comme trop proches des Libyens. Evidemment, ces options différentes dans le domaine des alliances étrangères peuvent avoir des incidences sur les choix en matière de politique intérieure, car Habré a été amené à rejeter en bloc tout ce qui vient de la Libye, y compris la troisième théorie universelle du colonel Kadhafi, alors que les F.A.P., ou du moins certains de ses hommes, n'ont pas cette hostilité viscérale à l'égard du modèle révolutionnaire libyen, tout en le considérant comme insuffisamment adapté à la société tchadienne.

Le clivage F.A.N.-F.A.P. revêt peut-être également un caractère sociologique, dans la mesure où ces mouvements n'ont pas la même base de recrutement. Les données sérieuses nous manquent, mais on peut formuler, sous toute réserve, l'hypothèse que les F.A.N., surtout depuis leur ouverture vers d'autres groupes ethniques à partir d'août 1978, sont formées davantage par les couches sociales urbaines, les riches commerçants et les « technocrates » du Nord-Tchad, alors que les F.A.P., malgré la présence dans leurs rangs de quelques intellectuels marxisants, représentent plutôt l'univers rural toubou traditionnel.

Malgré les divergences entre F.A.N. et F.A.P. que nous venons de signaler, des phénomènes d'osmose se produisent cependant à la base où le « réflexe gorane » reste vivant. On en a eu la preuve lors des événements de février 1979 quand les F.A.N. étaient aux prises avec l'armée nationale du général Malloum. Lors d'une réunion des responsables des différentes tendances du Frolinat, à Arada, ceux-ci décidèrent, semble-t-il, de ne pas intervenir dans ce combat entre deux « agents de l'impérialisme », mais d'en tirer profit pour les neutraliser tous les deux. Dans cette optique, une colonne armée F.A.P. se mit en route dans l'est du pays avec pour mission de marcher sur la capitale, après avoir occupé le Ouaddaï et les préfectures du centre. Or, informés des véritables objectifs de l'opération, les combattants F.A.P., d'après des témoins dignes de foi, auraient finalement refusé de marcher contre leurs frères goranes.

Au même moment, les F.A.P. stationnées dans le Kanem s'approchèrent de N'Djamena pour rejoindre, après quelques hésitations, le camp de Habré. Ce ralliement, que certaines autres tendances du Frolinat considèrent encore aujourd'hui comme une trahison à l'idéal révolutionnaire du mouvement, montre la puissance du réflexe gorane qui a d'ailleurs continué à jouer tout au long des années suivantes. Il paraît, en effet, qu'un certain nombre de combattants F.A.N. et F.A.P. aient changé assez facilement leur fusil d'épaule, chaque fois que le camp adverse semblait avoir arraché une victoire décisive. L'unité du monde toubou serait donc moins atteinte que ne le suggèrent les querelles incessantes entre ses chefs actuels.

La fin du peuple toubou ?

Dans son étude pionnière *Nomades noirs du Sahara*, J. Chapelle exprimait son étonnement « qu'il existe encore un peuple toubou. Logiquement, il aurait dû être balayé, anéanti ou soumis par ses voisins »[27]. Et d'analyser avec beaucoup de finesse les raisons de la survie du peuple toubou en tant que peuple. Or, aujourd'hui, cette survie semble plus que jamais hypothétique. Les affrontements militaires que le Tchad a connus depuis 1977, et surtout les guerres civiles à partir de 1979, ont été meurtriers et, comme nous l'avons vu, ce sont avant tout les guerriers toubou des F.A.N. et des F.A.P. qui se sont exposés lors des combats. Par conséquent, ils ont été les principales victimes des hécatombes successives. Les données précises nous manquent, mais il semble bien que les F.A.P. aient été littéralement brisées lors de la guerre de 1980 et que Goukouni y ait perdu jusqu'à 30 ou 40 % de ses effectifs, ce qui l'a amené à transformer en combattants, dès cette époque, de jeunes garçons de 14, 13 ou même 12 ans. Les Anakaza de Habré ont également dû être décimés et l'on peut se demander s'il reste encore des hommes adultes valides dans le B.E.T. L'équilibre démographique entre les deux sexes doit y être profondément perturbé, avec toutes les conséquences que l'on peut imaginer pour l'avenir.

Si l'on ajoute à cela les effets conjugués de la sécheresse, de la famine, de l'exode vers la Libye et du délabrement des structures sanitaires qui a provoqué plusieurs épidémies meurtrières, on ne peut que partager les craintes quant à l'avenir du B.E.T. exprimées par M. Brandily, au début de 1982 :

> « Cette population est hautement menacée, et si (...) elle en était réduite à un exode massif, cela signifierait que de nouvelles vallées sahariennes deviendraient la proie de la désertification »[28].

D'après certains, Goukouni serait convaincu qu'il est le dernier chef toubou et que son peuple disparaîtra avec lui. Vit-il vraiment dans cette ambiance d'un « crépuscule des Dieux » ? Et surtout, ce sentiment s'il anime vraiment le fils de l'avant-dernier Derdé, reflète-t-il la réalité ou ne serait-ce qu'un mauvais rêve ? Nous ne pouvons répondre à cette question lancinante, mais elle nous remplit d'inquiétude.

NOTES

(1) L'ensemble toubou, qui comprend les Téda, les différents groupes daza, les Bideyat et les Kréda, déborde les limites géographiques de la préfecture du B.E.T. Cependant, jusqu'à 1978, les combats livrés par la branche « toubou » du Frolinat se sont déroulés exclusivement dans le B.E.T., d'où parfois nos références aux « populations du B.E.T. » en tant que synonyme de « Toubou ».

(2) Ch. Bouquet, *Tchad : genèse d'un conflit*, Paris, L'Harmattan, 1982, p. 169-172.

(3) Pour une analyse détaillée de l'histoire de la rébellion tchadienne, nous nous permettons de renvoyer le lecteur à notre livre, *Le Frolinat et les révoltes populaires du Tchad, 1965-1976*, La Haye-Paris, Mouton, 1978.

(4) Th. Desjardins, « Chez les rebelles du Tibesti », *Le Figaro*, 7 mai 1975.

(5) « Dix-neuf questions à Abba Sidick », *Bulletin de liaison du Centre d'Etudes Anti-Impérialistes (C.E.D.E.T.I.M.)*, 19, septembre 1971, p. 6.

(6) R. Buijtenhuijs, *op. cit.*, p. 250.

(7) G. Fleury, *Le barroudeur : les quatre guerres du général Delayen*, Paris, Grasset, 1979, p. 398-401.

(8) Propos rapportés par Ph. Boggio, « Sus aux Libyens ! », *Le Monde*, 25 avril 1979.

(9) Propos cités par G. Chèvre, « A Night with Habré's Soldiers », *Africa News*, July 4, 1983.

(10) *A.F.P.*, Bulletin quotidien d'Afrique, 29 juin 1979.

(11) J. Chapelle, *Nomades noirs du Sahara*, Paris, Plon, 1957, p. 16-17.

(12) *Ibid.*, p. 329.

(13) *Ibid.*, p. 290-291.

(14) R. Buijtenhuijs, « Le Frolinat à l'épreuve du pouvoir : l'échec d'une révolution africaine », *Politique africaine*, 16, décembre 1984.

(15) G. Fleury, *op. cit.*, p. 418.

(16) A. Thivent, « L'impossible mission de l'armée française », *Le Monde diplomatique*, mars 1980.

(17) Interview publiée par *Le Matin*, 29 juillet 1982.

(18) Voir R. Buijtenhuijs, « L'art de ménager la chèvre et le chou : la politique tchadienne de François Mitterand », *Politique africaine*, 16, décembre 1984.

(19) *Tchad 1981*, Chronologie n° 48, Radio France internationale, Centre de documentation.

(20) *A.F.P.*, Bulletin quotidien d'Afrique, 29 juin 1983.

(21) M. N'Gangbet, *Peut-on encore sauver le Tchad ?*, Paris, Karthala, 1984, p. 35.

(22) *Le Matin*, 17 août 1983.

(23) F. Soudan, « Du sultan Rabah à Hissein Habré », *Jeune Afrique*, n° 1180/81, 17 août 1983, p. 71-72.

(24) J. Clanet, *Les éleveurs de l'ouest tchadien. La mobilité des éleveurs du Kanem et leur réponse à la crise climatique de 1969-1973*, Université de Rouen, 1975, p. 74.

(25) O. Lopatinsky, *Les Tedda du Tibesti et leur problème de survie*, Université de Paris, E.P.H.E., s.d., p. 34.

(26) Voir par exemple le *Bulletin du Patriote* dont plusieurs numéros ont paru au cours de 1981.

(27) J. Chapelle, *op. cit.*, p. 39.

(28) M. Brandily, « Situation critique au Tibesti », *Marchés tropicaux et méditerranéens*, 16 avril 1982.

ADMINISTRATION MILITAIRE ET JUSTICE COUTUMIERE EN ENNEDI AU MOMENT DE L'INDEPENDANCE

Louis CARON

Fin août 1955 je me trouvais sur la piste chamelière qui mène de Largeau à Fada dans les confins nord du Tchad. L'été avait été particulièrement sec et, durant la journée, la chaleur était encore très forte. Sur le vaste plateau du Taïmanga seules quelques dunes isolées (barkanes) rompaient l'horizontalité du sol, dans un air surchauffé propice aux mirages. Nous marchions tôt le matin, le soir, ainsi que la nuit tant que la lune le permettait. Mon guide ounia[1] ne m'était pas d'un grand secours, il ne connaissait que quelques mots de français et il était incapable de m'éclairer sur le trajet que nous suivions à travers une région que les cartes de l'époque qualifiaient sommairement de « plate, sablonneuse, sans eau ni végétation ». Ces cartes avaient été établies à partir des croquis de marche des premiers méharistes et elles étaient souvent imprécises. Ainsi, le poste d'Oum Chalouba, si connu aujourd'hui mais si ignoré à l'époque, était porté avec une erreur de 20 km en longitude.

Deux années au Maroc, à Fréjus et en Tunisie dans la perspective d'un prochain départ en Indochine – mais les accords de Genève avaient été signés entre temps – ne m'avaient nullement préparé à cette aventure. Après un voyage de plusieurs semaines le long des côtes ouest de l'Afrique jusqu'à Douala et, de là, par avion jusqu'à Fort-Lamy (N'Djamena) et enfin Faya-Largeau, le dépaysement était d'autant plus total que j'ignorais, ainsi que la plupart de mes camarades essaimés au cours du trajet, ma destination finale. Depuis Douala celle-ci reculait d'étape en étape, les célibataires allant tout naturellement le plus loin.

C'est ainsi que j'arrivais au pays des Goranes dans l'ignorance totale de ce que j'allais y trouver ; j'aurais aussi bien pu aboutir parmi les Dogons ou les Pygmées. Je restais trente mois en Ennedi puis, après une interruption de deux années, je revins pour un nouveau séjour de trente mois, d'abord au Tibesti (Bardaï), puis au Borkou (Faya-Largeau). Entre temps, le Tchad était devenu indépendant mais l'armée française continuait d'administrer la partie saharienne de ce pays.

Je mis neuf jours pour atteindre Fada. A l'approche de ce poste une température plus clémente, l'accoutumance physiologique et aussi la beauté du paysage dominé par les falaises rouges de la bordure sud du massif de l'Ennedi, me réconfortèrent ; j'avais l'impression d'arriver au pays d'Antinéa. Les premiers contacts avec la population et les quelques militaires français du poste accentuèrent cette atmosphère intemporelle, presque irréelle. Dans ce pays de tradition orale le temps semblait s'être arrêté ; il n'était pas rare que l'on me demandât des nouvelles d'un capitaine X ou Y qui, renseignements pris, avait été en poste trente ans auparavant ou plus, une éternité pour le lieutenant que j'étais.

La Seconde Guerre mondiale était bien passée par là mais avait finalement laissé peu de traces sinon celles des véhicules de la colonne Leclerc, les récits de quelques goumiers ayant participé à cette épopée et un solide sentiment anti-allemand qui nous surprenait nous-mêmes. La poussière était retombée et, dans ces régions occupées par la France depuis 1912 mais vraiment pacifiées depuis 1930 seulement, tout semblait figé au milieu des cases construites en briques de terre (comme elles l'étaient à Babylone ou en Egypte), ou plus souvent en nattes. Les nombreuses grottes ornées de dessins rupestres, témoins d'un climat révolu, contribuaient à accroître cette impression. J'aurais été très surpris si j'avais alors appris que le Nord-Tchad occuperait la une des média en 1984. Et pourtant, dès 1957, les nomades s'étonnaient en contemplant cette étrange et nouvelle étoile qui parcourait le ciel : c'était le premier spoutnik, signe visible des bouleversements à venir.

La région du B.E.T. (Borkou-Ennedi-Tibesti), aujourd'hui préfecture, couvre les 550 000 km² du nord du pays, le tiers environ de la surface totale, l'équivalent de celle de la France. Sa population était estimée à l'époque à 80 000 habitants répartis entre les trois districts, aujourd'hui sous-préfectures, du Borkou, de l'Ennedi et du Tibesti. Un colonel français assurait à la fois le commandement de son régiment et l'administration de la région. Sous ses ordres, trois capitaines administraient les trois districts en même temps qu'ils commandaient leurs compagnies. Ces dernières comprenaient un ou deux pelotons nomades qui permettaient une présence efficace parmi des populations en grande partie nomades. Les Goranes et les Toubou[2] s'accommodaient fort bien de cette situation et la paix régnait. Encadrant une troupe principalement originaire du sud du Tchad, les quelques cadres européens ne bouleversaient guère les structures de la société locale à laquelle ils s'intégraient très bien. Grâce à leur pragmatisme et à leur individualisme, les Goranes réussissaient aisément à préserver ce que l'on appellerait aujourd'hui « l'authenticité de leur genre de vie », en jouant sur le faible nombre des cadres français et sur la fréquence des mutations de ceux-ci (30 mois de séjour pour les militaires en poste, deux fois 30 mois séparés par un congés de six mois pour les méharistes). Connaissant bien le *Nasara* (chrétien), ils savaient utiliser les ressorts de sa personnalité pour lui suggérer les décisions les plus favorables. De plus, chaque nouveau chef de district avait tendance à remettre en cause les décisions de son prédécesseur, aussi bien en ce qui concernait prosaïquement la disposition des locaux, qu'en matière de justice coutumière ; et le premier qui réussissait à capter la confiance du nouveau venu jouait de cette manie, très française, pour favoriser sa clientèle tout en desservant l'ancien favori. C'était parfois le premier goumier-guide rencontré qui devenait l'éminence grise et connaissait alors un avancement rapide mais souvent éphémère. A chaque révolution de palais beaucoup de décisions étaient remises en cause. « Rien n'est considéré comme définitif », se plaignait déjà le capitaine Chateauvieux en 1917.

Dans cette ambiance qui rappelait parfois la comedia dell'arte, j'ai vu un 1er janvier les deux interprètes rivaux pénétrer dignement dans le poste militaire, puis accélérer progressivement l'allure jusqu'au pas de course, au risque de trébucher, afin d'avoir l'antériorité dans la présentation des vœux au chef de district. Tout semblait donc continuer sans grand changement. En réalité, il existait un facteur nouveau qui risquait de tout transformer : c'était cette paix même qui paraissait si normale au nouvel arrivant, mais qui n'aura été en fin de compte qu'une parenthèse dans l'histoire tumultueuse des Toubou et des Goranes. Un vieux chef bilia (tribu située à la frontière soudanaise) me disait en 1955 son admiration de voir qu'il pouvait sans crainte laisser son jeune fils aller de la frontière du Soudan à Fada (300 km) ; c'était un grand étonnement pour lui qui avait connu les conflits permanents et vu les caravanes qui emmenaient en Libye pour y être vendus les esclaves razziés dans le sud de l'actuel Tchad. Cette paix trompeuse n'allait cependant pas jusqu'à faire disparaître les nombreux litiges engendrés par la vie nomade et par le caractère très vif des habitants. La justice coutumière avait donc fort à faire, comme je pus le constater en assumant la présidence du tribunal de conciliation de Fada.

Traditionnellement, les différends surgissant entre les Goranes étaient traités par les assemblées locales d'anciens mais l'imbrication de plus en plus grande, due à la paix, des campements des divers clans et l'individualisme des esprits rendaient aléatoires de tels règlements. Aussi les affaires présentées à Fada étaient-elles de plus en plus nombreuses. Comme son nom l'indique, le tribunal de conciliation n'avait pas, théoriquement, pouvoir d'imposer une solution mais l'autorité non contestée des militaires français et leur évidente impartialité étaient des facteurs favorables à l'obtention d'un règlement acceptable pour les deux parties. Les chefs des fractions et des cantons administratifs avaient rarement l'ascendant et l'impartialité indispensables pour parvenir à un tel résultat.

Fig. 9 — Une audience du tribunal coutumier de Fada (1957)
(cliché Louis Caron).

A un niveau supérieur, le capitaine chef de district était juge de paix à compétence correctionnelle limitée, mais il était souvent difficile de faire la différence entre affaires relevant du tribunal de conciliation et affaires relevant de la correctionnelle. Dans la mesure du possible nous préférions nous en tenir à la justice coutumière, plus adaptée à la société locale, même s'il s'agissait de délits ou de crimes selon le code français. La perspective d'un changement de juridiction et la crainte d'une peine d'emprisonnement, si étrangère au tempérament nomade, incitait d'ailleurs les parties à accepter les conciliations proposées.

Jusqu'à mon arrivée le chef de district assurait les deux fonctions et, compte tenu des multiples charges qui lui incombaient, n'avait que peu de temps à leur consacrer. L'affectation d'un troisième officier permit alors un fonctionnement beaucoup plus suivi de la juridiction coutumière. Cette affectation était due à un renforcement de l'encadrement militaire dans les régions sahariennes provoqué par une incursion libyenne à Aozou en 1955, déjà ! Les petits postes de Madama (Niger), Wour, Aozou et Yebi-Bou (au Tibesti) étaient alors réoccupés tandis que les autres postes et les pelotons nomades voyaient augmenter l'importance de leur encadrement. Ce renforcement avait été rendu possible par la fin du conflit indochinois.

Autour du chef de district se regroupaient quelques personnages, intermédiaires obligés (en particulier à cause de la barrière linguistique) entre lui et la population. Il s'agissait des deux interprètes officiels, du chef de la section de garde nomade, du *faki* (lettré musulman) assermenté et des sept chefs de cantons (ou leurs représentants). Le district était en effet divisé administrativement en sept groupements ethniques plus ou moins homogènes et partiellement imbriqués géographiquement, appelés curieusement « cantons », eux-mêmes subdivisés en « fractions ». Tiraillé entre des besognes variées, le chef de district était bien aise de recevoir les avis de ces personnages qui avaient tendance à faire écran entre l'administration et la population. Ils détournaient ainsi à leur profit une autorité qu'ils n'auraient pas eue dans le cadre de la société traditionnelle, rebelle à toute contrainte structurelle. Je ne sais qui a inventé l'expression « le Derdé, chef spirituel des Toubou », tant utilisée dans les média ces dernières années, mais elle ne me paraît pas refléter avec exactitude les réalités de ce monde dont les ressorts sont plus proches du « ni Dieu ni loi » que de la féodalité de droit divin ou de la légalité républicaine. Pour avoir travaillé avec ledit Derdé, j'ai pu constater que son autorité ne dépassait pas celle d'un conseiller général de chez nous. Le Derdé Oueddeï Kichidemi avait été choisi en 1938 par le chef de district du Tibesti d'alors, le lieutenant Massu (aujourd'hui général), auquel il avait été présenté à tort comme le candidat légitime, alors que cette nomination ne tenait pas compte de la règle coutumière d'alternance entre les trois clans Tomagra. Le jour même de sa nomination, le nouveau derdé reçut un coup de sagaie porté par un Toubou mécontent. Ce genre de décision était toujours très mal accepté. Ainsi, en Ennedi, les membres d'une fraction du canton Borogat n'hésitèrent pas à intercepter la voiture du colonel-chef de région, en tournée dans leur zone. Ils contestaient la nomination de leur chef, obtenue par les intrigues de l'entourage du chef de district et obtinrent satisfaction.

Arrivant en surnombre, je troublais le jeu de ce cercle dont les membres ne savaient plus à quel saint se vouer. Il leur était beaucoup plus difficile de mettre dans leur camp deux autorités au lieu d'une et l'on voyait parfois l'un des interprètes accompagner l'un de ses clients, nuitamment, chez le capitaine, tandis que l'autre venait chez moi avec l'adversaire du premier.

Inconscient au début de cette situation je me retrouvai, imprégné de tradition paysanne et romaine, et armé de probité candide, au cœur d'une société nomade que l'adaptation à un milieu hostile à l'homme avait fait éclater jusqu'au niveau de l'individu, et où la violence était toujours sous-jacente.

N'ayant reçu aucune préparation particulière, je ne possédais pour tout document qu'une *Méthode pratique pour l'étude de l'arabe parlé au Ouaddaï et à l'est du Tchad* de l'administrateur Carbou, publiée en 1913. Loin de faciliter la connaissance du pays, la possession de ce document ne faisait qu'ajouter une difficulté supplémentaire à la compréhension du monde gorane déjà voilée par l'écran des intermédiaires cités plus haut. En effet, cette vision « arabe » du monde nomade avait auparavant gêné la plupart de mes prédécesseurs. Pour atteindre le B.E.T. les troupes françaises avaient dû traverser les zones centrales du Tchad où vivent effectivement des tribus d'origine arabe, ou plus ou moins arabisées, qui leur avaient fourni guides et interprètes ignorant le langage du nord. Ainsi, en arrivant en 1912 en pays gorane, de langue *dazaga* totalement étrangère à l'arabe, le lieutenant Dufour devait avoir recours à deux interprètes successifs, l'un de *dazaga* en arabe du Tchad, l'autre d'arabe en français. Par la suite, le filtre de cet arabe dialectal se perpétua du fait des expériences arabisantes de nombreux officiers en d'autres territoires, ainsi que de la méconnaissance des différentes réalités africaines par l'administration centrale. Un bon guide devait connaître non seulement les noms réels des lieux utilisés par les Goranes, mais aussi ceux plus ou moins arabisés portés sur les cartes. Ygueski, contracté de Yégué eski (« le nouveau puits ») était indiqué Yogoum. Nous envoyâmes, en 1956, la toponymie correcte pour l'établissement de la nouvelle carte, faite d'après la couverture photographique aérienne. Cela nous revint Bir (« puits » en arabe) Ygueski. Dans les textes établis à Fort-Lamy, Oueddeï Kichidémi (fils de Kichidé) devenait Oueddeï uled ou ben Kichidémi.

Le personnel du district de l'Ennedi comprenait un *faki*, lettré musulman assermenté, traducteur des textes arabes et conseiller des tribunaux en matière de droit coranique. Ce *faki* était originaire du Ouaddaï, région située à 500 km de Fada vers le sud et extérieure au monde nomade, car il n'existait pas de Gorane apte à tenir un tel emploi. Il en était de même des *faki* besogneux qui sévissaient en « brousse », nécessiteux, parasites de nomades eux-mêmes peu fortunés et dont les deux principales activités étaient la fabrication de « gris-gris » que l'on porte en collier pour se protéger de tout, et les intrigues en tous genres.

Musulmans, les Goranes étaient autrefois encore très imprégnés de leurs croyances anciennes et les prescriptions du Coran étaient assez souvent en contradiction avec les coutumes locales. Dans ce cas, ces dernières prenaient le dessus, en particulier en ce qui concernait le statut des femmes. Très indépendantes d'esprit, celles-ci étaient peu enclines à accepter des règles qui les réléguaient dans une position très inférieure. A l'inverse des Goranes, leurs voisins les Bilia maintenaient les femmes dans une situation de servitude, on pourrait presque dire de bétail, qui allait bien au-delà du Coran. Appréciées pour leur aptitude au travail les épouses bilia, sept en principe, appartenaient au mari et, en cas de décès de celui-ci, revenaient automatiquement à un proche parent, beau-fils ou frère du défunt. Cette population semi-sédentaire vivant à l'est de l'Ennedi, près de la frontière soudanaise, est extérieure au monde gorane et je ne la cite que pour faire ressortir la complexité du fonctionnement du tribunal coutumier. Entre Bilia et Goranes, la différence des coutumes, notamment en ce qui concerne le statut de la femme, était elle aussi source de difficultés. Cela était particulièrement sensible dans le canton Borogat, Bilia d'origine mais qui avait adopté partiellement le mode de vie, la langue et les coutumes des Goranes. Il semble que cette mutation corresponde à un mouvement plus ancien d'extension de la « civilisation » gorane au détriment des populations voisines.

A l'exception des Français et d'une bonne partie des « tirailleurs » venus du sud, la population était musulmane mais son sens religieux était souvent très mince. A l'occasion des affaires traitées on pouvait constater la présence toute proche d'un fond animiste sensible à la magie. En privé, certains jeunes faisaient même preuve d'une tendance à l'agnosticisme.

Le serment sur le Coran était la base de tout règlement. Il validait les témoignages des accusateurs ou bien disculpait les accusés en l'absence de témoins à charge. L'application de cette procédure était moins simple que ne le laisse croire son énoncé. Chaque famille possédait son *kitab* (Coran) mais, loin d'être considéré comme « Le Livre » dans l'absolu, celui-ci n'inspirait que méfiance à la partie adverse qui préférait jurer sur son propre Coran. Dans les assemblées, on était ainsi amené à faire jurer sur plusieurs Corans successifs et, comme cela ne suffisait pas toujours, tout le monde se retrouvait devant le tribunal du district où l'on jurait sur le Coran du *faki* fonctionnaire, non suspect, lui, de sorcellerie. Le fait que le tribunal fut présidé par un non-musulman posait un autre problème. A Fada le serment se prêtait à l'extérieur du tribunal, hors de ma présence ; mais quelques années plus tard, à Bardaï, celui-ci se prêtait devant moi, la présence d'un *nasara* (européen) semblant déranger beaucoup moins les habitants du Tibesti que ceux de l'Ennedi.

Le plus délicat était de déterminer avec précision les points qui devaient être l'objet du serment, les plaideurs étant experts dans l'art des restrictions mentales. Un accusé aurait juré sans hésitation : « Je n'ai pas volé de chameau à Tchou Angattami », mais hésitait à jurer « Je ne suis pas allé à Aoué tel jour, je n'y ai pas vu le chameau blanc portant tels feux de Tchou, je ne l'ai pas pris par le licol...».

Il faut ajouter qu'il était de mauvais goût de faire jurer un chef ou un notable respecté. Cela lui aurait fait perdre la face, sa parole étant jugée suffisante. Pour diminuer le risque de faux serment il était d'ailleurs utile d'impliquer un de ces personnages dans la procédure car, pour conserver son crédit, ce dernier pouvait difficilement laisser mentir un de ses clients alors qu'il était lui-même notoirement au courant de tout ou partie des faits. En 1957, un jeune homme est accusé du vol d'un chameau. Il n'y a aucun témoin valable, il faut donc faire jurer le garçon. Mais le plaignant demande que cela se fasse en présence du père de l'accusé, notable estimé. Au dernier moment, le jeune homme refuse de jurer, ce qu'il aurait fait sans vergogne sans la présence de son père et reconnaît le vol.

Dans un passé peu éloigné, le Coran n'était pas l'instrument unique du serment. Chez les Ounia on jurait trois fois de suite selon une formule consacrée devant un rocher nommé *kikibere*. Dans le massif de l'Ennedi on jurait sur les génies (*manda*) de lieux privilégiés comme le Fadamanda ou le Tokoumanda. Ces génies étaient symbolisés par des haches à gorges de pierre polie supposées dotées de pouvoirs magiques. On les plaçait aussi à l'entrée des grottes où étaient entreposés les biens des nomades, afin de dissuader les voleurs d'y pénétrer. On m'a affirmé que l'ordalie se pratiquait encore dans certaines zones écartées, mais je n'ai pas pu le vérifier. Il se serait agi de saisir sans se brûler un *manda* placé dans un récipient empli d'huile bouillante.

Un autre type de difficulté provenait de l'administration et de la justice françaises elles-mêmes ainsi que de la rigidité et de l'inaptation d'un code Napoléon bien désarmé devant les situations créées par une société mouvante très difff érente de la nôtre. Comme je l'ai déjà dit, nous essayions de choisir les solutions les plus adaptées au pays mais l'intrusion de plus en plus rapide des moyens de transport et de communication rendaient ce choix de plus en plus difficile. Paradoxalement, plus les « élites » parisiennes s'intéressaient au futur tiers-monde, plus leur action s'écartait des réalités sur le terrain. Cette distorsion devint sensible à partir de 1956, mais à mon arrivée nous avions encore une grande latitude d'action.

Cette souplesse était bien nécessaire, car le manque de ressources et la paix française avaient conduit à un éparpillement extrême de la population et même à un éclatement de la famille restreinte. Cette dispersion permettait aux Goranes et aux Toubou de tirer le meilleur parti possible de la région désertique où ils vivaient. Celle-ci comprenait d'une part de vastes zones totalement vides et privées de quelque ressource que ce fût, sauf dans le cas rarissime de deux ou trois années pluvieuses, et d'autre part des zones plus favorables à la présence humaine mais toujours soumises aux aléas des précipitations annuelles (90 à 100 mm par an à Fada en moyenne). Les bordures sud et partiellement nord du massif de l'Ennedi situé au centre du district et plafonnant à 1450 m, ainsi que les vallées de l'intérieur de celui-ci (*enneri*) étaient les plus favorisées. C'est là que se regroupait une bonne partie de la population à la fin de la saison sèche, lorsque les mares des plaines à pâturages du sud étaient taries, et à l'occasion de la cueillette des graminées sauvages. Une autre période de rassemblement était celle de la récolte des dattes dans les palmeraies de Gouro et d'Ounianga situées entre les massifs de l'Ennedi et du Tibesti. C'était lors de ces rassemblements que se réunissaient les assemblées qui s'efforçaient de régler les différends et que se concluaient les mariages ; c'était aussi à cette époque que naissaient de nouveaux litiges parfois violents. Pour tenter de les éviter et pour préserver les ressources communautaires, les Goranes, pour une fois, acceptaient l'autorité de l'un des leurs doté à cette occasion de quelques pouvoirs coercitifs (amendes).

Le reste de l'année, les jeunes hommes partaient sur les pâturages avec les troupeaux de chameaux, au nord mais surtout au sud du massif, tandis que les vieillards, les femmes et les jeunes enfants restaient dans celui-ci, ou à proximité, et dans les palmeraies, souvent dans un grand isolement. Le chef de famille circulait beaucoup pendant ce temps, à la recherche d'un animal disparu ou réglant quelque affaire, ou bien il partait en Libye vendre quelques animaux. Au Tibesti, l'éclatement de la famille était encore plus marqué qu'en Ennedi et les distances plus grandes ; mais que la famille soit partiellement regroupée ou dispersée, les risques de conflits étaient toujours aussi forts. La saison fraîche était propice aux vols d'animaux, qui n'avaient rien de déshonorant pour un jeune gorane, bien au contraire, et aux démêlés souvent sanglants avec les populations voisines : Kababiches venus de l'intérieur du Soudan hiverner au nord-est de l'Ennedi et surtout Arabes du sud. Les pâturages du Mortcha, vaste plaine qui s'étend au sud du massif de l'Ennedi, étaient le lieu de rencontre des Goranes venus du nord et des autres populations venues du sud, et le théâtre de fréquentes batailles. Cette vaste plaine était également traversée en hiver par des caravanes arabes allant chercher du sel au Borkou où se trouvent les salines de Bedo, sel qui était échangé contre du mil provenant de régions sahéliennes du sud. Les caravanes se succédaient à une journée de marche les unes des autres afin de pouvoir utiliser au mieux les rares points d'eau. Vues d'avion elles offraient un spectacle impressionnant, chacune progressant en triangle gardé de tous côtés comme une colonne militaire en pays ennemi, ce qui était le cas. Tout chameau égaré était volé par les Goranes à l'affût, et tout Arabe isolé risquait d'être tué. Ce genre de meurtre restait presque toujours impuni car les victimes étaient étrangères au monde gorane. En 1957, trois arabes avaient été tués près d'Oum-Chalouba. J'avais réussi à connaître l'identité des meurtriers grâce à des rivalités de chefs, mais les confidences faites sous le manteau n'avaient aucune valeur juridique et personne n'aurait témoigné publiquement en faveur des victimes arabes. Toujours dans la région d'Oum-Chalouba, zone déjà sensible à l'époque, un jeune arabe avait été tué lors d'une rixe survenue près d'un puits. Le père de la victime, un noble patriarche, et les frères de celle-ci, osèrent venir à Fada demander justice, appuyés par une requête de l'administrateur civil d'Arada (Ouaddaï) dont ils dépendaient administrativement. A part assurer leur sécurité, rien ne put être fait pour eux, les règles coutumières ne jouant pas vis à vis d'un étranger. A l'ouest, au Niger, les relations des Toubou avec leurs voisins Touaregs étaient également loin d'être cordiales.

A l'intérieur du domaine gorane les femmes étaient souvent livrées à elles-mêmes et avaient une grande indépendance d'allure et d'esprit. Elles n'en étaient pas pour autant infidèles malgré l'image déformée que pouvaient donner des garnisons comme Largeau ou Fada et l'instabilité fréquente des mariages. Le désert n'est d'ailleurs pas très favorable à une licence généralisée des mœurs. En dépit du vide apparent qui y règne, rien de ce qui s'y passe ne reste secret. L'isolement géographique des individus ne correspond pas à la solitude morale qui existe dans une mégalopolis telle que la région parisienne. La science des traces, acquise dès le plus jeune âge, permet une information très précise sur les déplacements des individus et des animaux, aussi bien dans l'espace que dans le temps. Très jeunes, les Goranes sont habitués à rechercher journellement les bêtes disséminées sur les pâturages ou égarées. La faible densité des « touffes d'herbe » que consomment les chameaux amène à laisser ceux-ci pâturer librement ou faiblement entravés. Lorsqu'ils doivent être rassemblés pour être conduits à l'abreuvoir ou pour un transport quelconque il faut, pour les retrouver, suivre leurs traces pendant fort longtemps, parfois une demi journée, parfois plus. C'est le travail des enfants et des jeunes gens qui acquièrent ainsi une expérience approfondie et un coup d'œil infaillible. Dans l'est de l'Ennedi, plus sahélien, j'ai vu des enfants de quatre à six ans, seuls ou à deux ou trois, garçons et filles, garder des troupeaux de 50 à 100 ovins ou caprins, sans même l'aide d'un chien. Ces troupeaux ne s'abreuvant qu'un jour sur deux, ces enfants vivaient très isolés et acquéraient une excellente connaissance de la nature mais aussi une grande sauvagerie de caractère. Il était très difficile de les aborder et d'abord de les trouver car ils avaient l'habitude de se cacher dans des trous, de véritables terriers au milieu des rochers, à l'approche de tout étranger. Par exception, en 1961, dans une des vallées les plus reculées du nord-est du Tibesti, un garçon de 12 ans que j'interrogeais dans ce que j'espérais être son langage, le *tédaga*, me répondit en excellent français : « Moi, je garde les chèvres ! ». Après un séjour à l'école de Largeau il était retourné dans sa vallée isolée de la montagne, à près de 1000 km vers le nord.

Les capacités d'orientation des adultes et leur connaissance du pays, au moins dans les régions où ils ont vécu enfants, ne doivent donc rien à un sixième sens souvent invoqué mais sont l'aboutissement d'un rude apprentissage qui leur a donné, outre cette science, une résistance à la fatigue et une sobriété tout à fait étonnantes auxquelles s'ajoute une grande vivacité d'esprit.

Conscient de cette transparence du désert, le voleur de chameaux cherchait à aller négocier ses prises à l'extérieur de la zone gorane le plus rapidement possible, car toutes les bêtes étaient identifiables par les feux claniques et familiaux qu'elles portaient. Sa première préoccupation était de gagner une zone au sol dur où les bêtes ne laisseraient pas de traces, mais cela ne faisait que lui faire gagner du temps car les pisteurs parcouraient le périmètre de cette zone et retrouvaient ainsi le plus souvent les traces du ou des fuyards, même assez longtemps après leur passage. Cas extrême, les guides montraient en 1956 les traces des premiers véhicules automobiles ayant parcouru la dépression du Mourdi en 1936, vingt ans auparavant.

L'origine d'une bête volée et revendue en pays gorane était connue de tous, et comme le volé offrait des récompenses parfois importantes pour obtenir des renseignements sur les bêtes qu'il recherchait et leur voleur, il finissait toujours par retrouver ce dernier. Dans une affaire de ce genre j'ai eu à remonter la chaîne des neuf propriétaires successifs qui, en deux ans, avaient acheté et revendu la bête en litige. Sachant ou apprenant, après l'achat, l'origine volée de l'animal, ils s'en débarrassaient rapidement. Le Gorane trouvé en possession de la bête put prouver sa bonne foi en produisant des témoins de son achat, les six propriétaires précédents le purent également. Les deux derniers personnages, incapables de justifier l'origine de la bête, furent convaincus d'avoir volé ensemble celle-ci. Le chameau fut évidemment remis à son légitime propriétaire qui reçut des voleurs l'indemnité traditionnelle : un chamelon de deux ans. Il reçut également le remboursement des frais occasionnés par ses recherches : les cadeaux distribués pour obtenir des renseignements ainsi que quatre moutons pour chaque chameau utilisé comme monture au cours des recherches. Il fallait, bien sûr, limiter les prétentions, parfois exorbitantes, du volé dans ce domaine. Traiter cette affaire par la procédure de la justice française n'aurait fait que compliquer les choses. La saisie des bêtes en litige et leur mise en fourrière administrative était le meilleur moyen d'amener les plaideurs à composition car les gardes de la fourrière, ayant acquis un (mauvais) esprit fonctionnaire, se souciaient si peu de la bonne condition des bêtes qui leur étaient confiées qu'elles dépérissaient rapidement, d'où la hâte des propriétaires de les récupérer.

La vie au désert étant un livre qu'il suffit de savoir déchiffrer, rien de ce qui s'y fait ne passe inaperçu. C'est vrai pour les vols mais aussi pour les adultères éventuels. Dans ce cas, ou dans celui d'enlèvement de femme, la coutume prévoyait le versement d'une indemnité de sept animaux au mari, plus le chameau ayant servi à l'enlèvement. Cependant, l'honneur étant en jeu, ces affaires débouchaient souvent dans la violence. Un jeune gorane avait enlevé une femme mariée du canton Gaeda et s'était enfui avec elle à Arada. Le couple fut renvoyé à Fada et l'affaire vint devant le tribunal coutumier. Comme tous les protagonistes appartenaient au canton Gaeda, son chef Angatta Yoskomi fixa le montant de l'indemnité selon la coutume et le divorce fut prononcé, le ravisseur n'ayant pas le droit d'épouser la divorcée. Peu de temps après, un des frères du mari bafoué rencontra par hasard l'auteur de l'enlèvement et le tua, ce qui provoqua une nouvelle et interminable affaire.

Au Tibesti, un gradé de la garde nomade avait été le mari malheureux d'une affaire identique. En patrouille dans la région de Wour, il s'empara du séducteur et lui fit subir la vengeance traditionnelle du Tibesti : il lui sectionna les tendons des quatre membres. J'ai vu plusieurs fois des individus avec des mutilations de cette nature. Il semblerait qu'avant notre arrivée les Toubou mutilaient systématiquement les quelques esclaves qu'ils utilisaient dans les palmeraies du massif ; avec un tendon de pied sectionné ou un des gros orteils désossé ces malheureux n'avaient plus qu'une faible latitude de déplacement et ne pouvaient donc plus songer à s'évader. Je n'ai cependant pas pu vérifier moi-même la réalité et l'extension de cette pratique.

Parfois l'adultère prenait un caractère ancillaire lorsqu'un notable n'avait pas d'enfant et que ce fait était attribué, à tort ou à raison, à sa stérilité. Dans ce cas, l'épouse, ou l'une des épouses, désireuse de ne pas se voir elle-même accuser de stérilité (ce qui aurait entraîné sa répudiation), n'hésitait pas à avoir recours aux « services » d'un familier. Le secret de tels agissements était plus facile à conserver et comme en outre le mari ne tenait pas à perdre la face, jamais de telles situations ne débouchaient sur un procès, seules les mauvaises langues… Une fois cependant un jeune homme victime d'une infortune pire puisqu'il était impuissant, prétendit que cela était dû au mauvais sort que lui aurait jeté un forgeron (*eze*, pl. *aza* en *dazaga*, *haddad* en arabe du Tchad) et il prétendit se venger avec l'aide de quelques camarades. Accusé d'avoir jeté son sort par des incantations prononcées sur des cailloux ou des perles de couleurs, la nuit, sur une tombe, le forgeron aurait probablement connu une fin tragique sans notre intervention, en dépit de l'espèce d'immunité dont jouissent habituellement les membres de sa caste. En France aussi, on prétendait autrefois que c'était un sort qui « nouait l'aiguillette » de certains hommes.

Les forgerons, chez les Goranes, forment une caste comme en beaucoup d'autres régions d'Afrique. Ils vivent en symbiose avec les populations locales. En Ennedi, ils parlaient la langue locale, le *dazaga*, et occupaient une position subordonnée par rapport à certains Goranes dont ils étaient les clients à la fois méprisés et craints. Travaillant le fer, d'où leur nom, chasseurs et griots, ils étaient souvent soupçonnés de sorcellerie. Relativement riches, bien que ne possédant que peu d'animaux, ils tiraient leurs ressources de leur artisanat, indispensable à la vie nomade, et de leurs activités « d'animateurs » des réjouissances publiques.

Ils utilisaient l'âne pour leurs déplacements, ce qui aurait été considéré comme une honte pour un Gorane. L'un de ces derniers, très pauvre, préféra déclarer qu'il possédait des chameaux plutôt que d'avouer publiquement qu'il était venu au bureau de recensement monté, faute de mieux, sur un âne. Son chef de fraction administrative n'en fut pas très content car il savait que l'intéressé serait incapable de payer quelqu'impôt que ce fût, si ces déclarations étaient enregistrées, et qu'il devrait alors le faire à sa place.

Strictement endogames, les forgerons avaient souvent de grandes difficultés pour se marier car leurs communautés étaient d'importance restreinte. Les litiges au sujet de promesses de mariage non tenues étaient fréquents mais ils étaient le plus souvent réglés par eux-mêmes ou par leur suzerain gorane. Ils n'arrivaient pas devant le tribunal du district où leur présence aurait été mal vue par le reste de la population. L'adultère commis par un forgeron avec une femme gorane n'était pas inconnu mais il comportait de grands risques pour le séducteur, car le meurtre de ce dernier ne prêtait pas à conséquence à moins que nous ne l'apprenions. En commettant un adultère de cette sorte le forgeron rompait en effet le contrat tacite qui assurait habituellement sa protection à l'occasion de ses activités normales. Se battre avec un forgeron n'aurait pas été jugé digne et d'autre part celui-ci n'avait pas l'agressivité du Gorane.

La crainte d'être l'objet d'un sort lancé par le forgeron retenait aussi les Goranes qui subissaient sans broncher les quolibets que leur adressaient les forgerons-griots lors des réjouissances. A cette occasion les forgerons portaient un tambour en sautoir et donnaient le rythme de la danse en le frappant aux deux extrémités, tandis que l'un d'entre-eux chantait les louanges de la compagnie... si elle avait suffisamment payé. Dans le cas contraire, des allusions perfides et parfois obscènes mortifiaient les danseurs qui ne pipaient mot. Pour échapper à cette situation ridicule on pouvait voir une jeune fille désargentée donner un bijou en gage d'un futur payement. Elle entendait alors les louanges de sa famille en se plaçant devant la rangée des autres danseuses et poussait des you-you durant tout le panégyrique, en agitant un sabre au-dessus de sa tête (les femmes sont toujours armées) : « Ton père est riche, psalmodiait le forgeron, il est comme le sable (*bosao kégé*), il est comme la lune (*aori kégé*) », ce qui signifie simplement que personne ne peut l'attraper, qualité éminemment gorane. Au rythme lancinant de ce tambour les garçons s'élançaient de temps à autre devant la ligne des jeunes filles en brandissant leurs armes, voire en tirant des coups de feu au nez de celles-ci, qui se devaient de rester impassibles. Parfois, l'un des danseurs se mettait à tourner sur lui-même comme un véritable derviche tourneur, poignard à la main. Au comble de l'excitation, il lui arrivait de brandir cette arme devant un spectateur qui devait rester indifférent (cela m'est arrivé plusieurs fois), puis de s'en frapper lui-même la cuisse. Ses camarades intervenaient le plus souvent avant qu'il ne se blesse.

Un de mes gardes nomades avait abandonné son épouse de qui il avait eu cinq enfants. Comme il était chargé de la surveillance du tam-tam hebdomadaire de Fada (le dimanche !) son ex-épouse, furieuse, payait régulièrement le forgeron pour qu'il humilie publiquement ce garde qui subissait ces avanies sans broncher, à la grande joie de l'assistance.

Il existait de grandes variétés de danses qui avaient généralement lieu la nuit, particulièrement les nuits de pleine lune. Dans l'est de l'Ennedi, elles se dansaient autour d'un arbre sous forme de ronde de jeunes filles se tenant par la main, ou bien en procession courue autour de l'arbre, coupée de sauts et de sortes de génuflexions, durant laquelle les danseurs se mettaient souvent par couples éphémères. Au Tibesti, dans le cadre nocturne d'un cirque de rochers déchiquetés, le spectacle d'un tam-tam toubou était impressionnant, ponctué par le rythme très nerveux du *nangara*. Ce tambour est plus grand que celui du forgeron, il est posé sur le sol où le maintient un enfant qui colle sa tête contre lui d'un air extasié ; deux joueurs le frappent avec des baguettes à un rythme très rapide. C'est un instrument typiquement toubou ou gorane, et ce ne sont pas les forgerons qui en jouent. Les danseurs s'agitent frénétiquement sur deux lignes se faisant face, le couloir ainsi formé étant parcouru par chacun des danseurs à tour de rôle. Parfois, de petits groupes se mettent à sauter le plus haut possible et atteignent un point d'excitation extrême. C'est surtout une danse d'hommes.

Le *nangara*, symbole d'autorité, était la propriété d'un chef qui l'utilisait pour marquer les grands événements de la vie du groupe et en particulier pour notifier à tous la fin d'un grand litige. Le versement du prix du sang (*dia*) en cas de meurtre était l'objet d'une réunion solennelle durant laquelle le discours rituel du chef et l'acceptation du règlement par la famille de la victime étaient ponctués de coups frappés sur ce tambour. Il ne s'agissait le plus souvent que du versement du premier tiers de la *dia*, qui arrêtait tout droit à la vengeance, le versement des deux derniers tiers intervenant par la suite d'une manière échelonnée dans le temps. L'acceptation de ce premier tiers par le chef de famille et le renoncement à la vengeance étaient précédés de quelques refus de dernière minute qui en renforçaient la valeur tout en dramatisant l'événement.

Que ce soit au tam-tam ou dans la vie de tous les jours, la violence était toujours virtuelle. Elle pouvait se manifester à tout instant de façon inopinée. Une jeune fille avait été, selon sa famille qui était venue porter plainte à Fada, violée par un jeune berger. Il était probable qu'il n'y avait pas eu viol à proprement parler mais jeux d'adolescents poussés un peu trop loin, comme cela arrive dans toutes les sociétés, et que la famille avait entamé cette procédure pour éviter le « déshonneur ». Le viol allégué n'avait pas eu de témoin et, malgré le magnifique certificat de « déviergement » établi par l'infirmier, le chef de district-juge de paix fit jurer au jeune garçon qu'il n'avait pas commis cet acte. Ce dernier prêta le serment qu'on lui demandait mais crut bon d'ajouter : « Ce n'est pas moi qui ai violé cette fille, mais c'est peut-être lui » en désignant le frère de la demoiselle. Le frère dégaina son poignard et le tua sur-le-champ. Habituellement, toutes les personnes pénétrant dans le local utilisé comme tribunal étaient contraintes de laisser leurs armes à l'extérieur, mais cette affaire avait été traitée en audience foraine et cette précaution n'avait pas été respectée.

L'absence d'arme ne suffisait d'ailleurs pas à écarter tous les risques de bagarre et de blessure. J'ai eu par exemple à examiner de nombreux cas de morsures, en particulier au visage. La variété des blessures était grande et parfois la coutume n'était pas assez précise, il m'est arrivé alors d'utiliser ma propre police d'assurance pour essayer de déterminer les indemnités les plus adaptées et tout le monde semblait trouver cela très bien.

Les tensions se manifestaient parfois jusqu'au sein de la famille restreinte et j'ai vu le fils d'un chef influent venir porter plainte devant moi contre son propre père. Il fallait être très attentif pour que ces tensions ne dégénèrent pas en confrontations violentes et l'attitude des notables, que l'on pouvait avoir la tentation de qualifier d'hypocrite, n'était souvent que prudence.

Il faut avoir assisté à une rencontre de nomades dans le désert pour bien sentir toute la méfiance dont s'entourent les relations humaines dans une société où l'équilibre de la violence pallie l'absence d'Etat. Lorsqu'un étranger s'approche d'un bivouac il le fait avec précaution et s'arrête à quelque distance. Des salutations sont marmonnées tandis que l'on s'observe pour savoir à qui l'on a affaire. Rassuré, l'arrivant s'approche du groupe et salue à tour de rôle les personnes présentes en échangeant des salutations plus précises. on demande les bonnes nouvelles (*labar ko ?*) mais aussi les mauvaises (*ini gini ?*). Les serrements sont échangés à la romaine, commerçant sur l'avant-bras pour descendre progressivement au bout des doigts au fur et à mesure que les salutations se prolongent. Pendant tout ce temps, les interlocuteurs évitent soigneusement de se regarder dans les yeux. Enfin, le nouveau venu peut éventuellement s'asseoir près du bivouac et, coupée de longs silences, la conversation s'engage sur les sujets sérieux.

Le tribunal coutumier ne manquait pas de besogne et l'afflux des plaideurs prouvait à la fois son utilité et son acceptation par les Goranes. Ses séances se déroulaient toujours en présence de plusieurs dizaines de curieux et les femmes n'étaient pas les dernières à vouloir présenter leurs requêtes. Il peut paraître étrange qu'un métropolitain ait été amené à s'immiscer dans les affaires les plus intimes d'une société apparemment si différente de la nôtre, et qu'il ait pu se faire accepter par elle. En réalité, une fois dépassés les particularismes de la coutume, les ressorts profonds des plaideurs goranes étaient faciles à appréhender et leur logique proche de la nôtre. Ces gens réagissent de façon très pragmatique et concrète, avant tout individuellement, aux problèmes posés par la survie dans une région aride. Je ne me sentais pas étranger au milieu de ces imbroglios en réalité simples à comprendre à condition d'y consacrer le temps nécessaire. Ce n'aurait probablement pas été le cas dans d'autres régions d'Afrique où l'individu n'existe que comme membre d'une collectivité qui conditionne ses activités de la naissance à la mort, dans un cadre magique qui nous est étranger.

Revêtue de ses plus beaux vêtements (les femmes goranes s'habillaient avec goût), une jeune épouse vint un jour réclamer le divorce en arguant de l'impuissance de son mari. Malgré les réticences de l'aréopage qui m'assistait au tribunal, le mari fut convoqué. C'était un vieillard décrépit. Aux dires des assesseurs, l'âge n'était pas une preuve suffisante et le *faki* déclara qu'il fallait enfermer les époux pendant trois jours en présence de plusieurs témoins afin que le mari puisse faire la preuve de sa virilité. Il s'agissait, à leurs dires, de dispositions coraniques qui m'auraient laissé perplexe si la plaignante n'avait été très visiblement enceinte, ce que personne ne semblait avoir vu jusque là. N'étant pas freiné par les contraintes de la vie sociale, je demandais à la plaignante de bien vouloir m'expliquer ce phénomène. Confuse, la dame invectiva l'interprète en lui reprochant de m'avoir renseigné ! Je renvoyais alors l'affaire devant une assemblée locale pour que le divorce fût prononcé et que la dot fût rendue au mari, dot d'autant plus importante que le mari était âgé. C'était la clef de cette comédie : si le mari avait été reconnu impuissant, la dot n'aurait pas été rendue.

Ce genre d'affaire n'était pas rare, naissant souvent de l'opposition entre le tempérament des femmes goranes, indépendant et combatif, et le statut coutumier qui donnait au père le droit de choisir l'époux de sa fille. Un notable avait ainsi obtenu pour sa fille une dot exorbitante, l'équivalent de trente chameaux. Il y eut un « grand mariage » dont la consommation intervint dans une grande case faite de nattes dressée à cette occasion sur la place publique. La cérémonie devait se terminer par l'exposition des preuves de la virginité de la jeune mariée, comme cela se faisait il n'y a pas si longtemps dans la province française. En cas de déception, le mari acceptait le plus souvent qu'un poulet fasse les frais de l'opération. Cela lui permettait de ne pas perdre la face, officiellement du moins car cet artifice ne trompait pas les commères. Celles-ci, de noir vêtues, avaient participé à la fête en pratiquant la danse rituelle des vieilles femmes, tournant sur elles-mêmes comme les sorcières sur la lande, et rien ne leur échappait. Hélas, ce mari-là ne l'entendit pas de cette oreille et transperça le toit de la case avec sa lance, annonçant ainsi publiquement son infortune. Il frappa ensuite son épouse avec une « chicotte » (fouet en peau d'hippopotame) jusqu'à ce que celle-ci lui avouât le nom de son prédécesseur à qui il aurait été en droit de réclamer une indemnité. Le dos ensanglanté, elle lui révéla sept noms et s'enfuit dès qu'elle le put. Elle alla réclamer protection et divorce auprès d'un chef de district très embarrassé, le père de la fille étant un de ses principaux collaborateurs. Refusant de rester avec un pareil sauvage et voyant que ses affaires traînaient en longueur, elle mena grand tapage. Un matin on la retrouva à l'entrée de la prison, disant qu'elle préférait être enfermée que de rester avec son mari. D'autres fois, elle s'arrangeait pour aller directement dans le lit d'un militaire de la garnison, espérant le séduire et se faire épouser. Elle finit par réussir et s'installa avec un sergent *sara* (race du sud du Tchad) et je fus chargé de régler le divorce. Cela prit plusieurs mois car il fallait récupérer les animaux composant la dot, ou leur équivalent, non seulement auprès du père, parti entre-temps en pélerinage à la Mecque, mais aussi auprès de la parentèle. Celle-ci fonctionne en effet comme une sorte de compagnie d'assurances : elle participe aux versements de dots, d'indemnités diverses dues par l'un de ses membres et, inversement, elle bénéficie d'une part des versements reçus dans les cas contraires. Un personnage respecté de la famille est chargé de répartir les versements, à faire ou à recevoir, entre les différents membres de la parentèle en fonction de leur degré de parenté avec l'intéressé. Cela prend bien sûr beaucoup de temps.

Les litiges étaient particulièrement fréquents lorsqu'il s'agissait de mariages entre Libyens (220 personnes à Fada en 1956) et femmes goranes. Habituées à sortir seules et à circuler à leur gré, armées d'un sabre ou d'une corne d'antilope, elles refusaient obstinément de se voiler le visage et de rester cloîtrées. Les batailles de femmes étaient d'ailleurs habituelles. Dans les massifs, il n'était pas rare de rencontrer des femmes seules à plusieurs dizaines de kilomètres de tout point d'eau et de tout lieu habité.

Dans ces conditions, la polygamie prévue par la coutume se révélait d'une pratique délicate. Seuls quelques notables aisés se permettaient d'avoir plus de deux épouses à la fois. Les co-épouses étaient généralement d'âges différents. Il aurait été imprudent pour un mari de faire cohabiter deux épouses d'âge identique.

Pendant que je me débattais au milieu de ces affaires où la comédie côtoyait souvent le drame, le monde évoluait de plus en plus vite. Les marches de l'empire où nous montions la garde se révélaient plus solides que l'empire lui-même. L'année 1956 fut un tournant, ce fut celle de la mise en place de la loi-cadre dite loi Deferre, du nom du ministre de la France d'Outre-Mer d'alors. Des assemblées territoriales élues au suffrage universel furent mises en place dans chaque territoire, ce qui fixait ipso facto les frontières des futurs états et marquait le début d'une véritable autonomie interne, prélude à l'indépendance. Curieusement, cette loi qui tendait à décentraliser politiquement, se traduisit par une centralisation accrue, en particulier dans le domaine judiciaire dont il est question ici.

Nous avions auparavant, ainsi que les administrateurs civils, une grande latitude d'action qui nous permettait de rechercher les solutions les plus adaptées aux cas qui se présentaient, dans le respect de la coutume et dans la perspective d'une adaptation du pays au monde moderne. A partir de ce moment le centralisme parisien, relayé par celui des capitales des territoires, prétendit étendre à tout l'empire finissant les lois établies pour les populations de l'hexagone.

L'introduction du suffrage universel m'avait déjà procuré le plaisir, rare, d'aller installer l'isoloir républicain au milieu des troupeaux de chameaux et de bovins de Monou en pays Borogat (150 km au sud-est de Fada) : une simple case en nattes comme isoloir, une table de fortune en plein air, un tam-tam à proximité pour faire patienter les électeurs ; seule l'urne était classique. Les Goranes avaient d'ailleurs immédiatement assimilé les règles du jeu et le scrutin s'était d'autant mieux passé que nous étions totalement impartiaux. Deux électeurs qui s'étaient trompés de bureau de vote ne se présentèrent qu'un quart d'heure avant la clôture du vote. Il faut dire que les deux retardataires avaient dû parcourir 60 km dans la journée pour rejoindre le bon bureau de vote, bel exemple d'esprit civique.

Il fallut ensuite faire face aux avalanches de notes de service et aux interventions de plus en plus fréquentes des juges de droit français. Les notes de service concernant la distribution de cannes blanches aux aveugles du désert ou la police des passages à niveau trouvèrent aisément leur place dans le sottisier administratif, mais celles étendant l'attribution des allocations familiales, et même prénatales, à tous les salariés posaient des problèmes plus délicats. Les allocations familiales étaient attribuées à autant d'épouses qu'en permettait la coutume. Nous nous en étions tenus à quatre bien qu'en pays Bilia la coutume en acceptât sept. Les incidences financières des allocations prénatales, au taux très élevé, firent reculer l'administration qui décida que

« seules les grossesses de l'épouse ayant eu le premier enfant donneraient droit à cette allocation ». Or, souvent, de jeunes goranes peu fortunés épousaient des femmes plus âgées qu'eux, veuves ou divorcées, donc libres, et relativement riches du fait de leur(s) précédents(s) mariages(s). Celles-ci donnaient un ou deux enfants au jeune homme qui, à son tour, prenait une nouvelle épouse beaucoup plus jeune, après avoir amassé la dot nécessaire. Cette deuxième épouse lui donnait, bien sûr, de plus nombreux enfants que la première, trop âgée. Le résultat était que, dans ce cas, aucune nouvelle grossesse n'ouvrait droit à cette allocation. Le montant des feuilles de paye que j'établissais moi-même pour l'administration relevait de la loterie et les différences que cela entraînait laissaient les intéressés perplexes. Plus chanceux ou plus malin, le brigadier-chef de la section de gardes nomades de Fada percevait grâce à ces allocations 70 000 F CFA par mois, plus que moi-même, soit la valeur de 6 à 7 chameaux alors que le SMIC de l'époque était d'environ 1500 F et que la grande majorité des Goranes n'avait aucun revenu monétaire fixe. De tels personnages devenaient des puissances.

Les nouveaux états indépendants firent d'ailleurs rapidement table rase de ces fantaisies courtelinesques qui ne concernaient qu'une infime partie de la population, alors que le domaine judiciaire était plus perturbé. Tous les homicides devaient être jugés selon les lois françaises, le chef de district n'était plus chargé que de l'instruction et le jugement était prononcé soit à Fort-Lamy, soit par un magistrat itinérant. Ces juges étaient, bien sûr, totalement ignorants des conséquences locales de telles affaires. Nous essayions de régler sur place les affaires les plus simples sans respecter les instructions reçues, mais ce n'était pas toujours possible. Chaque année, pour une population de 25 à 30 000 habitants, il y avait au moins une dizaine d'homicides à traiter.

Fin 1955, le jeune Ouardougou Mainami, 12 ans environ, tua d'un coup de sagaie un nomade de passage qui se battait avec son père. Cela s'était passé dans l'*enneri* Moundiounga, à la bordure est du massif du Tibesti, dans le district de l'Ennedi. Ces *enneri*, plus ou moins boisés, sont des vallées de montagne le plus souvent sèches. Ils sont le centre de la vie des habitants des massifs de l'Ennedi et du Tibesti et les arbres et graminées qui y poussent sont la propriété collective de ceux-ci. Maina Bogarmi, le père du jeune meurtrier, avait voulu interdire à un étranger de passage de couper des branches pour nourrir son troupeau, d'où la bataille. Le jeune Ouardougou fut immédiatement envoyé au poste militaire de Fada, à 300 km de là, avant que la famille du mort ne le retrouve et ne le tue. Selon la coutume, celle-ci avait en effet le droit de se venger en exécutant le meurtrier, l'âge de celui-ci n'entrant pas en ligne de compte. Cependant, la protection de l'administration française symbolisée par les murs du poste militaire, ou ceux de la prison, suspendait ce droit à la vengeance. Ce droit d'asile ressemblait à celui qu'entraînait la présence d'un individu dans une église du Moyen Age. La vendetta était suspendue tant que le meurtrier ne sortait pas. Cela pouvait durer longtemps. J'ai connu à Bardaï un Toubou qui résidait depuis plusieurs années dans le poste militaire, car la famille de sa victime se refusait à tout règlement autre que le talion.

Le jeune Ouardougou était mineur de moins de quinze ans, il portait encore le cimier de cheveux qui indiquait qu'il était incirconcis et il était impossible, selon la loi française, de le garder en prison. Il n'était pas non plus possible de le renvoyer dans sa famille, ce qui aurait eu pour effet de le condamner à mort. Il échoua donc à la cuisine du capitaine où il s'initia aux subtilités de la gastronomie française en attendant que son affaire soit instruite. Cela prit deux années de va-et-vient de commissions rogatoires entre Fada et Fort-Lamy et de convocations de témoins habitant à des centaines de kilomètres de là. Ouardougou fut ensuite envoyé à Fort-Lamy où un juge bien embarrassé ne put que l'acquitter. Il revint alors dans sa cuisine puisque le jugement intervenu à Fort-Lamy ne représentait rien pour la famille de la victime. Tout décès accidentel, ou par maladie, de Ouardougou pendant cette période aurait été considéré comme un meurtre qui, par compensation, aurait éteint l'affaire, mais qui aurait aussi envenimé la haine existant entre les deux familles. En effet aucune distinction n'est faite entre un meurtre qualifié et ce que nous appelons un homicide par imprudence. Ainsi, à Aozou, un jeune était décédé lors d'un tam-tam à la suite d'un chahut. Les sept jeunes qui avaient participé à ce chahut durent verser le prix du sang, faute de quoi ils auraient été les objets d'une vendetta. Une fois l'affaire de Ouardougou éteinte en justice française, la procédure coutumière put enfin être entamée et menée à bon terme.

Aucune prescription ne pouvait intervenir dans ces affaires d'homicides. En 1938 un Gorane du Borkou fut tué par un « bandit » (pris dans le sens ancien de bandit corse), et aucune *dia* ne fut versée. Le meurtrier quitta le pays et s'exila au Ouaddaï d'où il ne revint que 18 ans plus tard, en 1956. Il rencontra alors, par hasard, le fils posthume de sa victime qui le poignarda après s'être assuré de son identité.

Les juges français étaient peu adaptés à de telles situations et leurs actions étaient mal comprises des Goranes. Un juge fut dépêché de Paris à la suite d'une bataille qui avait fait 25 morts dans le Djurab. Ces batailles étaient fréquentes à la fin de la saison sèche, d'avril à juin, lorsque les troupeaux se pressent autour des puits permanents après épuisement des mares temporaires. La survie du cheptel est en jeu et l'ordre de passage des troupeaux donne lieu à des conflits qui dégénèrent fréquemment. Le juge parisien fut, paraît-il, très étonné lorsque le greffier (?) local ne lui présenta que cinq dossiers en lui expliquant que, puisqu'il y avait quinze morts d'un côté et dix de l'autre, le litige ne portait plus que sur cinq cas.

Parfois, lorsque les deux familles impliquées dans un homicide n'étaient pas viscéralement ennemies, l'auteur du meurtre changeait de nom et prenait la place de sa victime dans le clan de celle-ci. L'application du code pénal n'aurait alors pas été un progrès.

Cette intrusion très jacobine du droit français et les perturbations qu'elle entraînait dans le fonctionnement de la justice coutumière, c'est-à-dire dans le fonctionnement même de la société locale, fut de courte durée du fait de l'indépendance du Tchad intervenue dès 1960. Les mêmes juges français devinrent alors beaucoup moins tatillons. Malheureusement, l'ignorance toute parisienne des réalités du Nord Tchad se transporta à Fort-Lamy, bientôt N'Djamena. Les maladresses qui en résultèrent furent l'une des causes des troubles qui commencèrent vers 1967 et qui ont débouché sur le gâchis actuel. Deux années après le départ des derniers administrateurs militaires le nord retournait à son activité ancestrale, la guerre.

Pendant ce temps, les premiers effets du nouvel ordre (ou désordre) mondial commençaient à se faire sentir au B.E.T., essentiellement à Largeau. L'incursion libyenne à Aozou avait alerté les autorités françaises conscientes de l'importance stratégique des massifs montagneux du nord du Tchad. Le Tibesti et l'Ennedi constituent une barrière qui ne peut être franchie avec une relative facilité que par trois itinéraires, et depuis ces massifs on peut déboucher à tout moment soit vers les vastes étendues du centre du Tchad, soit (comme l'a fait Leclerc en 1941) vers le nord, dans le désert libyen, soit vers l'est au Soudan. Autrefois les rezzous toubou et goranes qui allaient parfois jusqu'au Nil étaient une menace permanente pour toutes les populations d'alentour. En 1912, alors que le sud et le centre du Tchad, contrôlés par la France, étaient continuellement troublés par les raids venant des massifs du nord, l'administrateur Carbou écrivait : « Le Tibesti est un nid de brigands où il faudra se décider à agir tôt ou tard ».

Malheureusement, le souci de renforcer la sécurité de ces régions se traduisit par l'implantation à Largeau d'effectifs trop nombreux pour ne pas avoir d'incidences sociologiques. Outre des soldats d'origine africaine, on vit arriver des soldats et des cadres métropolitains puis les familles et les divers services et administrations indispensables à la vie d'une garnison dont la seule présence bouleversait l'équilibre précaire existant dans les palmeraies du Borkou. Alors que, jusque là, les quelques éléments français accompagnés de rares familles (6 officiers à Largeau en 1955) s'intégraient facilement dans la vie locale, des tensions nouvelles commencèrent à apparaître. Elles se manifestaient en particulier avec les jeunes gens scolarisés dont le chef de file était un certain Hissen Habré qui, en 1960, était adjoint du sous-préfet du

Borkou. Ce dernier était toujours un capitaine de l'armée française. L'indépendance avait laissé en place le système antérieur d'administration qui dura jusqu'en 1965.

Ces tensions étaient inconnues à Fada où l'administration militaire fut très bien acceptée jusqu'au bout. L'écho des événements extérieurs y arrivait très atténué et souvent avec retard. Ce recul nous donnait peut-être d'ailleurs une meilleure vision des événements. Dès mon arrivée, en 1955, le capitaine chef de district m'avait indiqué qu'à son avis l'indépendance du Tchad interviendrait à courte ou moyenne échéance et qu'il fallait y préparer la population. Dans cette perspective nous avions commencé à donner une formation administrative et politique, au sens large du terme, à quelques jeunes gens dont certains devinrent ultérieurement députés. Vers cette époque, à Paris, le ministre de l'Intérieur, François Mitterrand, parlait encore de « Français du nord au Congo » dans un discours prononcé à la suite des premiers incidents sanglants de la guerre d'Algérie (1er novembre 1954).

L'aperçu que je viens de donner sur mes séjours au nord du Tchad est principalement centré sur les activités du tribunal, et peut-être cela m'a-t-il conduit à donner une vision un peu trop sombre de la vie de la population à cette époque. Tout n'était pas que violence et l'année était ponctuée par un certain nombre de fêtes très suivies : fêtes françaises (*yum «juilliette»*, le 14 juillet) en particulier, fêtes musulmanes ou encore manifestations plus typiques comme les tam-tam de pleine lune. La vie était agréable pour les cadres français, quoique un peu usante nerveusement pour ceux qui s'occupaient des affaires civiles. La situation actuelle ne peut que faire penser avec nostalgie à cette courte période qui aura vu une certaine harmonie s'installer dans cette société nomade.

Notre « contre-rezzou » n'aura eu d'effet que durant une cinquantaine d'années et depuis 3000 ans ou plus les « hommes les plus rapides du monde », les « troglodytes » d'Hérodote, n'auront probablement guère connu de plus longue période de paix. Leur individualisme et leur violence leur ont permis de survivre à d'innombrables conflits dans une nature hostile. Ils en connaissent un de plus aujourd'hui et, comme d'habitude, se trouvent divisés. Ce fractionnement a été jusqu'à présent un des facteurs qui ont favorisé leur durée et ils semblent même en profiter pour s'étendre vers le sud, comme le désert, mais l'innocent satellite de 1957 s'est transformé en espion vigilant et les règles de la survie au désert sont peut-être changées.

Fig. 10 — Jeunes femmes lors d'une fête (Tibesti, 1979) (cliché Yves-Eric Brandily).

NOTES

(1) Les Ounia sont les habitants, sédentaires, de la région d'Ounianga.

(2) Dans les pages qui suivent, le terme toubou désigne essentiellement les Téda du Tibesti, conformément à l'usage administratif, tandis que gorane renvoit au reste du monde téda-daza. Mais la distinction entre les deux est assez floue.

UNE HISTOIRE HONTEUSE :

« LE CHEF ET LA VIANDE »

Catherine BAROIN

La littérature orale toubou est actuellement très peu connue, car elle n'a fait l'objet jusqu'à présent que de publications restreintes. Les premiers contes furent publiés en 1935 par P. Jourdan dans ses *Notes grammaticales et vocabulaire de la langue daza*. A la fin de cet ouvrage figurent cinq courtes histoires d'animaux, avec texte en *dazaga* et traduction, précédées par quelques phrases usuelles et quinze proverbes.

La publication la plus importante est en langue allemande. Ce sont les *Tubu Texte und Uebungstücke* (« Textes toubou et exercices ») de J. Lukas parus en 1953 et 1954 dans *Afrika und Uebersee*. On y trouve onze contes d'animaux avec texte en langue vernaculaire et traduction, ainsi que des dictons, proverbes, devinettes, chants et histoires moralistes à tendance fortement misogyne. Ceci s'accompagne de plusieurs récits qui décrivent la vie quotidienne, comparables à ceux de la *Grammaire et textes téda-daza* de Ch. et M. Le Coeur (1955). Ce dernier ouvrage, du seul point de vue de la littérature orale, nous apporte surtout des légendes sur l'origine de certains clans et des chants. Il n'y figure qu'un seul conte daza (p. 223).

Enfin l'ouvrage de P. Fuchs (1961) contient plusieurs légendes bideyat, téda et daza ainsi que cinq histoires d'animaux recueillies chez des Daza du Borkou, les Anakaza. Le texte en langue vernaculaire n'est malheureusement pas donné.

Le corpus publié à ce jour se monte donc à une dizaine de légendes et plusieurs dictons, proverbes, devinettes et chants, ainsi qu'à un ensemble de vingt et un contes d'animaux, dont dix-sept seulement avec le texte en langue daza. Ce sont des récits facétieux pour la plupart, d'inspiration assez voisine de notre *Roman de Renard* ou des *Contes touaregs de l'Aïr* recueillis par les Petites Soeurs de Jésus (1974).

Ce style de littérature est en fait beaucoup plus abondant, chez les Toubou, que la petite partie qui en a été publiée jusqu'à présent. J'ai pu constater, lors de mes missions chez les Daza Kécherda du Niger et leurs « forgerons », les Aza, la richesse et la vivacité avec laquelle la mémoire collective conserve cette tradition. Lors de ces missions, j'ai enregistré un important corpus d'histoires de ce type dont une traduction approchée a été établie sur place ainsi que, pour certaines d'entre elles tout au moins, la transcription et la traduction mot à mot. Les textes enregistrés se répartissent en deux genres principaux. Le premier consiste en ces contes d'animaux personnifiés, où le plus rusé sort généralement vainqueur et où les puissants (le lion, l'éléphant) sont fréquemment tournés en dérision. Le second est un ensemble d'histoires souvent beaucoup plus longues, contées par un narrateur originaire de l'Egueï, qui mettent en scène des êtres humains auxquels surviennent une série fantastique de malheurs.

Entre ces deux types de textes, le récit présenté aujourd'hui occupe une place originale puisqu'il est relativement bref et que ses acteurs sont des êtres humains et non des animaux. Son contenu, lui aussi, tranche par rapport au reste du corpus car il est vecteur, de façon beaucoup plus marquée que les autres, de valeurs sociales essentielles pour les Toubou.

Il fut enregistré en 1969 dans l'est du Niger au puits de Yogoum (à 170 km au N-E de Gouré). Le narrateur, Mahama Kiari Salé-mi (22 ans), appartient au clan aza *bogordo*. La langue est donc celle des forgerons, les Aza ; elle diffère sensiblement du *tédaga* et du *dazaga*, dialectes apparentés parlés respectivement par les Téda et les Daza, auxquels les Aza étaient autrefois inféodés. Dans la région de Yogoum se trouvaient de nombreux campements aza, situés presque tous immédiatement au sud de ceux des Daza dont ils dépendaient autrefois. Déjà largement émancipés en 1969, ces Aza vivaient de pastoralisme comme les autres Toubou ; ils ne pratiquaient pas le métier de forgeron dont ils tirent leur nom. On trouvera dans un rapport de mission de M. Le Coeur (1970) une description détaillée de leur mode de vie.

La transcription de ce conte est phonétique et approchée. Elle fut établie pour l'essentiel sur le terrain. Je remercie MM. Henry Tourneux et Ahmed Lamine Ali, ce dernier originaire de Mao, pour l'aide qu'ils m'ont apportée dans la transcription et dans certains détails de la traduction. Il reste cependant quelques points où la traduction mot à mot n'a pu être entièrement élucidée. Le terme français est alors suivi d'un point d'interrogation entre parenthèses. Quant aux mots qui sont sous-entendus en *dazaga*, ils sont rétablis pour l'intelligence du texte, entre parenthèses, dans la traduction française.

Fig. 11 — Le conteur Mahama Kiari (cliché Catherine Baroin, 1969).

1. dèrdé šógò cí.

   chef / šogo / il y a.

2. dèrdé šógò círú yìnì,/

   chef / šogo / comme il y avait / dit-on, //

   kógáná sònà góynì,/ yògórdò tèrò.

   notables / ses / il a pris, // razzier / il est allé.

3. térí, / fwédí cìdà yìní círû dòttò.

   comme il est allé, // fleuve / à côté / viande / qui se trouvait / ils ont vu.

4. yìní círû dóttî,/

   viande / qui se trouvait / comme ils ont vu,

   yìnú kógónáì. «bídírgì». yìntì,/
   viande / ces notables : / "nous allons manger" / ils ont dit, //

   «súrkù bìrìmí» yìnnày.
   – "ensorcelée /-ne mangez pas" / leur a-t-il dit, //

5. «bìrìmí» yìnì,/

   "ne mangez pas" / comme il a dit, //

   ámmá sònà wóò tégànnò.
   gens / ses / il a pris / il a marché. //

1. Il y avait un chef appelé Chogo.

2. Ce chef prit avec lui ses notables et s'en alla razzier.

3. En chemin, ils virent de la viande auprès du fleuve.

4. Quand ils virent la viande, les notables s'écrièrent : « Nous allons la manger, cette viande ! ».
   - « Elle est ensorcelée, ne la mangez pas ! », leur enjoignit le chef.

5. Comme il leur avait dit de ne pas la manger, il emmena ses hommes avec lui et s'en fut.

6. wɔ́ɔ̀ tə́gánnî,/
comme il a pris / et qu'il a marché, //

cúrúwî mɛ̀rɛ́ wìdɛ́ :/
quand ils sont en route / lui-même / affamé : //

«tàzzìá-nrà fwédú cìdà fùdúr yìnì,/
"chapelet - mon / du fleuve / au bord / j'ai laissé" / dit-il, //

mɛ̀rɛ́ sàgá rì.
lui-même / en arrière / il est allé.

7. mɛ̀rɛ́ sàgá rî,/
lui-même / en arrière / comme il est allé, //

yìnú ày gə̀nná mɛ̀rɛ́í wì.
viande / cette / toute / lui-même / il a mangé.

8. wínì yɛ̀rcí sàgá,/
comme il a mangé / il s'est levé / en arrière, //

sàgá ámmá sə̀nǎ ŋà tɛ̀rɔ̀.
en arrière / gens / ses / vers / il est allé.

9. ámmáì : «ànɔ́ŋɔ̀mà, yìnúú bwɛ́ɛ̀?». yìntù : /
ces gens : / "tu as mis du temps, / la viande / as-tu mangé ?" / dirent-ils ; //

–«kànná yìnú bɔ̀rdí».
– "mais non / la viande / je n'ai pas mangé".

6. Mais alors qu'ils marchaient, lui-même eut faim : « J'ai laissé mon chapelet au bord du fleuve », dit-il, et il revint sur ses pas.

7. Revenu sur ses pas, cette viande-là, toute entière, ce fut lui qui la mangea.

8. L'ayant mangée, il se leva à nouveau et retourna vers ses gens.

9. Ceux-ci lui dirent : « Tu en as mis du temps ; aurais-tu mangé la viande ? »
— « Mais non, je ne l'ai pas mangée ».

10. « bòrdí èrdí wùŋà »/
"je n'ai pas mangé / l'ennemi / a mangé" / (comme il disait), //

−« áì jóórérò èrdí wùŋà »/
− "celui-ci / (m') a mangé / (et il dit que) l'ennemi / (m') a mangé" //

ìnõ͂ɔ̃ kíší dèrdé-ò té yìnì.
chose / ventre / chef - du / ceci / il a dit.

11. té yìnì, / sàgá níí sòmà térò.
ceci / comme il a dit, // ensuite / village / son / il est allé.

12. níí sòmà tênní, / yégè sòmà-rò fàí.
village / son / comme il est allé, // tente / la sienne - à / il a campé.

13. fàíní, / kìrí sòmà-dà àrìí sòmà kìì yíssò.
ayant campé, // lit / son - dessus / femme / sa / avec / ils se sont couchés.

14. àrìí sòmá kìì yíssî, /
femme / sa / avec / comme ils étaient couchés, //

kíší dèrdò ìnõ͂ĩ dóóná gwèyŋì.
ventre / du chef / chose / chants / prit.

15. « òwùlyú (1) màró (2)/ kìrí làó-rà / dòmmákèróó nòmérâ ?
"la femme / rouge // lit / bord - au // qui est là (?) / est-elle pour toi ?

16. « mèlìšéy (3) màró / yégè kúllí dòmmákèróó nòmérâ ?
"la vache / rouge // tente / à côté / qui est là (?) / est-elle pour toi ?

10. Comme il disait qu'il ne l'avait pas mangée, que l'ennemi l'avait mangée : « C'est lui qui m'a mangée, et il prétend que l'ennemi m'a mangée ! ». Euh... le ventre du chef, voici ce qu'il dit.

11. Quand il eut dit cela, il s'en fut à son village.

12. Arrivé à son village, il s'installa dans sa tente.

13. Une fois installé, il se coucha sur son lit avec sa femme.

14. Comme il était couché avec sa femme, dans le ventre du chef la chose entonna son chant :

15. « La femme au teint cuivré qui est là au bord du lit, est-ce la tienne ?

16. « La vache brune qui se trouve près de la tente, est-ce la tienne ?

17. « gárrà (4) yégè kúllí tòdèrâ nòmérâ ? ».
"(le cheval) à robe sombre avec une tache blanche sur le front / tente / à côté / qui est attaché / est-il pour toi ?".

18. àyá sòmà-rò tênnì : /
mère / sa - vers / (elle) est allée : //

« àí-nrò kíší sòmà dró / inítrà cìrígì.
"mari - mon / ventre / son / dedans // quelque chose / pleure.

19. « àózírgì kĭì dìsìnní ».
"j'ai peur / avec (lui) / je ne couche pas".

20. aa ! / àyáì ábbàì gènnáì : – « màárèŋì (5) !
ah ! / et (sa) mère / et (son) père / tous : / – "tu mens !

21. « kìí sìssò, mò-nóm fàrìŋì.
"ensemble / couchez, / mensonge - ton / tu dis.

22. « kìí sìssò ».
"ensemble / couchez".

23. – « ?í ?í / mŏ fàdìrdí ».
– "non ! / non ! // mensonge / je ne dis pas".

24. – « màárèŋì ! ».
– "tu mens !".

25. kálà-rò cìttíní sàgá gòròkò.
bâton - avec / ils (la) battirent / en arrière / ils conduisirent.

26. sàgá góròkî, / àwìní rî dòó-mó (6) yísù.
en arrière / comme ils (l') ont conduit(e), // encore / (elle) vint / la petite fille / se coucha.

17. « Le cheval à la robe sombre, avec sa tache blanche sur le front, celui qui est attaché auprès de la tente, est-ce le tien ? ».

18. La femme s'enfuit chez sa mère : « Dans le ventre de mon mari, il y a quelque chose qui pleure.

19. « J'ai peur ; je ne veux plus coucher avec lui ».

20. Ah ! Sa mère et son père, tous ses parents lui dirent :
    – « Tu mens !

21. « Couchez ensemble. Tu mens !

22. « Couchez ensemble.

23. – « Non ! Non ! Je ne mens pas !

24. – « Tu mens ! ».

25. Ils la frappèrent avec un bâton et la renvoyèrent chez lui.

26. Renvoyée chez son mari, la jeune femme encore une fois vint se coucher.

27. yísî, / àwìní dɔ́ɔ́ná gwèy.
comme (elle) s'était couchée, // encore / les chants / il prit.

28. dɔ̀ɔ́-mɔ́ cɑ́ɔ́ sàgá tɛ̀rɔ̀.
la petite fille / s'enfuit / en arrière / (elle) alla.

29. àwìní ábbà-nnàì cìttíní kálà-rɔ̀ gɔ̀rɔ̀kɔ̀.
encore / pères - ses / frappèrent / bâton - avec / (ils la) reconduisirent.

30. àyá-rɔ̀ : / ‒ «yîr dúrtùnànì / kìrú fì ńtà sǐsnànì.
mère - à : ‒ "viens / va // lit / dessous / toi / couche-toi.

31. «àî-nrɔ̀ kǐì díssɔ̂, /
"mari - mon / avec / quand je serai couchée, //

«dɔ́ɔ́ná gwéyŋìɛ̀ gwêyŋìɛ̀rɔ̀ rân».
"chants / s'il prend / ou s'il ne prend pas / regarde".

32. àyáà rénì kìrú fì yísù.
la mère / vint / lit / sous / (elle) se coucha.

33. kìrú fì yísî, /
lit / sous / comme (elle) est couchée, //

ɛ̀ddé sɔ́má-rɔ̀ kìrí fì cì; /
belle-mère / sa - d'une part / lit / sous / est ; //

àrìí sɔ̀mà kǐì kìrí-dá cíkírɔ̀ ínɔ̃ǐ : /
femme / sa / avec / lit - dessus / comme ils sont / la chose (dit :) //

šɔ́gɔ̀ : / « òwùlyú màrɔ́ kìrí làɔ́-rà / dɔ̀mmákɛ̀rɔ́ɔ́ nɔ̀mérâ?
šogo : // "la femme / rouge / du lit / bord - au // qui est là (?) / est-elle pour toi ?

27. Lorsqu'elle fut couchée, la chose encore une fois entonna son chant.

28. La femme s'enfuit et revint chez ses parents.

29. Ses parents encore une fois la frappèrent avec un bâton et la renvoyèrent.

30. Elle dit à sa mère : «Viens avec moi et toi, couche-toi sous le lit.

31. « Quand je serai couchée avec mon mari, tu verras bien si cela chante ou pas ».

32. La mère vint et s'étendit sous le lit.

33. Quand elle fut sous le lit, sa belle-mère donc était sous le lit tandis que lui et sa femme étaient sur le lit ; alors Chogo :
« La femme au teint cuivré qui est là au bord du lit, est-ce la tienne ?

34. «àcí kìrí fì cìŋà / èddɛ́ nɔ̀mɛ́râ?»/ fárɔ̀.

"la vieille / lit / sous / qui est // belle-mère / est-elle pour toi ?" // dit-il.

35. «gárrà yégè kúllí tòdìráá nòmɛ́râ?

"(le cheval) à robe sombre avec une tache blanche sur le front / tente / à côté / qui est attaché / est-il pour toi ?

36. «mèlìšɛ́y màrɔ́ / yégè kúllí dɔ̀mmákèrɔ́ɔ́ nɔ̀mɛ́râ?».

"la vache / rouge // tente / à côté / qui est là (?) / est-elle pour toi ?".

37. àcɔ́ dɔ̀ɔ́-má gwèynì sɔ̀ɔ̀ cɑ́ɔ́.

la vieille / sa fille / prit / partit / courut.

38. šɔ́gɔ̀ yèrcínì, / àrìí àcí-ɔ́ tèrɔ̀.

šogo / se leva, // femme / vieille - vers / il alla.

39. — «kìší-nrɔ̀ drɔ̀ / yìní àì kègè

— "ventre - mon / dans // viande / ceci / comme

«búrí àɔ́ tìgìsínì /

"j'ai mangé / une personne / est devenu, //

«zènɑ́ɑ́nà dɔ́ɔ́nɑ́ gwèyŋì.

"tous les jours / des chansons / (il) chante.

40. «gúrkú-dàà nà dɔ́ɔ́nɑ́ gwèyŋì.

"cercle de prière - au / et / des chansons / (il) chante.

41. «èddɛ́-nrɔ́ kɔ̀lɔ́ nà dɔ́ɔ́nɑ́ gwɛ́yŋâ.

"belle-mère - ma / à côté / et / des chansons / (il) chante.

34. « La vieille qui est sous le lit, est-ce ta belle-mère ? », demanda la chose.

35. « Le cheval à la robe sombre, avec sa tache blanche sur le front, celui qui est attaché auprès de la tente, est-ce le tien ?

36. « La vache brune qui se trouve près de la tente, est-ce la tienne ? ».

37. La vieille prit sa fille et s'enfuit en courant.

38. Chogo se leva et s'en alla voir une vieille femme :

39. – « Dans mon ventre, une viande comme ceci que j'ai mangée est devenue une personne, et chaque jour elle chante.

40. « Au cercle de prière elle chante.

41. « A côté de ma belle-mère elle chante.

42. «ní kèè kìsírgì?».
 "quoi / comme / je ferai ?".

43. –«nókò yìnúú nìkěró bǒm?».
 – "tout d'abord / viande / dans quelles conditions / as-tu mangé ?".

44. –«ámmá-nrà wòór èrdí-r ròórî,/
 – "gens - mes / j'ai pris / ennemi - vers / je suis allé, //

 « «ámmá bèrké yìnúú wúrígì» nìrní,/
 ""les gens / bientôt / la viande / ils mangeront" / me suis-je dit, //

 «tàzzìá-nrà fwédú cìdà fùdrî,/
 "chapelet - mon / fleuve / à côté / j'ai laissé, //

 «ámmá kìší wàdîrní tòòré dênní.
 "(aux) gens / le départ / j'ai refusé / moi / je suis allé.

45. «tàzzìá-nrà fùdúr dèrò.
 "chapelet - mon / j'ai laissé / je suis parti.

46. «tòòré yìnúú jìrkànnò.
 "moi / la viande / à cause de.

47. «wìré dênnì,/ yìnúú bòr ègé tórnǐ,/
 "affamé / je suis allé, // viande / j'ai mangé / rassasié / je fus, //

 «ámmá-ŋà yààrí tìr.
 / (mes) gens - vers / j'ai couru / je suis venu.

42. « Comment ferai-je ? ».

43. – « D'abord, en quelles circonstances as-tu mangé cette viande ? ».

44. – « J'ai pris mes gens et je suis parti sus à l'ennemi ; « mes hommes bientôt vont manger la viande », me suis-je dit ; « j'ai laissé mon chapelet au bord du fleuve » (leur ai-je dit) ; j'ai interdit à mes hommes de partir et moi, j'y suis allé.

45. « J'ai laissé mon chapelet » (leur ai-je dit), et je suis parti.

46. « J'ai fait cela à cause de la viande.

47. « J'avais faim et j'y allai, je mangeai la viande et quand je fus rassasié, je revins en courant auprès de mes hommes.

48. «ámmáì : «yìnúú bwéè?» yíntí ;/
les gens : / "la viande / as-tu mangé ?" / ils ont dit //

bórdérò «èrdí wùŋà» nré;/
bien que l'ai mangée / "l'ennemi / a mangé" / ai-je dit, //

«kíší-dèrdò : / «jóóré èrdí wùŋà» fárò.
le ventre - dans : // "il (m') a mangé / (et il dit que) l'ennemi / (m') a mangé" / dit-il.

49. «jóóré «èrdí wùŋà» fárò».
"il (m') a mangé / (et il dit que) l'ennemi / (m') a mangé" / il a dit.

50. àrìí àcóó-rò : / «tó ní kègè kìsírgì?».
femme / vieille - à : / "alors / quoi / comme / ferai-je ?".

51. — «èdèí m̀pí-rù rùsúnàní.
— "plat / beurre fondu - avec / enduis.

52. «èré-m̀mâ m̀pí-rù rúsúŋô,/
"plat - ton / de beurre fondu / quand tu auras enduit, //

«gìnná rúsúŋó / děnnàní,
"tout entier / quand tu auras enduit, // emporte-(le),

«wònó wònó fwéíí-drò.
"la brousse / la brousse / loin / dans.

48. « Ceux-ci m'ont demandé : « As-tu mangé la viande ? » - « Je ne l'ai pas mangée, l'ennemi l'a mangée », leur ai-je répondu ; alors le ventre du chef s'est écrié : « Il m'a mangée, et il prétend que l'ennemi m'a mangée !.

49. « Il m'a mangée, et il prétend que l'ennemi m'a mangée ! ».

50. Il demanda à la vieille femme : « Alors, que puis-je faire ? ».

51. – « Enduis un plat de beurre fondu.

52. « Quand tu auras enduit ton plat de beurre fondu, que tu l'auras bien enduit partout, emporte-le dans la brousse, loin dans la brousse.

53. «èré-ḿmâ-rà dàá tùŋùmúnàní, / èzzí dánàní, /
"plat - ton - à / au-dessus / agenouille-toi, // corde / attache, //

«àrίàŋàrò ràknúnàní ràk ràkŋúŋóre (8), /
"à la manière des femmes / pousse ! / pousse ! / quand tu auras poussé, //

«córó táánígì».
"il est sorti / il va tomber".

54. tèkègé ràk ràk cíní / córó táànò.
cela / comme / il a poussé / il a poussé, / c'est sorti / c'est tombé.

55. tózó àó.
fini / maintenant.

53. « Au-dessus de ton plat, agenouille-toi, attache une corde, et comme font les femmes[7], pousse ! pousse ! Quand tu auras bien poussé, cela sortira et tombera ».

54. C'est ainsi qu'il poussa, poussa si bien que cela sortit et tomba.

55. Fin.

Le contenu du conte

Cette histoire fantastique est un conte moral, puisqu'elle décrit les conséquences funestes d'un acte anti-social : le refus de partager la nourriture. Le cadre du récit est parfaitement conforme à l'univers social toubou, ce qui souligne par contraste les aspects merveilleux du conte. L'enchevêtrement saugrenu de l'ordinaire et de l'extraordinaire provoque un effet comique indéniable.

Mais venons-en à la trame de l'histoire. Tout d'abord, un chef part avec ses hommes en razzia. Il n'y a rien là, en contexte toubou, de plus banal. Mais ensuite, plutôt que de partager la viande avec ses compagnons, ce chef trouve un stratagème pour la manger seul et en cachette. C'est là une transgression sociale de premier ordre. Car s'il est peu élégant de se goinfrer en solitaire, dans quelque société que ce soit, chez les Toubou cette grossièreté de moeurs est encore plus inconcevable. Leur attitude face à la nourriture est très réservée. Elle fait l'objet d'une étiquette rigoureuse. Les Toubou mangent peu et généralement en commun, mais pas avec n'importe qui. Le partage d'un plat suppose une certaine identité de statut (Baroin, 1985). Il est de règle de manifester un certain détachement vis-à-vis de la nourriture. On mange avec pondération, car il ne faut pas avoir l'air de se jeter sur les aliments, et l'on ne s'attarde jamais autour du plat. Quand il arrive à sa fin, chacun se lèche les doigts pour ne pas disputer aux autres les dernières bouchées qu'un seul convive termine. Le repas se fait presque en silence, et il serait malvenu qu'un convive émette en mangeant une remarque qui pourrait paraître inspirée par la nourriture qu'il absorbe. Une telle remarque s'appelle *senti*, et couvre son auteur de ridicule[9].

Les Toubou apprennent très tôt à maîtriser leur appétit. Ils mangent peu et, d'ailleurs, pas toujours à leur faim. La discipline sévère qui leur est inculquée dès l'enfance, pour ce qui touche la nourriture, leur permet certainement de faire face avec plus d'efficacité aux dures conditions de vie qui sont les leurs. L'alimentation habituelle est à base de mil et de lait. La viande est une nourriture de fête. C'est donc, plus encore que les autres, une nourriture que l'on partage. Aussi l'acte du chef, qui mange seul et en cachette la totalité de la viande, est-il particulièrement odieux.

Cet acte est vite puni puisqu'aussitôt qu'il le nie, la viande surnaturelle se met à parler du fond de son ventre (§ 10). Elle recommence lorsqu'il est couché avec sa femme. La réaction de la femme, qui est de s'enfuir chez ses parents, est parfaitement normale. C'est ce que font toutes les femmes toubou quand elles ont un différend avec leur mari. La réaction des parents, qui incitent leur fille à retourner chez son époux, est elle aussi tout à fait habituelle. L'ultime recours est alors la mère, car la relation mère/fille est très proche chez les Toubou. Mais ce que fait la mère (§ 32), se coucher sous le lit de son gendre, va à l'encontre de toutes les normes. Ceci d'autant plus que l'évitement de la belle-mère par le gendre est extrêmement strict chez ces pasteurs. Le gendre ne doit pas être vu par sa belle-mère, il ne doit pas se trouver au même endroit qu'elle ni croiser son chemin, il ne parle pas avec elle et ne prononce pas même son nom. Chaque matin toutefois, au début du mariage, il vient la saluer, mais il reste au dehors tandis qu'elle se trouve dans sa tente, et ils se contentent d'échanger les salutations d'usage, sans se regarder (Baroin, 1985 : 348-353). Le jeune marié témoigne ainsi de son respect envers sa belle-mère, et celle-ci en retour ne doit pas mettre obstacle à ces manifestations de respect. Pour ne pas le gêner, elle prend garde de ne jamais rencontrer son gendre. La belle-mère du conte, en se couchant sous le lit de son gendre, fait donc exactement l'inverse de ce que la règle exige.

Le chef désemparé va demander conseil à une vieille femme (§ 38). Ce motif à nouveau est habituel. Il se retrouve chez les Zaghawa (M.-J. et J. Tubiana, 1961 : 197). Pour finir, l'homme accouche, sur le conseil de la vieille femme, de la viande qu'il avait absorbée. Cette inversion fantastique des rôles masculin et féminin annule la transgression initiale, celle d'avoir mangé seul la viande.

Au bout du compte, cette histoire merveilleuse est celle d'un crime et de ses conséquences. Parce qu'il a transgressé l'ordre social en mangeant seul la viande, le chef se retrouve dans une situation insupportable. La viande chante dans son ventre. Elle le fait en public, devant ses hommes d'abord, mais aussi au cercle de prière ou lorsqu'il est près de sa belle-mère, lui faisant transgresser malgré lui l'attitude de recueillement et de respect à laquelle il est tenu dans ce genre de circonstance. Elle chante également en privé, ce qui entraîne la fuite de son épouse et la confrontation insupportable avec sa belle-mère cachée sous son lit. Alors c'en est trop, menacé dans tous les aspects de sa vie sociale, le chef pour sortir de cette impasse transgresse à nouveau l'ordre des choses. Il accouche, comme une femme, de la viande qu'il a mangée, ce qui lui permet de retrouver une existence normale.

L'originalité du conte

Ce conte ne figure pas dans le corpus – épars et peu important – des textes toubou publiés à ce jour (voir plus haut). Il n'apparaît pas non plus dans les recueils de contes des voisins les plus proches : Zaghawa à l'est (M.-J. et J. Tubiana, 1961) ou Touareg de l'Aïr à l'ouest (Petites Soeurs de Jésus, 1974). Est-il pour autant si original ? L'état des connaissances actuelles sur la littérature orale de cette partie de l'Afrique ne permet pas de répondre à la question. Si le motif du mâle qui accouche est universellement répandu (Aarne et Thompson, 1961), les autres aspects du conte, que ce soit sous cette forme ou sous une forme voisine, ne sont pas répertoriés par Thompson (1955) dont l'oeuvre, il est vrai, porte avant tout sur la littérature orale européenne. Mais ils ne le sont pas non plus par ceux qui, à la suite de Thompson, ont effectué un travail comparable sur la littérature orale de certaines parties de l'Afrique (Clarke, 1958 ; Arewa, 1966, Lambrecht, 1967). Une recherche comparative plus poussée donnerait peut-être d'autres résultats.

Le seul récit qui m'ait été signalé dont le contenu soit proche de celui-ci nous vient des Samo, c'est « L'enfant et la bête étrange », recueilli par S. Platiel (1985 : 277). C'est l'histoire d'un enfant « glouton de viande » (or la viande est une nourriture peu abondante chez les Samo) qui trouve sous une pierre une bête étrange qui chante et l'incite à l'emporter, la cuire, la manger. Une fois mangée, la bête continue de chanter dans le ventre de l'enfant et de lui dicter un certain nombre d'autres actions. Le conte se termine par la mort de l'enfant. En dépit de différences importantes, il est clair que l'objectif didactique comme certains traits merveilleux sont identiques dans les deux cas.

Conclusion

Ce conte toubou a été choisi parce qu'il illustre avec éclat les valeurs sociales et morales fondamentales de cette société : l'obligation du partage d'une part, et l'obligation de réserve d'autre part. Ces deux obligations relèvent de la même exigence, celle d'observer un comportement digne de soi, un comportement qui se respecte, c'est-à-dire qui ne soit pas honteux. Car « la honte est, dans tous les domaines, le terme moral fondamental des Toubou » ainsi que l'a écrit Charles Le Coeur dans un remarquable article ici réédité (1951 : 380). « Avoir la honte » en Afrique, c'est savoir se mettre à sa place, c'est-à-dire respecter le comportement auquel on est tenu dans des circonstances données.

A cet égard « Le chef et la viande » est une histoire en tous points honteuse, puisqu'elle nous décrit les conséquences honteuses d'un acte honteux au départ. Il est honteux pour le chef d'esquiver le partage de la viande, de même qu'il est honteux pour lui de chanter devant sa femme (les hommes toubou ne chantent que lorsqu'ils sont seuls, et en brousse) ou de chanter dans la mosquée. Il est honteux pour la belle-mère de se cacher sous le lit de son gendre (tout particulièrement dans le contexte toubou) et enfin il est honteux pour un homme de se comporter en femme (chef qui accouche à la fin du conte).

Par ailleurs cette histoire nous offre une image pittoresque des moeurs et des relations sociales toubou : le départ en razzia, habituel à l'époque précoloniale, la fuite de l'épouse chez ses parents, en cas de mésentente grave avec son mari, le statut subalterne de la femme qui reste une mineure, battue par ses parents quand son comportement est déraisonnable, l'intimité de la relation mère/fille puisque, dans ce cas d'embarras extrême, c'est la mère qui cherche à comprendre sa fille et qui lui vient en aide, le rôle vénérable des vieilles femmes à qui un homme peut venir demander conseil, et la description imagée de la manière d'accoucher chez les Toubou.

Véritable discours sur la honte, ce conte illustre donc à merveille les relations sociales chez les Toubou, il nous dit ce que doit être le comportement en société aux yeux de ces pasteurs ; il est typiquement toubou. En même temps, il raconte une histoire fantastique que l'on pourrait sans doute retrouver ailleurs sous une autre forme. La comparaison de formes différentes pourrait alors mettre en valeur, de façon plus marquante encore, les aspects proprement toubou de ce récit.

Les autres contes toubou nous parlent eux aussi, à leur façon, de la société qui les a produites. Les contes d'animaux traduisent, entre autres choses, la conception que se font les Toubou du pouvoir politique. Lorsque la totalité du corpus enregistré aura été publié, ce que j'espère être en mesure de réaliser prochainement, l'originalité de ce récit et l'ensemble des valeurs véhiculées par cette littérature orale pourront être d'autant mieux mis en valeur.

NOTES

(1) òwùlyú : terme poétique dont le sens n'a pu être déterminé avec exactitude.

(2) màrɔ́ : rouge, c'est-à-dire au teint cuivré pour une femme. Cette couleur de peau, parce qu'elle est claire, est valorisée dans l'esthétique toubou.

(3) mèlìšéy : terme poétique qui désigne la vache, mais dont le sens précis n'a pas été déterminé.

(4) gárrà : animal de robe sombre avec une tache ou une raie blanche sur le front. L'animal en question peut être une vache ou un cheval. Ici le contexte indique qu'il s'agit d'un cheval, animal valorisé chez les Toubou. Ce chant est donc un chant de louange.

(5) màáréŋì : contraction de mă fàrìŋì , « tu dis (fàrìŋì) des mensonges » (mă, pl. de mó).

(6) –mǿ : suffixe diminutif.

(7) Lorsqu'elles accouchent. La scène est très précisément celle d'un accouchement toubou, tel que le décrit Lukas : « On suspend une corde pour la femme qui est sur le point d'accoucher. La femme saisit la corde, s'agenouille ; on pose sous elle un grand plat ; une femme s'installe devant elle et une autre derrière. On lui masse le corps en appuyant vers le bas ; celle qui est devant lui masse le ventre, et celle qui est derrière, le dos. L'enfant naît » (Lukas, 1953b : 16, § 4 à 7 -ma traduction).

(8) Dans ces trois mots le narrateur met fortement l'accent sur la première syllabe pour imiter la façon de pousser.

(9) Le terme est d'origine haoussa. La notion de *senti* se trouve aussi chez les Touaregs, dans une acception un peu différente (E. Bernus, 1972).

BIBLIOGRAPHIE

Aarne, A., 1961. *The Types of the Folktales : a Classification and Bibliography.* Translated and enlarged by S. Thompson, Helsinki.

Arewa, E.O., 1966. *A Classification of the Folktales of the North East African Cattle Area by Types.* University of California, Ph. D.

Baroin, C., 1985. *Anarchie et cohésion sociale chez les Toubou – les Daza Kécherda (Niger).* Paris : Editions de la Maison des sciences de l'homme, Cambridge : Cambridge University Press.

Bernus, E., 1972. « Incongruités et mauvaises paroles touarègues », *Journal de la Société des africanistes*, 42, 89-94.

Clarke, K.W., 1958. *A Motif-index of the Folktales of Culture Area V –West-Africa.* Indiana University, Ph. D.

Fuchs, P., 1961. *Die Völker der Südost-Sahara -Tibesti, Borku, Ennedi.* Wien : Braumüller.

Jourdan, P., 1935. *Notes grammaticales et vocabulaire de la langue daza.* Londres : Kegan Paul, Trench, Trubner et Co.

Lambrecht, W., 1967. *A Tale type index for Central Africa.* University of California, Ph. D.

Le Coeur, Ch. et M., 1955. *Grammaire et textes téda-daza.* Paris : Larose (Mémoire de l'Institut français d'Afrique Noire).

Le Coeur, M., 1970. « Mission au Niger - juillet-décembre 1969 », *Journal de la Société des africanistes,* 40, 2, 160-168.

Lukas, J., 1953a. *Die Sprache der Tubu in der zentralen Sahara.* Berlin : Akademie Verlag, Deutsche Akademie der Wissenschaften zu Berlin, Institut für Orientforschung, 14.

1953b. « Tubu Texte und Uebungstücke », *Afrika und Uebersee,* 38, 1-16, 53-68, 121-134.

Fig. 12 — Kanouri du Kawar (vers 1934)
(collection Musée de l'Homme, cliché Petit-Lagrange).

TEDA ET KANOURI : LES RELATIONS INTERETHNIQUES A FACHI

Peter FUCHS

Fachi est l'oasis la plus au sud d'un chapelet d'oasis qui s'égrènent de Bilma par le Kaouar jusqu'au Djado. Cette ligne Fachi-Djado, qui se prolonge jusqu'à El Gatroun au Fezzan, sépare les sahariens berbères (les Touaregs) à l'ouest, des sahariens noirs (appelés « Toubou » par Charles Le Coeur) à l'est.

Dès le VIIIe siècle peut-être (Le Coeur, 1950 : 177), et en tout cas à dater du XIIIe siècle au plus tard, les oasis de Fachi à El Gatroun furent colonisées par des Kanouri, venus en ces lieux probablement sur l'initiative des souverains du Kanem. Il semble que l'envoi de colons kanouri au Sahara se produisit à plusieurs reprises, et la dernière fois au XVIe siècle sous le règne du roi Idris Alaoma du Bornou. Ceux des Kanouri qui s'étaient installés au Fezzan furent chassés par les Arabes, à l'exception des habitants de Tedjéré qui sont restés sur place jusqu'à nos jours. Djado, Séguédine et d'autres villes, aujourd'hui en ruines, furent abandonnées par les Kanouri les unes après les autres à cause des incursions incessantes des Téda du Tibesti. Quelques émigrants de Djado s'établirent à Fachi. Actuellement Séguédine, Djado et un ensemble de petites oasis désignées sous le nom de Brao sont aux mains des Téda, appelés ici Brawia. Ceux-ci, au nombre de 700 environ, se rassemblent dans les oasis pour la récolte des dattes et y cultivent, de façon épisodique, quelques petits jardins. Les salines, mises en valeur par les Kanouri, sont abandonnées. Les Brawia font paître leurs troupeaux de chameaux entre Agadem et Termit, où ils repartent pour la plupart lorsque la cueillette des dattes est achevée. On compte en outre 450 Téda (Gounda et Mada, notamment) qui nomadisent dans cette région toute l'année. Au total il y a environ 1 150 Téda dans l'arrondissement de Bilma.

Au Kaouar par contre, les Kanouri n'ont pas cédé aux pressions des Téda. Ce sont les immigrants téda qui se sont intégrés à la population kanouri, tandis qu'un rameau détaché des Téda Tomagra du Tibesti prenait le commandement et exerçait le pouvoir politique sur cette population mélangée de Kanouri et de Téda. Les habitants du Kaouar (2 800 individus) s'appellent Guezebida ; ils tirent leur nom de la ville de Guezebi, autrefois la plus importante du Kaouar. Les Guezebida parlent le kanouri, ils sont sédentaires et vivent du produit de leurs jardins et palmeraies.

Aujourd'hui encore Bilma et Fachi sont peuplées de Kanouri (2 200 habitants). L'arrondissement de Bilma compte 36 % de Kanouri, 46 % de Guezebida et 18 % de Téda.

Si, pour la circulation motorisée, Fachi semble une oasis lointaine et isolée dans l'erg de Bilma, elle est pour le trafic caravanier un centre important et un lieu d'étape indispensable, où passent non seulement les grandes caravanes de sel des Touaregs, mais encore de nombreuses petites caravanes téda, daza, azza, manga et dagara (Fuchs, 1983 : 126-127). Le commerce caravanier est donc la source de contacts fréquents entre les Kanouri de Fachi et d'autres groupes ethniques. La forme et la fréquence des relations interethniques varie beaucoup selon l'ethnie considérée.

Les Touaregs qui viennent à Fachi sont tous des hommes, meneurs de caravanes. Les Touaregs et les Kanouri estiment que les différences ethniques et culturelles entre eux sont considérables. Chez les Kanouri le commerce caravanier est pratiqué aussi bien par les hommes que par les femmes et les enfants. Aussi le commerce avec les Touaregs met-il en contact un petit nombre d'hommes touaregs avec des Kanouri des deux sexes et de tous les groupes d'âge. Le contact se limite en général au commerce. Il n'y a pas d'intermariage. Les Touaregs excluent tout mariage avec un ou une Kanouri, et la plupart d'entre eux étendent cette interdiction à tout rapport sexuel. Il est très rare qu'un caravanier touareg se rende chez une prostituée *dagara* de Fachi. Les Kanouri pour leur part ne feraient pas obstacle au mariage avec un ou une Touareg. Les habitants de Fachi accueillent tous les étrangers, quelle que soit leur appartenance ethnique, leur race ou leur culture, et sont prêts à les intégrer, à la condition toutefois qu'ils soient musulmans. La tolérance des Kanouri est considérée par les Touaregs comme signe de leur infériorité, qu'ils expliquent par la suzeraineté qu'ils exercèrent eux-mêmes jusqu'à l'époque coloniale sur Bilma et Fachi. Mais les causes en sont aussi économiques : les Kanouri de Fachi et de Bilma dépendent des caravanes touarègues qui assurent leur subsistance. Les traditions des Kanouri de Fachi soulignent le caractère constamment pacifique de leurs rapports avec les Touaregs. D'après elles, il n'y a « jamais » eu de guerre avec les Touaregs. Pendant la révolte des Touaregs de 1916-1918 les habitants de Fachi, en dépit de la défense absolue qui leur en avait été faite par l'autorité française, prirent des contacts secrets avec les Touaregs et aidèrent Kaoussen, leur chef, qui fit étape à Fachi dans sa fuite. Ils subirent à ce titre les représailles des militaires français, qui menèrent Fachi au bord de la ruine.

Les Téda désignent Fachi sous le nom d'Agram. Ceci prouve que leurs contacts avec cette oasis sont postérieurs à ceux des Touaregs puisque Agram est l'ancienne désignation touarègue de Fachi, tombée en désuétude. Les contacts entre les Téda et les Kanouri de Fachi remontent sans doute à 150 ou 200 ans. Avant la pacification de la « circonscription de Bilma », leurs rapports étaient surtout de nature guerrière. La fortification de Fachi, la construction de la citadelle (*gasr*), sont essentiellement une réponse aux incursions des Téda. Les vieillards de Fachi se souviennent bien du temps où la population de l'oasis vivait dans la peur constante des Téda.

Fig. 13 — Contraste des habitats : tentes téda aux abords de la ville morte de Djado (1946) (cliché Marguerite Le Coeur).

Ce sont ces derniers qui décidaient à leur gré de la nature pacifique ou non de leurs rapports avec les Kanouri de Fachi. Ceux-ci, quant à eux, se tenaient toujours sur la défensive. L'arrivée d'un ou plusieurs Téda a toujours provoqué à Fachi l'état d'alerte. Lorsque les Téda venaient avec des intentions pacifiques, ils s'établissaient avec leurs marchandises à la périphérie de la ville et attendaient que les habitants de l'oasis osent sortir et commercer avec eux. Lorsqu'ils venaient pour piller, les Téda au contraire cherchaient à dissimuler leur arrivée, pénétraient dans les jardins et récoltaient ce qu'ils n'avaient pas semé. S'ils surprenaient un travailleur isolé dans les salines ou une femme ou un enfant sur leur chemin, ils n'hésitaient pas à l'enlever. La victime réussissait parfois à s'échapper, mais le plus souvent elle était vendue comme esclave. Certains Kanouri ainsi réduits en esclavage ne réussirent à regagner Fachi que des dizaines d'années plus tard. Les rapts étaient généralement exécutés par deux ou trois Téda qui s'enfuyaient avec la victime. Ils ne risquaient pas d'être poursuivis, car les habitants de Fachi n'avaient aucune monture pour ce faire. De plus, ils n'osaient pas sortir de la citadelle, où toute la population restait réfugiée tant qu'elle n'était pas fixée sur le nombre des attaquants, poignée d'individus ou grande expédition guerrière.

Ces grandes expéditions réunissaient de 50 à 200 Téda, auxquels se joignaient parfois des Arabes. Elles avaient pour but de piller les caravanes de sel des Touaregs, mais des témoins racontent que les Téda essayèrent également, au moins à deux reprises, de prendre d'assaut la citadelle de Fachi. Quand Touaregs et Téda se battaient, les habitants de Fachi restaient neutres. Réfugiés dans leur citadelle, ils attendaient l'issue du combat. Ils préféraient les Touaregs, mais rendaient également service aux Téda lorsqu'ils étaient vainqueurs. Le chef Agrama Agi, par exemple, offrit aux Téda son magasin pour déposer le butin qu'ils avaient enlevé aux Touaregs et qu'ils ne pouvaient emporter aussitôt. Agrama Agi fut alors accusé par les Français de complicité avec les Téda et mis en prison. On nous dit également que les marabouts (*malamwa*) de Fachi confectionnaient pour les Téda des amulettes destinées à bloquer les fusils des ennemis.

La supériorité guerrière des Téda ne faisait pas de doute aux yeux des Kanouri, c'est pourquoi ils s'efforçaient de composer avec eux. Il ne leur serait jamais venu à l'esprit de répondre aux rapts des Téda par des représailles, de capturer par exemple un pillard téda, de le vendre comme esclave ou de le rançonner. Ils restaient soumis à leur sort et tentaient d'éviter le pire par des concessions ou des pourparlers. Ce n'est qu'en dernier recours qu'ils se défendaient. Les rapports des Kanouri de Fachi avec les Téda sont restés jusqu'à nos jours marqués par ces faits historiques, conservés par la tradition.

Depuis la pacification, le danger a disparu et de nombreuses relations personnelles et commerciales se sont nouées, mais les Kanouri ont toujours le sentiment qu'à maints égards les Téda leur sont supérieurs. Ils voient cette supériorité dans certains traits de caractère, négatifs et positifs, qu'ils attribuent aux Téda : leur intelligence par exemple, qui les porte à employer toutes sortes de ruses (la ruse est très à l'honneur chez les Téda) et en fait des hommes d'affaires roués et sans scrupules, mais aussi amusants et pleins d'esprit, si bien que leur compagnie est très appréciée. Le Téda ment, trompe et vole, disent les habitants de Fachi, et s'entend à toutes sortes d'intrigues. Ils craignent ses colères subites, qu'accompagne le mépris de la mort. « Le Téda tire vite le couteau et ne craint pas d'y laisser la vie », dit-on à Fachi avec un sentiment qui oscille entre l'admiration et le mépris.

On sait que la plupart des Téda sont des musulmans négligents, qu'ils se livrent à diverses pratiques magiques et qu'ils sont loin d'atteindre la dévotion et l'instruction religieuse des habitants de Fachi. Et pourtant, c'est avec beaucoup de gravité qu'il nous fut rapporté l'histoire suivante : un prisonnier téda évadé de la prison de Bilma avait soulevé le vent de sable qui soufflait depuis quelques jours, afin de faire disparaître ses traces. Autrefois de même, à ce qu'on raconte, les Téda dissimulaient leurs expéditions guerrières à l'ennemi en « produisant » un épais brouillard sec.

L'attitude des Kanouri de Fachi envers les Téda se caractérise donc par un mélange de sentiments contradictoires : admiration, mépris, respect, reconnaissance, crainte et méfiance. Il s'y ajoute le prestige de la noble ascendance de la plupart des Téda connus à Fachi (ils sont descendants des Tomagra, des Gounda et des Arna), prestige qui rayonne aussi sur les Téda moins nobles. De plus, les habitants de Fachi considèrent les Téda, du point de vue esthétique, comme « une belle race » et les femmes téda sont très prisées par eux. Le mariage avec une femme téda est prestigieux pour un homme kanouri. Inversement, lorsqu'un Téda désire se marier avec une femme kanouri, il ne rencontre aucune difficulté à prendre épouse même dans les familles les plus réputées. L'épouse kanouri d'un Téda reste toujours à Fachi. Son mari passe en général plusieurs mois de l'année ailleurs avec son troupeau, dans un campement où il a le plus souvent une autre femme, téda, puis vient quelque temps chez sa femme à Fachi. Le nombre des mariages entre Téda et Kanouri est très faible. En 1984, on trouvait à Fachi seulement trois femmes téda mariées à des Kanouri, et un Téda marié avec une femme kanouri. De telles unions sont tenues pour avoir peu de chance d'être durables. Avant la pacification, il n'y avait aucun mariage entre Téda et Kanouri.

Malgré des différences de langage, les Téda et les Kanouri peuvent se comprendre sans difficulté. Pourtant les habitants de Fachi considèrent la culture téda comme très différente de la leur. Elle se caractérise à leurs yeux par un mode de vie (le nomadisme) et un psychisme particuliers. L'intégration de Téda à Fachi ne pose pas de problème, comme nous l'avons vu, mais les Kanouri de Fachi ne peuvent concevoir l'inverse, l'intégration d'un Kanouri dans un groupe téda. Cette opinion est confirmée par l'histoire des Guezebida. Ces derniers, habitants du Kaouar, sont une population mélangée de Téda et de Kanouri, mais de culture kanouri. En effet, ils sont le fruit d'unions entre hommes téda et femmes kanouri, et ce sont les mères qui transmirent aux enfants leur culture.

Par décision administrative, les Téda de Termit furent affectés au « canton de Fachi » et soumis aux ordres du *maï*, chef du canton de Fachi.

C'était un lourd fardeau pour ce chef, qui devait non seulement encaisser les impôts des nomades, mais aussi régler les nombreuses et interminables querelles des Téda. Le *maï* Agrama Agi essaya de se débarrasser d'eux, mais en vain, car ni l'Administration française ni l'Administration nigérienne ne réussirent à faire admettre aux Téda de Termit un chef téda reconnu par eux tous. En sa qualité de chef de canton, le *maï* de Fachi a développé une influence considérable sur les Téda de Termit. Des relations nombreuses et étroites se sont établies entre eux, mais la conscience profondément enracinée des différences ethniques n'a pas disparu. Les trois femmes téda mariées à Fachi restent des étrangères, distinctes des femmes kanouri par le langage, le costume et les bijoux. Elles nous ont donné l'impression de ne pas chercher à s'assimiler, car elles tirent prestige de leur ethnie d'origine.

Le commerce des Kanouri avec les Téda est très différent du commerce avec les Touaregs. Les Téda n'organisent pas de grande caravane. Ils font paître leurs troupeaux de chameaux dans la région d'Agadem et de Termit, et vont de temps en temps dans les oasis du Kaouar, à Séguédine et Djado, où beaucoup d'entre eux possèdent des palmiers dattiers. Leurs voyages commerciaux les conduisent au nord jusqu'à El Gatroun et Sebha au Fezzan, au sud jusqu'aux marchés du Bornou. S'ils sont dans la région de Fachi, ils y passent aussi et s'y rencontrent toute l'année. Leur arrivée se fait sans bruit. Ils offrent rarement leurs marchandises au public, mais pratiquent le commerce dans la maison du client. A la différence des Touaregs, qui s'installent toujours en dehors de la ville, les Téda logent souvent chez un Kanouri qui leur donne l'hospitalité pendant leur séjour à Fachi. En raison de leur profond individualisme, ils voyagent souvent seuls. Il est rare que plus de deux ou trois Téda, conduisant trois à cinq chameaux, voyagent ensemble, si ce n'est lorsqu'ils mènent des chameaux de boucherie en Libye. Ce sont alors dix à quinze Téda qui se réunissent pour conduire cinquante à soixante-dix chameaux, la plupart non chargés, sur les marchés du Fezzan. Parmi les chameaux se trouvent parfois des animaux appartenant à des Kanouri de Fachi. Les propriétaires les ont confiés aux Téda qui les vendent en prenant une commission.

Les Téda venus du nord apportent à Fachi, en petites quantités, des marchandises importées de Libye, notamment des tissus, des vêtements, du thé et du sucre. Les Téda venus du sud apportent les produits de leur élevage : du beurre, de la viande séchée, ou du bétail sur pieds (des chèvres ou un chameau de boucherie, d'origine parfois douteuse). Pour les voyageurs téda, Fachi est un lieu d'étape où ils peuvent déposer leurs marchandises, ou bien laisser pour quelque temps leur femme et leurs enfants sous la protection des habitants.

Par manque de pâturage les habitants de Fachi ne peuvent garder de chameau sur place. Mais il y a toujours eu parmi eux des propriétaires de chameaux. Avant l'époque coloniale, ils les achetaient aux Touaregs. Ceux-ci prenaient soin des animaux et, en cas de besoin, les conduisaient à Fachi. Après la pacification, les Kanouri de Fachi confièrent leurs chameaux aux Téda puisque les pâturages de Termit sont plus faciles à atteindre et qu'ils entretiennent toute l'année des relations avec les Téda de Termit.

Comme marques de chameaux, les Kanouri utilisent surtout des marques téda. L'adoption d'une marque n'est pas arbitraire ; c'est le signe d'une étroite relation. Les individus qui utilisent la même marque constituent une « association protectrice » ; il y a entre eux une sorte de parenté, et l'animal porteur d'une marque est placé sous la protection de celui qui la possède. Comme les Téda de Termit appartiennent notamment aux clans des Tomagra, Gounda et Mada, les chameaux des habitants de Fachi portent surtout les marques de ces clans. La marque des Tomagra, le *mezeri* (« couteau de jet »), est aussi utilisée à Fachi comme marque de sel.

Du point de vue ethnologique, les Daza font également partie du « monde toubou ». Les Kanouri de Fachi cependant considèrent les Téda et les Daza, en dépit de fortes similitudes culturelles, comme deux ethnies distinctes par leur ascendance et leur psychisme. Les Daza n'ont pas le caractère ambivalent des Téda, ils sont tenus à Fachi pour des gens simples, modestes et tranquilles, peu instruits sur le plan religieux, et on les traite toujours avec une certaine hauteur. Les Daza qui passent à Fachi n'ont pas d'ascendance noble. Ils n'ont jamais menacé ou attaqué Fachi, c'est pourquoi on leur témoigne moins de respect qu'aux Téda. Ils campent toujours en dehors de la ville, aussi les contacts se limitent-ils au commerce. Celui-ci remonte à de nombreuses générations, mais son volume reste limité. Les Daza prennent peu de sel, ils préfèrent les dattes qu'ils échangent en petites quantités avec un grand nombre de clients. Selon nos informateurs, il n'y a jamais eu de mariage entre les Kanouri et les Daza. Les habitants de Fachi considèrent les Daza comme des pasteurs et chasseurs sahéliens peu fortunés, au pays lointain et mal connu.

Les Kanouri de Fachi entretiennent, avec les Guezebida, des relations moins étroites que les Kanouri de Bilma. On trouve des Guezebida installés à Fachi et plusieurs Kanouri de Fachi établis au Kaouar. Les relations sont étroites avec Dirkou, où plusieurs habitants de Fachi possèdent des palmiers dattiers. Inversement quelques Guezebida possèdent des palmiers dattiers à Fachi. Lorsque les traditions recueillies à Fachi mentionnent des Guezebida, il s'agit toujours du clan du « *maï* de Dirkou », appelé aussi « *maï* du Kaouar » ou bien, en langue téda, « *derdé* de Dirkou ». Le clan qui fournit les « *maï* de Dirkou » est un rameau détaché des Tomagra. Les Gounda, nombreux parmi les Téda de Termit, descendent également des Tomagra. Plusieurs clans Guezebida se réclament d'un fondateur Gounda venu du Tibesti, qui se fixa au Kaouar et épousa une femme kanouri. Le mariage du fondateur du clan avec une femme kanouri symbolise la formation du groupe des Guezebida, mélange de Téda et de Kanouri. Les Kanouri de Fachi ont contracté avec les Guezebida des liens d'alliance auxquels ils attachent une grande valeur en raison du haut prestige que confère à ces derniers leur descendance des Tomagra et des Gounda. Avant l'époque coloniale, le « *maï* de Dirkou » en tira argument pour extorquer des cadeaux (aliments et vêtements) aux habitants de Fachi, qui étaient considérés dans la région comme des gens riches, mais d'un rang inférieur. Les Guezebida n'usaient jamais envers eux de violence, car « on ne doit pas faire violence à un parent », d'autant plus que les habitants de Fachi étaient les plus forts. Mais les Guezebida pouvaient toujours les menacer d'une incursion des Téda du Tibesti, leurs parents redoutés. Les Kanouri de Fachi se flattent donc d'une part de leurs liens avec les Guezebida, c'est-à-dire avec le clan du « *maï* de Dirkou », mais d'autre part ils accusent le chef des Guezebida de tirer profit du voisinage de Bilma pour intriguer à leur détriment auprès de l'Administration.

Les Guezebida parlent le kanouri et, de l'avis unanime des habitants de Fachi, leur culture a plus de traits communs avec celle des Kanouri que celle des Téda. Pourtant, ils considèrent les Guezebida comme un groupe ethnique distinct, auquel ils sont apparentés. Bien qu'ils classent les Guezebida parmi les « étrangers », les habitants de Fachi s'accordent à dire que ceux-ci ont avec les Kanouri de Bilma et de Fachi plus de similitudes culturelles qu'avec n'importe quel autre groupe. Ils partagent la même langue, le même habitat, des conditions de vie identiques et une histoire commune. Ils ont le sentiment de partager le même destin. Mais ils n'ont jamais été solidaires dans le domaine politique, ils n'ont jamais mené une action politique commune. Les mariages d'un groupe à l'autre sont cependant fréquents, car ils ne posent pas de problème.

Conclusion

Les relations entre les Kanouri de Fachi et les Téda se caractérisent par les faits suivants :

1) le facteur historique. La menace que les Téda ont fait peser pendant deux siècles sur les Kanouri de Fachi marque très fortement leurs rapports. Les traditions orales en gardent le souvenir, de même que les témoins encore survivants ;

2) les différences culturelles. A Fachi, les Téda sont représentés principalement par les Brawia et par les Gounda et Mada de Termit et Agadem. Bien qu'ils aient de nombreuses similitudes culturelles et puissent sans difficulté se comprendre, il reste entre les Kanouri et les Téda une disparité ethnique et culturelle profonde, que les Kanouri attribuent à la différence de mode de vie (nomade/sédentaire) et au « caractère » spécifique des Téda. Les Kanouri reconnaissent la noblesse des Téda et la supériorité de leur rang. Il n'y a pas d'interdiction de mariage, mais de fait, il est rare que les Téda se marient avec les Kanouri ;

3) le facteur d'intégration. Si certains Téda ont pu s'intégrer à la population kanouri de Fachi, l'inverse ne se produit pas. Chez les Téda, la disposition à l'intégration est plus grande chez les hommes que chez les femmes. Or, c'est par les femmes que sont conservées et transmises les valeurs culturelles du groupe ethnique. L'histoire des Guezebida montre que des mariages nombreux entre des hommes téda et des femmes kanouri ont mené à une « kanourisation » des Téda.

OUVRAGES CITES

Le Coeur, Ch., 1950. *Dictionnaire ethnographique téda*, Paris : IFAN (Mémoires de l'Institut Français d'Afrique Noire, n° 9).

Fuchs, P., 1983. *Das Brot der Wüste - Sozio-Oekonomie der Sahara-Kanuri von Fachi*, Wiesbaden : Studien zur Kulturkunde, 67.

Fig. 14 — Femmes Ulâd Sulaymân en voyage (Niger, 1969) (cliché Catherine Baroin).

FUTURS VOISINS ET PARTENAIRES DES TOUBOU, LES ULAD SULAYMAN A LA FIN DU XVIIIe SIECLE

Jean-Claude ZELTNER

Pourquoi les Ulâd Sulaymân dans un ouvrage consacré aux Toubou ? C'est que les uns et les autres étaient appelés à mêler leur histoire. La rencontre des deux peuples se fit au Kanem. C'est là en effet que les Ulâd Sulaymân, défaits par les Turcs en 1842, sur le rivage de la Syrte, trouvèrent refuge. On pouvait craindre un affrontement avec les divers clans daza installés dans le pays depuis un temps immémorial. Il n'en fut rien. Au contraire, le chef des Kédéléa, Barka Halûf, conclut avec les nouveaux venus un pacte d'amitié, qui allait, pour le meilleur et pour le pire, lier le destin des deux peuples. A l'alliance, comme il arrive souvent dans les affaires humaines, succéderont un jour la discorde et les heurts. Ces péripéties, relativement récentes, sont encore vivantes dans la mémoire collective. Mais, le lointain passé des Ulâd Sulaymân demeure entouré de mystère. C'est à lever un coin du voile que le lecteur est ici convié.

Si les Ulâd Sulaymân ont trouvé place dans les récits de voyage et les livres d'histoire, c'est qu'ils offrent l'exemple rare, sutout à l'époque contemporaine, d'un peuple nomade tenant, sur la scène politique, un rôle de premier plan. Leur histoire, depuis le dernier quart du XVIIIe siècle, se confond avec celle de la famille de Sayf al Nasr. On connaît assez bien les hauts faits de Abd al Jalîl et de son frère Sayf al Nasr, héros de la résistance à l'occupation turque, de 1835 à 1842 (Subtil, 1844 ; Al Ansari, 1899, p. 333-348 ; Al Zawi, 1971, p. 130 et 192). On sait aussi comment le fils de Abd al Jalîl, Mihimmed, après la mort de son père au combat, conduisit une partie des siens au Kanem (Barth, 1857 ; Nachtigal, 1881 ; Carbou, 1912 ; Ferrandi, 1930 ; Zeltner, 1980). De l'auteur de la lignée, on ignore à peu près tout. Il fut pourtant célèbre en son temps. Les consuls de France et de Grande-Bretagne, à Tripoli de Barbarie, dans la seconde moitié du XVIIIe siècle et les premières années du XIXe, lui ont consacré des pages entières de leur correspondance. C'est en citant ces observateurs de choix que je me propose de retracer brièvement la carrière de Sayf al Nasr et de ses fils.

La famille de Sayf al Nasr

Arbre dressé par A. Lacquement, d'après une enquête menée à Sadagay, au Kanem, le 25 mars 1954.
Quatre noms ont été ajoutés à la liste de Lacquement : ceux de Sayf al Nasr, chef de la lignée, et de Ahmad, son fils ; ceux de Mihimmed et de Sayf al Nasr, fils de 'Abd al Jalîl.
Collection personnelle de Hamad Muhammad Masri, N'Djaména.

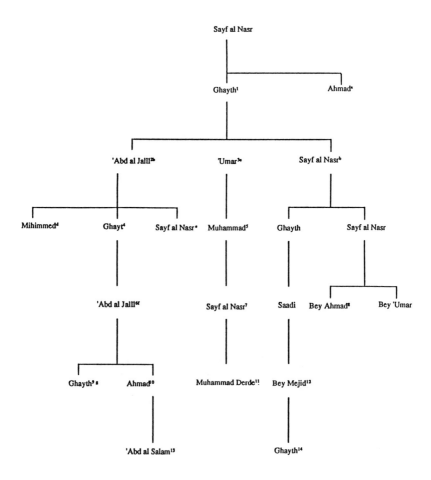

Notes de A. Lacquement

1 - Ghayt, tué par les Arabes Husûn.
2 - 'Abd al Jalîl, tué par les Turcs en Libye.
3 - 'Umar, disparu.
4 - Ghayt, prend le commandement des Ouled Sliman qui s'installent au Kanem.
5 - Muhammad, mort à Abéché, prisonnier des Ouadaïens.
6 - 'Abd al Jalîl, assassiné par un Kédéléa en 1898.
7 - Sayf al Nasr, tué dans un combat avec les Toubou de Fada.
8 - Bey Ahmad, accompagna le général Leclerc au Fezzan. Nommé chef de l'Etat du Fezzan.
9 - Ghayt, tué à Bir Alali en 1903.
10 - Ahmad, tué vers 1910 par des Toubou du Tibesti.
11 - Muhammad Derde, actuellement au Kanem. Très noir.
12 - Bey Mejid, décédé en Egueï, avril 1953.
13 - 'Abd al Salâm, chef actuel de la tribu des Jibâ'ir.
14 - Ghayth, né vers 1933, à Shekhab (Egueï).

Notes de J.-C. Zeltner

a - Ahmad, tué dans un combat contre les troupes du pacha de Tripoli, au début de 1812 (voir texte).

b - Sayf al Nasr, tué dans le combat de 1842 contre les Turcs. 'Abd al Jalîl, capturé dans le même combat, puis assassiné.

c - 'Umar : abandonna son neveu Ghayth après la défaite infligée aux Ulâd Sulaymân par les Touaregs à Bir Alali en 1850 (Barth, cité par Zeltner, *Histoire des Arabes sur les rives du lac Tchad, Annales de l" Université d'Abidjan*, F-2-2, 1970, p. 176). On ne le retrouve qu'en 1880, « vieillard impotent, interné à Tripoli, avec le modique secours de 30 francs par mois que lui alloue l'autorité turque » (Féraud, consul de France à Tripoli, au ministre des Affaires Etrangères, direction politique n° 98, Tripoli, 11 octobre 1880, Archives d'Outre-Mer, Aix-en-Provence, 29 H1).

d - Mihimmed se trouvait au Fezzân lors de la défaite des siens en 1842. Présida à l'exode de la tribu vers le Borkou et le Kanem. Tué par les Touaregs au combat de Bir Alali en 1850, il fut remplacé à la tête de la tribu par son frère, Ghayth.

e - Sayf al Nasr, chef des Ulâd Sulaymân de Tripolitaine, cité par le consul de France à Benghazi, 24 avril 1896, AE NS 91 ; et par Al Hashâ'ishi, *Rihlat*, p. 137.

f - 'Abd al Jalîl, mort en 1895 (probablement en septembre), et remplacé par son fils, Ghayth (Justin Alvarez, consul de Grande Bretagne à Benghazi, 19 septembre 1896, FO 101/86).

g - En fait, Ghayth fut tué devant Bir Alali, lors du premier combat contre les Français, le 9 novembre 1901.

Dans la seconde moitié du XVIIIe siècle, les Ulâd Sulaymân forment, en Tripolitaine, un des groupes arabes les plus importants. Le nombre est leur force, mais aussi leur faiblesse. Ils ont atteint ce niveau de croissance où chaque fraction, accédant à l'autonomie, entre en concurrence avec les autres. Sous le règne de Ali Pacha Karamanli, donc après 1753, une lutte fratricide oppose les Jibâ'ir, d'une part, aux Sheraydât et aux Leheywât, d'autre part. A ce stade, il faut des circonstances exceptionnelles et l'autorité d'un chef à la personnalité puissante pour que le sentiment de solidarité ('*asabiyya*) fondé sur le lien du sang (*rihm*), rassemble la nation tout entière. Ce fut le destin de Sayf al Nasr, des Jibâ'ir, de réunir les fractions divisées, pour les mener à un combat dont l'objectif était l'indépendance vis-à-vis des pachas de Tripoli.

Les rivalités qui opposèrent les clans, puis l'oeuvre de réconciliation entreprise par Sayf al Nasr, nous les connaissons par les notes laissées par Gustav Nachtigal dans son ouvrage *Sahara und Sudan* (1881, p. 366-367).

Ces événements, si graves pour les membres du groupe, n'ont évidemment pas attiré l'attention des observateurs étrangers. Ce n'est qu'en termes très généraux que Caulles, consul de France à Tripoli, en 1753, remarque que les Arabes se battent entre eux.

> « La campagne n'est pas tranquille. Il se passe journellement des hostilités entre des tribus fort animées les unes contre les autres. Le pacha voit tranquillement ces divisions. On prétend même qu'il n'en est pas fâché par l'espérance qu'elles affaibliront ces Arabes et qu'il lui sera plus facile de les tenir dans le devoir ou de les y remettre »[1].

C'est dans la dernière année du règne de Muhammad Pacha, père de Ali, que le consul de France écrivait ces lignes.

Dix-huit ans plus tard, Ali Pacha ne voit plus les Arabes d'un oeil si tranquille. Ils représentent désormais une menace pour le trône et vont contribuer à précipiter la Régence dans sa crise la plus grave.

Nous sommes en 1771. La situation économique de Tripoli est désastreuse. Les dettes s'accumulent, dont les puissances européennes exigent le payement. Mais où trouver l'argent ? La campagne est exténuée par les exactions des ministres et la famine consécutive à une sécheresse qui sévit depuis plusieurs années ; la course, faute de navires et surtout d'armements, ne rapporte rien. Quant au château du pacha, c'est « un lieu insigne d'iniquités et d'horreurs. Ce prince ne rend plus la justice... De là, il résulte un désordre

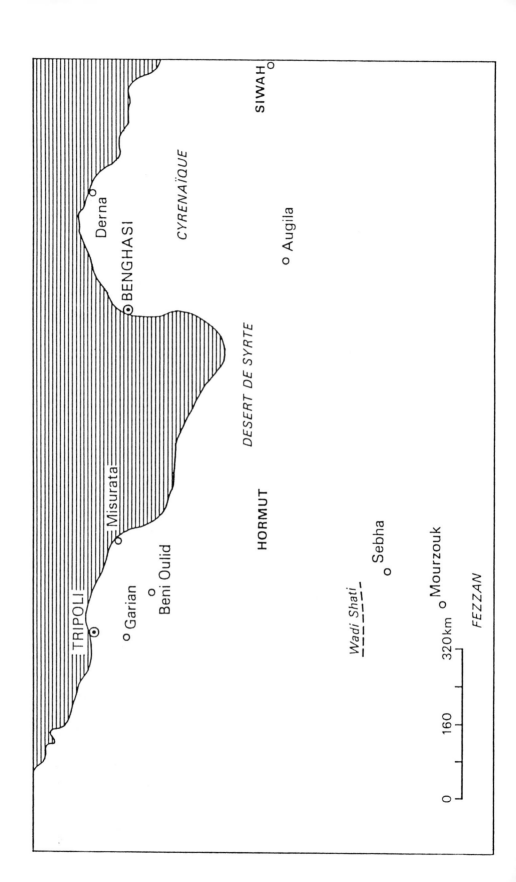

et un dépérissement irrémédiable… particulièrement dans le commerce »².

C'est dans ce contexte que de Lancey, consul de France, somme le pacha de lui verser un solde de 4 200 sequins. Celui-ci s'engage à s'acquitter dans les deux mois, « devant recevoir, à ce qu'il assure ainsi que le public, 20 000 sequins de la tribu des Weledi Suleïman, ou enfants de Suleïman, dans le désert. Il est vrai qu'ils sont rentrés dans l'obéissance, qu'il tient ici leurs otages et qu'il a fait partir Bey Abdallah, son beau-frère, avec un détachement de cavalerie pour aller recueillir cette somme »².

Pour la première fois, le nom des Ulâd Sulaymân apparaît dans la correspondance consulaire. Sachons bon gré à Monsieur de Lancey d'avoir suivi avec tant de diligence l'affaire de ses 4 200 sequins.

Apaiser le pacha par de bonnes paroles est une chose, payer en est une autre. A la fin de juillet, après quatre mois de campagne, le bey est de retour. « La tribu des Weledi Suleïman n'a pas tenu l'engagement qu'elle avait été forcée de prendre de payer 20 000 sequins ». L'épreuve de force est engagée, qui ne verra son dénouement, provisoire, qu'en 1814.

De cette guerre de 43 ans, aux rebondissements imprévus, les consuls n'ont retenu, et probablement connu, que quelques épisodes. Ne le regrettons pas trop : nous sommes en droit de penser que les faits qu'ils ont pris soin de consigner dans leurs dépêches sont les plus significatifs.

En 1772, moins d'un an après l'affaire des sequins, les Ulâd Sulaymân tirent parti d'un différend avec d'autres Arabes pour renforcer leur position de la manière la plus spectaculaire. Habitants de la Syrte, où ils avaient leurs pâturages mais aussi des terres cultivées par des esclaves, ils s'étaient appropriés, dans les environs de Mesurata, les champs abandonnés par les Fregiani. Or, ceux-ci, de retour, avaient repris leurs anciennes terres, faisant main basse, par la même occasion, sur les grains et les bestiaux des occupants. Le pacha entendit régler lui-même le litige. Au début de mai, il rassemblait un camp à cet effet, quand les Ulâd Sulaymân le prévinrent. Ils envoyaient l'un des leurs solliciter les habitants de la montagne du Garian de les recevoir dans leur territoire. Dans le même temps, ils dépêchaient au pacha « l'un de leurs marabouts nommé Abou Sef pour traiter avec ce prince ». Et, sans attendre le résultat de ces démarches, tous se portaient sur le Garian, inaugurant ainsi une série de tentatives d'alliance. Le Garian, avec ses défenses naturelles, ses châteaux fortifiés, sa population aguerrie, impatiente du joug de Tripoli, sera pour la Régence une menace constante. Une confédération entre les Ulâd Sulaymân et les Arabes du Garian eût mis le gouvernement en péril. Elle ne se réalisera jamais. Les Arabes de la montagne tenaient trop à leur indépendance : chacun pour soi ! Ils refusèrent aux Ulâd Sulaymân l'accès de leur montagne. Ceux-ci se trouvaient dès lors en position fâcheuse, cernés, à l'ouest par les forces du pacha, commandées par Uthmân Aga, et, à l'est, par le corps de 2 000 hommes, accouru de Mesurata, aux ordres de Ramadân Aga. On attendait un choc terrible. Il ne se produisit pas. Aux deux partis, il semblait plus sage de traiter. Le 20 mai, des pourparlers s'engageaient, qui devaient durer un mois[4]. Avant même qu'ils eûssent abouti, les Ulâd Sulaymân marchaient rapidement sur le campement des Fregiani et les taillaient « presque tous en pièces, hommes, femmes et enfants ». Le pacha eut le bon esprit de ne pas s'en offusquer, et, le 23 juin, la paix était faite,

> « ... aux conditions que cette tribu nombreuse ne donnera point de contribution, qu'elle occupera et ensemencera les terres où elle était du côté de Mesurata avant le retour des Fregiani, et que les habitants du canton de Benoulid, leurs voisins et alliés, étant plus intéressés à cette paix pour leur commerce et pour le libre passage des caravanes du Fezen sur leur territoire, payeront au pacha une fois pour toutes 200 000 piastres de Tripoli... »[5].

Les Ulâd Sulaymân avaient remporté, sans combat, un succès éclatant. Quelles en furent les suites ? Nous l'ignorons. Nous savons toutefois que, en 1773 et 1774, « les troubles de la campagne » empêchaient les caravanes du Fezzân de gagner Tripoli[6]. Ce n'était assurément pas ce qu'on attendait.

Il faut attendre 1779 pour que les Ulâd Sulaymân retiennent à nouveau l'attention des consuls. Cette année-là, pour la première fois, nous rencontrons Sayf al Nasr[7]. Celui dont le nom va devenir illustre se fait connaître par une action d'une grande témérité. « Il a l'audace de conduire jusqu'aux portes de la ville, à la tête de ses hordes, le prétendant au royaume de Tripoli »[8], un certain Mustafa, neveu du pacha[9]. Les Arabes, remarque Richard Tully, consul de Grande-Bretagne, témoin de l'événement, ne risquaient pas grand-chose : « leur situation à l'intérieur des terres, et la facilité qu'ils ont de déplacer leurs tentes à quelque distance que ce fût, les mettait hors d'atteinte »[10]. Ils ne tentèrent pas du reste de s'emparer de la ville, aux remparts dissuasifs, se contentant de tenir la campagne, ravageant les champs, bloquant les routes caravanières[11]. Le prétendant s'étant porté sur le Garian, les Arabes de cette région embrassèrent sa cause, sous la conduite de leur chef, Beloucha. En mai 1780, une armée envoyée par le pacha remporta un succès, bientôt suivi de revers[12]. C'est seulement vers la fin de septembre que Khalîfa, *shaykh* des Mahâmid, remporta sur les partisans du prétendant une victoire importante, qui coûta à ceux-ci 400 tués, et les trois fils de Beloucha, faits prisonniers[13]. La rébellion semblait défaite lorsque Sayf al Nasr reprit l'offensive, à l'est cette fois, en attaquant Mesurata, cité administrée par Ramadân Aga. A ses fonctions de gouverneur, celui-ci joignait celles de commandant de la cavalerie du royaume. Son voisin immédiat, au levant, était Sayf al Nasr, qui tenait la côte de la Syrte. Une solide inimitié opposait les deux hommes.

Or, les gens de Mesurata avaient « enlevé les tentes de quelques bergers de Ben Kassem Belouchat[14], épars dans la plaine ». Sayf al Nasr s'empressa de venger cette incursion. Dans la nuit du 7 au 8 décembre, il surprenait le camp de l'Aga, s'emparait des drapeaux et des bagages, et de deux pièces de canon de campagne envoyées par le pacha. Le nombre des morts était évalué à 300.

Cette victoire portait au régime un coup difficile à parer. D'André, à Tripoli, était bien placé pour apprécier les conséquences de la défaite infligée à Ramadân Aga.

> « Ce vieux guerrier, obligé de fuir à Mesurat, vient d'implorer le secours du Divan, afin de ne pas se voir enveloppé et être réduit à faire une paix qui enlèverait au royaume de Tripoli un de ses plus beaux gouvernements. L'impossibilité où on est ici de lui en envoyer est la circonstance la plus triste à laquelle peut être réduit Tripoli. Si Mesurat tombe au pouvoir de l'ennemi, le manque de cavalerie de ce gouvernement qui faisait la force du royaume l'expose à ne pouvoir plus paraître en campagne. Si le Divan envoye au secours de Mesurat la cavalerie d'alentour, Tripoli reste sans défense et peut devenir du soir au matin la conquête du prétendant et Ben Kassem Belouchat qui n'ignorent pas le coup que le dernier avantage du chek Seif Nasser vient de lui porter »[15].

Nous sommes en 1781. Reste la négociation. Mais est-elle possible ? L'obstacle principal est Ramadân Aga.

> « Sa haine irréconciliable contre chek Annasser, que le conseil respectait, n'avait pu permettre au Divan aucune réconciliation, qui blessait la fierté de ce vieux guerrier et répugnait à son courage »[16].

Or, celui-ci, fort à propos, mourait le 16 avril, était remplacé par Salem Aga. Dès lors, la voie était ouverte. Le 31 août, d'André pouvait annoncer que la paix était conclue. Le récit qu'il fait de l'événement est trop significatif pour n'être pas cité intégralement.

> « Les marabouts travaillaient ici à la paix, supposé qu'elle puisse durer longtemps, des provinces situées au levant du royaume. Chek Nasser, qui commande, dans le fond du golfe de la Sirte, le contour de 140 lieues qui ne dépendent ni de Mesurat ni de Bengasi, sollicité par les santons, invité par le pacha à y concourir en se réconciliant avec Hadgy Salem Aga, commandant à Mesurat, est venu prendre le grand marabout à deux jours distant de Tripoli, et a envoyé de là son fils au pacha. Ce jeune chek, qui n'a que seize ans, dont la taille et la figure avantageuse ne cède en rien à une éloquence naturelle et peu commune à son âge, dit au pacha en l'abordant : « Reprends, Prince, l'*haman*

que vous avez envoyé à mon père. Je ne vous le rends pas pour vous fair(
souvenir qu'il est pour nous un gage de sûreté et de pardon, mais pour laisse
votre justice en liberté si vous jugez que nous soyons coupables. Si votr(
Excellence demande le sacrifice que la haine de notre famille a vouée à cell
de Ramadân Aga, la mort de ce guerrier l'a totalement éteinte dans nos coeur:
et s'il faut pour le rétablissement de la paix, la satisfaction de votre Excellenc(
pour la tranquillité du royaume, que le fils de Seif Nasser le signe de son sang
ma tête est à vos pieds et mon père vous l'offre en témoignage de son obéissanc
et de sa soumission à vos volontés »[17].

« L'air affectueux dont il prononça les dernières paroles attendrirent le pacha
et il le releva et luy dit, ainsi qu'à Hadgy Salem Aga, de le suivre à l'intérieu
du château. Ils en ressortirent fort tard, et, par les rapports qu'ils ont ensembl(
on ne doute pas que le pacha ne les ait réconciliés. On prétend même que c'es
avec des avantages très considérables pour chek Seif Nasser, qu'on espère voi
venir joindre son fils à Tripoli »[18].

Sayf al Nasr ne vint pas, et veille toujours par la suite, à se tenir ;
distance. La prudence le conseillait. Si le pacha avait été sensible à la nobless(
charmante du fils, il n'avait pas pardonné au père.

En mai 1783, Hasan Bey, fils aîné du pacha et héritier présomptif s(
mit en campagne avec sa cavalerie. Son but était de recueillir le tribut d(
Beloucha et de Al Nasr. Le premier se retira dans son château du Garian, s(
contentant de lui députer, avec le tribut, l'un de ses fils.

« La même marche a été suivie par le chek Nasser en-delà de Mesurat. Se
intrigues passées avec le prétendant et le souvenir de ses méfaits l'ont teni
constamment éloigné de trois jours du camp du prince, malgré les invitation
réitérées qu'il a reçues de s'y rendre. Son fils seul s'y est présenté avec le tribu
D'où l'on conclut aisément que si la tête de ces deux chefs de parti entre dan
le plan de campagne, afin d'assurer la tranquillité du souverain et du pays, l
but en est manqué, le fruit de la sortie du bey se réduisant à 60 000 sequins
400 chameaux, 50 juments et quelques troupeaux de moutons »[19].

Son pardon, Al Nasr finit par l'arracher l'année suivante. Le naufrag(
d'un navire français lui en donna l'occasion. Le 22 janvier 1784, le capitain(
Tournel naviguait sur le golfe de Syrte, quand une voie d'eau l'obligea ;
amener son bâtiment à terre. Il s'attendait à être dépouillé ; il fut aussi capturé
avec son équipage de six matelots. Il eut pourtant tout loisir d'alerter le consul

« Nous sommes entre les mains du chek Nasser, sans espoir d'aucune liberté..
On nous détient parce que le pacha et tous les gens grand (*sic*) de Tripoli on lu
doit de l'argent et jusqu'à ce que lui soit rendu nous n'espérons aucune liberté

ainsi nous vous prions de faire votre possible pour nous délivrer de l'esclavage »[20].

Le but de Sayf al Nasr était clair : obliger la France à faire pression sur le pacha pour obliger celui-ci à traiter. Les Français étaient des otages.

Le pacha confia le soin de négocier à Abdallah Melitan, *raïs* de la marine de Mesurata, ami du chef rebelle. En fin mars, celui-ci était de retour avec le capitaine et trois matelots. Sayf al Nasr gardait les trois autres, et, pour plus de sûreté, les menait au Fezzân, « sous prétexte que le style menaçant de la lettre du pacha était plutôt fait pour le courroucer que pour l'engager à remettre ces marins en liberté »[21]. Le consul comprit dès lors

« Le dessein d'un rebelle qui, luttant d'autorité avec le despote, veut lui faire sentir qu'il ne le craint pas et qu'il n'accordera les trois matelots qui restent en son pouvoir qu'à l'oubli de sa désobéissance et au pardon de l'audace qu'il eut de conduire jusqu'aux portes de la ville en 1779, à la tête de ses hordes, le prétendant au royaume de Tripoli »[22].

Le 26 mars 1784, d'André était reçu en audience et parvenait à convaincre le pacha. Le 28, il pouvait écrire, au sujet de Sayf al Nasr :

« J'apprends avec plaisir qu'on travaille dans le château à un habillement complet qu'on lui destine. Hadgy Abdallah, chargé de nouveau de le rejoindre, … le lui présentera et je me flatte que son retour sera l'espoir de la délivrance des trois Français qui sont encore dans le désert »[23].

Le consul voyait juste. Le 25 juillet 1784, le pacha lui remettait les trois matelots[24].

Le présent d'un habit de prix était une distinction honorifique, comme aujourd'hui une décoration (mais plus utile). De ce côté, Sayf al Nasr avait atteint son but. Il gagnait un autre avantage : l'établissement de relations directes avec la France. Celle-ci, pour éviter que pareille aventure ne se reproduisît, lui envoya en juin 1785 une paire de pistolets montés en argent[25]. Il répondit en octobre par des lettres où il disait sa reconnaissance, offrait ses services, et surtout garantissait la sécurité des navigateurs français[26]. C'était le début d'une longue histoire d'amitié, et presque de connivence, entre les Ulâd Sulaymân et la France.

Le lecteur aura apprécié, comme moi, les dépêches de Monsieur d'André. Nous ne les lirons plus. Dès la fin de 1786, la maladie contraignit le consul à confier les affaires à Vallière. Il devait mourir le 20 octobre 1787, laissant le consulat vacant. Vallière lui succèdera[27].

Dans la dernière année de sa vie, d'André eut la satisfaction de voir son oeuvre porter des fruits. Entre Vallière et le chef arabe, les cadeaux, les lettres s'échangeaient. De nouveaux naufragés n'avaient vraiment plus rien à craindre. Bien plus, le pardon accordé par le pacha était renouvelé. Sayf al Nasr prit l'initiative de mettre à l'épreuve les bonnes dispositions du régent. En fin février, il s'avança « avec ses hordes » jusqu'à cinq ou six lieues de Tripoli. Grosse émotion dans la cité !

> « Le pacha expédia sur le champ un courrier demander au chek le motif de son approche. Sa réponse ayant été celle d'un sujet soumis, le prince lui envoya un caffetan. Les Arabes ont continué leur campement, mais ont respecté, jusqu'à présent, les Tripolins et leurs moissons »[28].

En 1788, un événement insolite alimenta les conversations à Tripoli. Le fils aîné du sultan du Maroc, revenant du pélerinage à La Mecque avec sa nombreuse suite, avait épousé, sur sa route, une fille de Sayf al Nasr[29]. Si le chef arabe espérait par cette alliance augmenter son prestige, il se trompait. Yazîd – c'était le nom du prince – était un être brutal et excentrique[30], la fille était laide[31]. La réprobation fut générale. A tel point que le consul britannique, R. Tully, prétendit qu'il s'agissait d'un rapt (Tully, 1816, p. 196), ce qui paraît peu vraisemblable. Le régent, pour sa part, « se disait honteux pour lui et pour le roi du Maroc »[32]. D'autres filles et petites-filles de Sayf al Nasr iront peupler les harems de potentats africains. Le sacrifice demandé à ces jeunes demoiselles aura parfois des conséquences heureuses (voir ci-après).

L'année 1789 nous ramène à des choses plus graves. Le bruit des dissensions qui, au sein de la famille royale, dressent les fils contre le père, et les frères l'un contre l'autre, commence à se répandre. Sayf al Nasr en profite pour retenir le tribut qu'on lui réclame. Voilà de nouveau la paix rompue. Le pacha envoie ses trois fils, Hasan Bey, Ahmad et Yûsuf, avec une armée, contre le récalcitrant... Richard Tully, qui relate ces faits, ne parle plus des Ulâd Sulaymân, mais des Sayf al Nasr. La lutte qui oppose les Arabes et Tripoli prend en effet désormais l'aspect d'une affaire entre deux familles : Sayf al Nasr et ses fils, d'un côté, le régent et les siens, de l'autre.

Dans cette campagne, pour la première fois semble-t-il, les Arabes mettent en oeuvre la tactique de la terre brûlée, obligeant l'adversaire à « s'avancer beaucoup plus loin qu'il n'en avait l'intention ». De son côté, Yûsuf révèle son caractère :

> « Ses manières sont si violentes avec les Arabes, et il commet de telles déprédations qu'il met en péril la vie du bey, que les Arabes considèrent comme responsable... » (Tully, 1816, p. 180-181).

Peut-être aussi songe-t-il déjà à éliminer un aîné encombrant. Jusquelà, il avait bien caché son jeu ! Trois ans plus tôt, Vallière voyait encore en lui un jeune homme « à la belle figure », qui « s'annonce avantageusement »[33].

Malgré le désaccord entre Yûsuf et Hasan, l'armée royale remporta un succès. Khalîfa, *shaykh* des Mahâmid, allié de la régence, en fut la cause involontaire. Encore hésitant, semble-t-il, entre deux partis également puissants, il trahit le bey en révélant à Sayf al Nasr sur quel point et à quel moment attaquer. Le bey éventa la manoeuvre et ce furent les Sayf al Nasr qui furent défaits. Quatre-vingt têtes des leurs, tués au combat, prirent le chemin de Tripoli pour être exposées sur les remparts du château. Des pourparlers de paix s'ensuivirent, bientôt rompus par la prétention du bey de reconstruire, « quelque part dans les sables », un château jadis édifié par Muhammad Pacha, père de Ali. Les Arabes, tant Ulâd Sulaymân que leurs alliés Bani Ulîd, refusèrent. Les hostilités reprirent. Le bey ramena-t-il le tribut ? On ne nous le dit pas. Mais nous savons que Khalîfa, réfugié au camp de Sayf al Nasr après sa trahison (Tully, 1816, p. 182-184), regagna le parti du vainqueur. Il allait devenir le principal allié de Yûsuf.

Avant d'entreprendre la série de crimes et de trahisons qui devait lui ouvrir le chemin du pouvoir, mais aussi lui faire beaucoup d'ennemis, Yûsuf sentait la nécessité de s'assurer le concours d'un chef arabe influent. Ce ne pouvait être que Khalîfa, à la tête d'un peuple qui comptait parmi les plus importants, proche de la capitale par surcroît. Certes, le *shaykh* des Mahâmid n'était pas homme de fidélité, mais il était cupide : il suffirait de l'acheter, très cher. Yûsuf lui écrivit pour attirer son attention sur « l'incapacité du pacha de porter le fardeau de la régence » (Al Ansâri, 1899, p. 300). Ce que cachait, émanant de Yûsuf, cette constatation banale, un homme comme Khalîfa était bien propre à le comprendre. Le 20 juillet 1790, en plein palais, Yûsuf abattait son frère Hasan de deux coups de pistolet, blessant sa propre mère à la main. Il n'avait alors que vingt ans[34].

Dans Tripoli, dans le pays, le scandale fut énorme. La réprobation dont Yûsuf fut l'objet s'étendit bientôt au pacha. La mansuétude du père pour son fils criminel paraissait tellement suspecte que le vice-consul de France osait affirmer que le régent était complice[35].

Parmi les opposants, se distinguaient Salem Aga de Mesurata et Sayf al Nasr ; les deux anciens ennemis se trouvaient réunis dans le soutien d'une même cause. Yûsuf obtint de son père l'autorisation de mener campagne contre la cité rebelle. Ahmad, devenu bey par la mort de son frère, aurait dû conduire les opérations. Il se récusa, alléguant, fort justement, qu'on ne pouvait faire la guerre avant d'avoir tenté la conciliation. Yûsuf n'en avait cure. Il partit seul suivi de Khalîfa et de ses Arabes. Un moment, on crut ce dernier défaillant. Il s'était seulement attardé au château pour arracher au pacha le prix de ses services. Le régent, remarque Richard Tully, était bien obligé d'en passer par les exigences du *shaykh* : il était d'importance vitale que celui-ci rejoigne le camp, et surtout ne passe pas du côté de Sayf al Nasr.

Cette fois, malgré les craintes de Yûsuf et des siens, Khalîfa se montra fidèle. Et, dans un combat qui l'opposa en novembre 1790 à Sayf al Nasr, il tua un fils de ce dernier, dont on rapporta la tête à Tripoli. Le consul britannique, qui rapporte ces faits, ne dit pas malheureusement qui était ce fils (Tully, 1816, p. 237 et 241). Il eût été tragique que ce fût le même qui, quelque dix ans plus tôt, haranguait le pacha avec tant de bonheur.

Sept mois plus tard, en juin 1791, Yûsuf entrait en rébellion contre son père[36]. Pendant deux ans, il travailla à réunir des partisans et, le 21 juin 1793, il paraissait sous les murs de Tripoli en compagnie de Khalîfa et de ses Arabes. La ville semblait sur le point de capituler quand, le 29 juillet, un aventurier turc débarqua dans le port, muni d'un firman du calife, destituant Ali et l'instituant gouverneur. Le pacha évincé trouva refuge à Tunis, tandis que Yûsuf continuait la lutte sur place.

Devant l'intrus, tout le pays se trouva dans l'opposition. Seul Salem Aga soutint le nouveau régime[37]. Quelle fut l'attitude de Sayf al Nasr ? Les renseignements obtenus par le consul de France (1794) sont trop confus, trop peu sûrs aussi – « on prétend que... » écrit-il prudemment – pour qu'on puisse leur donner beaucoup de crédit[38]. Le caractère parfois contradictoire de ces renseignements semble traduire l'indécision du chef arabe entre deux ennemis également abhorrés, le Turc et Yûsuf.

Le gouvernement du pacha turc, en réalité un renégat géorgien, ne dura pas trois ans. Le 25 nivose an 3 (14 janvier 1795), une armée tunisienne le chassait et rendait le trône aux Karamanli. Le nouveau pacha était Ahmad, en faveur de qui son père venait d'abdiquer[39]. Son règne ne dura qu'un peu plus d'un an. Vers le 24 février 1796, Yûsuf réussissait à l'évincer (Al Ansâri, 1899, p. 311).

Les débuts du règne de Yûsuf (1797) furent prospères. La course et le commerce étant les principales ressources du royaume, le nouveau régent s'appliqua à reconstruire la marine et à rétablir le trafic caravanier. Dès le 13 germinal an 5 (2 avril 1797), le consul Guys écrivait à Charles de la Croix, ministre des Relations Extérieures : « Les caravanes de l'intérieur reprennent. Il en est arrivée une du Fezzân »[40].

Les routes pourtant restaient peu sûres, les Arabes de l'intérieur étant insoumis. A partir de 1802, Yûsuf se donna pour but de réduire ceux-ci. En octobre ou novembre de cette année, « il équipa un grand camp qui conquit les rebelles et amena leurs chefs à se soumettre... et ouvrit de libres communications pour les caravanes de La Mecque et du Fezzân... Le pacha, en ce peu d'années, est devenu plutôt redoutable dans ses forces »[41].

Al Ansâri place en 1806 une expédition contre les Ulâd Sulaymân. Il la raconte ainsi :

> « Le *shaykh* Ahmad Sayf al Nasr... s'en prit à des navires de commerçants étrangers, sur les bords de Surt (Syrte). Yûsuf lui envoya son fils, Mihimmed Bek, avec des soldats. Le *shaykh* Ahmad s'avança vers lui à la tête de ses troupes d'Arabes nomades (*'urbân*). Ils engagèrent un violent combat au cours duquel le *shaykh* Ahmad et beaucoup de son peuple (*qawm*) périrent. Ses troupes se dispersèrent, et son fils, Abd al Jalîl, enfant non parvenu à l'âge de discrétion, fut saisi. Les Arabes nomades de ces parages se soumirent à Mihimmed Bek, et l'ordre régna » (Al Ansâri, 1899, p. 315).

Al Ansâri, comme la plupart des écrivains arabes de son époque (il écrit avant 1898), ne cite pas ses sources. Que l'incident soit authentique, c'est d'autant plus probable qu'il est daté, et il est difficile de prendre l'auteur en défaut quand il s'agit de chronologie. Mais que ce soit Ahmad qui ait trouvé la mort en cette occasion est très douteux. Al Ansâri est ici victime d'une confusion. Il fait de Ahmad le père de Abd al Jalîl. Or, il est certain que celui-ci n'était pas fils de Ahmad, mais de Ghayth, comme il l'attestera lui-même plus tard dans toute sa correspondance et par son sceau. L'auteur du reste rectifiera plus loin, page 333, en écrivant que ce fut Ghayth, père de Abd al Jalîl qui fut tué au combat de 1806. Il est probable que la victime de cette rencontre ne fut ni Ghayth ni Ahmad. Le premier fut tué par les Arabes Husûn, laissant trois orphelins, Umar, Abda al Jalîl et Sayf al Nasr[42]. Quant à Ahmad, il sera tué plus tard, en 1812, dans d'autres circonstances, comme en témoignera Beaussier, en fonction à Tripoli au moment de l'événement.

La défaite subie par les Ulâd Sulaymân en 1806 semble bien avoir eu l'ampleur et les conséquences que lui prête Al Ansâri. Désormais, en effet, ce n'est plus dans la Syrte, mais en Cyrénaïque, au Fezzân et dans le désert d'Augila que nous rencontrerons les Ulâd Sulaymân. Le théâtre d'opérations s'est déplacé vers l'est et vers le sud.

En 1811, Mihimmed Bek mena un camp à Derna. L'expédition avait pour but de recueillir le tribut, mais aussi de montrer que le régent était le maître. Les moyens mis en oeuvre, les exigences formulées étaient propres à exaspérer les Arabes et à les pousser à la révolte. Le 10 décembre, le consul de France écrivait :

> « Mehemet bey, fils aîné du pacha, absent depuis près d'un an avec une armée qui s'est portée à Derna pour recueillir les contributions, est actuellement en quelque sorte bloqué à Benghasi à la suite des exécutions qui ont eu lieu de certains personnages envoyés vers lui sur la foi des traités par quelques tribus

> (*sic*) d'Arabes et de la détention de quelques autres. Le cheik Nasser est celui qui est le plus aigri, et cependant le pacha veut exiger de lui qu'il abandonne ses voisins et alliés tandis que la force de tous ne peut exister que dans leur union. Ce prince a envoyé ces jours derniers à son fils un secours de 1 000 fantassins par mer et autant par terre afin qu'il puisse sans danger continuer sa route et effectuer son retour en cette ville. Son départ de Derne fut précipité après avoir fait égorger une vingtaine d'habitants qu'il tenait en prison et il gagna Benghasi à marche forcée »[43].

Notons au passage l'importance des effectifs désormais déployés pour réduire les Arabes. Mihimmed pourra rentrer sain et sauf, après avoir infligé aux Ulâd Sulaymân une défaite mémorable (1812).

> « Mehemet Bey, fils aîné du pacha, a effectué heureusement son retour en cette ville le 10 du mois passé (février), après une absence de treize mois et après avoir vaincu complètement le cheik Acmet (Ahmad) Nasser qui a voulu le combattre en s'opposant à son passage et dont la tête a été portée au pied du trône et exposée ensuite aux regards du public sur les murs du château. Mehemet Bey est revenu chargé des dépouilles de cette tribu ennemie. Indépendamment d'un bétail considérable, il est arrivé avec 14 caisses d'argent ouvré, 8 caisses de piastres fortes d'Espagne, et une caisse de monnayes d'or »[44].

C'est un trait constant de l'histoire des Ulâd Sulaymân que, chaque fois qu'on les croit annihilés et privés de leur chef, ils reparaissent ailleurs, dans toute leur combativité. La raison en est dans leur nombre et leur dispersion sur de vastes territoires. Et puis, Sayf al Nasr eut de nombreux fils, tous d'un grand courage. A peine Ahmad tué, un de ses frères le vengeait.

> « Le cheik arabe, frère de celui dont la tête fut envoyée au pacha le 10 février dernier, s'est avancé dernièrement à la tête d'une armée jusque sous les murs de Benghasi où il s'est livré un combat dont il est sorti vainqueur. Les récoltes de ce canton ont été détruites et l'eau coupée. Il va partir d'ici 1 000 fantassins par mer et 2 000 cavaliers par terre sous le commandement sans doute de Mehemet Bey, fils aîné du pacha afin de réprimer l'audace de cet ennemi qui ne respire que vengeance, ou le pousser bien avant dans l'intérieur des terres. Benghasi sera fréquemment inquiété par ces Arabes bédouins qui reviendront à la charge aussitôt que les troupes du pacha seront retirées »[45].

A peu près dans le même temps qu'il mettait son fils en campagne, Yûsuf lançait une autre offensive, diplomatique celle-ci, vers le Fezzân. De ce côté, les Ulâd Sulaymân interceptaient les caravanes quittant Mourzouk pour Tripoli. Le but du régent était de leur opposer un autre peuple arabe, les Bishr, qui avaient leurs tentes dans le Wadi Shati, à quelques kilomètres au nord de Mourzouk. Il leur dépêcha un certain Bou Bekr, auquel

> « Il recommanda... de décider Bichr lui-même, avec ses plus intimes amis, à entrer dans le projet combiné contre les brigandages interminables des Seyf-el-Nasr. Youçef promettait aux Bichr le secours et l'appui d'un corps de troupes, leur promettait aussi ses bienfaits et sa protection, s'ils voulaient combattre les Seyf-el-Nasr, les poursuivre jusqu'à extinction et les réduire aux abois » (El Tounsy, 1851, p. 567-568).

Bou Bekr accomplit sa mission. Al Tunsy en fut témoin. Mais il ne nous dit pas quelles en furent les résultats, et sans doute n'en eut-il pas connaissance. Beaussier, par contre, nous fait le compte rendu de l'expédition du bey.

> « Mehemet Bey, fils aîné du pacha, a marché de succès contre les rebelles de l'intérieur. Il les a poursuivis à outrance et presque exterminés, et a fait sur eux un grand butin » [46].

Il est clair que Al Tunsy et Beaussier, chacun de leur côté, ont eu le sentiment que Yûsuf entendait annihiler les Ulâd Sulaymân. Il leur porta le coup fatal à l'automne 1812 en mettant fin au règne d'Al Muntasir à Mourzouk, et en nommant Al Mukni bey du Fezzân. En la personne d'Al Muntasir, dernier souverain d'une dynastie au pouvoir depuis des siècles, les Ulâd Sulaymân perdaient un ami sûr. « Il avait refusé de livrer quelques Arabes de la tribu rebelle des Weled Suleyman qui avaient trouvé refuge dans ses dominions », écrit l'explorateur Ritchie, et c'était le prétexte invoqué par Yûsuf pour le détrôner [47].

Al Mukni, au contraire, était un adversaire déclaré. Et s'il put s'emparer si facilement du Fezzân, c'est que les Ulâd Sulaymân étaient occupés ailleurs. Peu après cependant, ceux-ci revenaient et investissaient Mourzouk. Le pacha, décidé d'en finir, expédia une armée de secours qui prit les rebelles à revers dans le Wadi Shati et en fit un massacre (Lyon, 1821, p. 55).

Les Ulâd Sulaymân, décimés par ces coups successifs, chassés des territoires habités, se regroupèrent dans les sables de Augila, sous la conduite de Sayf al Nasr, probablement fils de Sayf al Nasr le grand, peut-être le même qui, en mai 1812, livrait combat à Benghasi pour venger Ahmad. D'autres Arabes habitaient ces régions dangereuses : les Mejâbra, grands caravaniers du désert, des amis, mais aussi les Banû Sa'd, dont il fallait sans cesse repousser les assauts.

Si Sayf al Nasr, le deuxième du nom, est connu, c'est qu'il se distingua en 1814, dans le désert, par une action chevaleresque. Un jour qu'il chevauchait à la tête de 700 cavaliers, tant blancs que noirs, il tomba, au sud de Augila, sur une caravane égarée. Les chameaux étaient morts de soif, les hommes étendus sur le sol, attendaient la mort. Parmi eux se trouvait Ja'far, fils aîné du sultan Saboun du Wadday, âgé d'une dizaine d'années, que son père envoyait étudier en Egypte. Le chef arabe les recueillit, les entoura de soins, et les fit conduire à Benghasi, où lui-même évita de pénétrer. Cela se passait en l'an 1814, probablement dans la seconde moitié de cette année[48].

Yûsuf, dont les ambitions étaient grandes, était résolu à « réduire les Arabes bédouins ». En décembre 1814, il confia à Mihimmed Bey le soin de mener une nouvelle expédition, dont l'objectif était Benghasi, Derna, Augila, et même l'oasis indépendante de Siwah, convoitée par Mehemet Ali, vice-roi d'Egypte. Jamais encore il n'avait visé si loin, jamais non plus il n'avait envisagé de tels effectifs : quatre à cinq mille hommes. Le bey se mit en route le 12 février 1815[49]. Je n'ai pas retrouvé, hélas, de compte rendu de cette campagne.

Si l'on en croit Denham, les Ulâd Sulaymân auraient subi une ultime défaite, en 1816, sur le plateau de Hormut Mahulla. A partir de cette date, nous n'entendons plus parler d'eux. Ils resteront dans l'ombre pendant quatorze ans (Denham, 1826, p. 36-37).

Au moment de clore cette enquête, force est de reconnaître que la personne de Sayf al Nasr reste entourée de mystère. Nous ignorons même la date et les circonstances de sa mort. Nachtigal écrit qu'il fut assassiné sur l'ordre de Yûsuf Pacha, vers 1800. Mais il est encore cité par Beaussier en 1811.

Ses fils sont morts au combat, et, s'il en est qui ont survécu, ils n'ont pas retenu l'attention. Mais ses petits-fils et ses petites-filles feront revivre la mémoire de son nom. Après la défaite et la mort de Ahmad, les fils de Ghayth furent emmenés par le vainqueur à Tripoli, où ils furent éduqués par le régent. C'étaient Umar, Abd al Jalîl et Sayf al Nasr. Umar, élève studieux, renommé pour son savoir, ira, à l'âge de vingt ans, fonder une école au pays toubou, c'est-à-dire au Kawar, probablement à Dirki. Abd al Jalîl, secondé par son frère, Sayf al Nasr, lancera en 1830 le grand mouvement de révolte qui ébranlera le trône, et fondera au Fezzân un Etat indépendant, éphémère il est vrai. Ses soeurs serviront, à leur manière, les intérêts de la famille. L'une sera donnée au *derdey* des Toubou (du Kawar, selon toute vraisemblance), une autre au puissant *shaykh* des Banû Sa'd[50].

Mais il convient de citer à part une union qui se révèlera particulièrement utile. En octobre ou novembre 1835, donc près de deux ans avant sa mort,

Muhammad al Amîn al Kânemi, sultan du Bornou, épousait une fille de Ghayth[51]. De la mariée nous ne savons rien, sinon qu'elle n'était plus toute jeune, puisque son père était mort avant 1812. L'histoire aurait dû retenir le nom de celle qui, sans le savoir, préparait la voie à l'exode des siens vers le Kanem, après la défaite de 1842.

NOTES

(1) Tripoli, 27 avril 1753. Journal, à la date du 12 avril. AE B 1093.

(2) De Lancey, Tripoli, 29 mars 1771. AE B' 1102.

(3) De Lancey, Tripoli, 31 juillet 1771. AE B' 1102.

(4) De Lancey, Tripoli, 24 mai 1772. AE B' 1103.

(5) De Lancey, Tripoli, 24 juin 1772. AE B' 1103.

(6) De Lancey, Tripoli, 20 novembre 1773. Mémoire, AE B' 1103 et Tripoli, 12 mai 1774, AE B' 1104.

(7) L'absence de référence à Sayf al Nasr dans les dépêches précédentes ne prouve pas que celui-ci ne fût pas déjà à la tête de son peuple. De Lancey en effet ne cite aucun nom de chef arabe. D'André, son successeur, en connaîtra au moins trois : Sayf al Nasr, Beloucha, chef du Garian, et Khalîfa, *shaykh* des Mahâmid (Khalîfa était de la fraction des Nuwayr).

(8) D'André, citant d'Esparron, 1779, Tripoli, 31 décembre 1784, AE B' 1110.

(9) D'André, Tripoli, 18 juin 1780, AE B' 1106.

(10) R. Tully, Tripoli, 5 novembre 1779, FO 76/3.

(11) D'Esparron, Tripoli, 1er janvier 1780, AE B' 1106 et D'André, Tripoli, 7 février 1780, AE B' 1106.

(12) D'André, Tripoli, 11 mai et 4 juin 1780, AE B' 1106.

(13) D'André, Tripoli, 27 septembre 1780, AE B' 1106.

(14) Belouchat ou Beloucha, chef des Arabes du Garian (voir ci-dessus).

(15) D'André, Tripoli, 11 décembre 1780, AE B' 1106.

(16) D'André, Tripoli, 16 avril 1781, AE B' 1107.

(17) Le passage de la deuxième personne du singulier à la deuxième personne du pluriel, assez habituel en arabe quand on s'adresse à un grand, le style ampoulé et parfois confus, si peu dans la manière de d'André, montrent que celui-ci a voulu respecter la lettre du discours.

(18) D'André, Tripoli, 31 août 1781, AE B' 1107.

(19) D'André, Tripoli, 24 juin 1783, AE B' 1109.

(20) D'André, Tripoli, 22 février 1784, AE B' 1110.

(21) D'André, Tripoli, 28 mars 1784, AE B' 1110.

(22) D'André, Tripoli, 31 décembre 1784, AE B' 1110.

(23) D'André, Tripoli, 28 mars 1784, AE B' 1110.

(24) D'André, Tripoli, 25 juillet 1784, AE B' 1110.

(25) D'André, Tripoli, 8 juin 1785, AE B' 1106.

(26) D'André, Tripoli, 29 octobre 1785, AE B' 1106.

(27) Vallière, Tripoli, 20 octobre 1787, AE B' 1113.

(28) Vallière, Tripoli, 10 avril 1787, AE B' 1113.

(29) Vallière, Tripoli, 29 mai 1788, AE B' 1113.

(30) Vallière, Tripoli, 20 juillet 1788 et 29 mai 1788, *dito*.

(31) Vallière, Tripoli, 29 mai 1788, AE B' 1113.

(32) Vallière, Tripoli, 29 mai 1788, AE B' 1113.

(33) Vallière, Versailles, 5 janvier 1786, Mémoire sur Tripoli de Barbarie, AE B' 1112.

(34) Pellegrin, Tripoli, 30 juillet 1790, AE B' 1113 et Tully, 1816, p. 226-228.

(35) De Champ-Lagarde, Tripoli, 8 juillet 1791, Mémoire, AE B' 1113.

(36) De Champ-Lagarde, Tripoli, 8 juillet 1791, Mémoire, AE B' 1113.

(37) Guys, Tripoli, 21 juillet, 7 août, 20 septembre 1793, AE ccc Tripoli de Barbarie, t. 26 et Al Ansâri, p. 300.

(38) Guys, Tripoli, 14 thermidor an 2, AE ccc Tripoli de Barbarie, t. 26.

(39) Guys, Tripoli, 30 nivose an 3, AE ccc Tripoli de Barbarie, t. 27.

(40) Guys, Tripoli, 13 germinal an 5, AE ccc Tripoli de Barbarie, t. 29.

(41) Donagh to Lord Pelham, Tripoli, 2 décembre 1802, FO 76/5.

(42) A. Lacquement. Tradition orale des Jibâ'ir du Kanem. Note dactylographiée. Collection personnelle de Hamad Masri, N'Djaména.

(43) Beaussier, Tripoli, 10 décembre 1811, Bulletin de nouvelles n° 3, AE ccc Tripoli de Barbarie, t. 33.

(44) Beaussier, Tripoli, 1er mars 1812, AE ccc Tripoli de Barbarie, t. 33.

(45) Beaussier, Tripoli, 22 mai 1812, *dito*.

(46) Beaussier au duc de Bassano, ministre des Relations Extérieures, Tripoli, 27 septembre 1812, AE ccc Tripoli de Barbarie, t. 33.

(47) Ritchie to Goulburn, Mourzouk, 25 août 1819, CO 2/8.

(48) »The story of Ja'far, son of the sultan of Wadai», *United Service Journal*, Apr., May, June 1830 et Warrington to Bathurst, Tripoli, 25 octobre 1826, FO 76/20.

(49) Delaporte, Tripoli, 27 décembre 1814 et 14 février 1815, AE ccc Tripoli de Barbarie, t. 33.

(50) Subtil, Mémoire, 8 décembre 1840, AE ccc Tripoli de Barbarie, t. 38 et Subtil, 1844, p. 8.

(51) Warrington to Lord Glenelg, Tripoli, 29 novembre 1835, FO 76/39.

LEXIQUE

aga, titre turc donné aux chefs militaires.

aman, en arabe *'amân,* transcrit *haman* par Monsieur d'André : terme de droit musulman désignant la sauvegarde accordée par le vainqueur à l'adversaire qui se soumet.

Benoulid, transcription défectueuse de *Banû Ulîd* : population arabe qui a donné son nom à la vallée qu'elle habitait. Voir la carte.

bey ou bek, titre honorifique turc réservé à des personnages exerçant un commandement important. Le fils aîné du pacha de Tripoli, héritier présomptif, portait toujours ce titre.

calife, en arabe *khalîfa,* signifie : lieutenant ou remplaçant (du prophète Mahomet). Le calife était le chef, spirituel et temporel, de la communauté musulmane. Après les quatre premiers califes, choisis parmi les compagnons de Mahomet, il y eut des dynasties de califes : les Omayyades, les Abbassides, les Fatimides enfin, depuis 1453, les Turcs à Constantinople. Le califat fut aboli en 1923.

chek, voir *shaykh.*

course, terme de marine, désignant les expéditions sur mer menées par les corsaires. Les vaisseaux étaient armés « en course », soit par des Etats, soit par des particuliers.

divan, conseil, assemblée consultative du souverain.

firman, ordre écrit émanant du calife.

haman, voir aman.

Karamanli, voir Qaramanli.

Mesurata ou *Mesurat* ou *Misrâta* : cité importante par sa situation géographique. Son port l'ouvrait au commerce méditerranéen ; elle commandait la route de la Cyrénaïque, de l'Egypte et du pélerinage à La Mecque, et aussi la piste la plus sûre reliant Tripoli au Fezzan ; enfin elle se trouvait en bordure des terrains de parcours des Arabes nomades, en particulier des Ulâd Sulaymân. Voir la carte.

pacha, titre honorifique turc réservé en Tripolitaine au souverain prétendant. Les consuls désignaient ainsi les personnes de la famille régnante qui aspiraient au trône et entraient en rébellion. Les Arabes s'empressaient de soutenir la cause des « prétendants », dans le but d'affaiblir le pouvoir, de s'attirer les faveurs du candidat au trône en cas de succès, assurés en tout cas de n'avoir pas à payer de tribut tant que duraient les hostilités.

Qaramanli ou *Karamanli*. C'est en 1711 que Ahmad Qaramanli, élu gouverneur de Tripoli par le divan, c'est-à-dire l'assemblée des notables, s'était déclaré indépendant de Constantinople, fondant une dynastie qui durera jusqu'en 1835. En 1719, il avait annexé la Cyrénaïque, soustrayant ainsi à l'autorité du calife tout le territoire compris entre la Tunisie et l'Egypte. Les liens avec Constantinople n'étaient pourtant pas rompus. Tripoli demeurait, nominalement, partie de l'empire, et chaque fois qu'un nouveau souverain succédait à son père, il recevait l'investiture du calife (Al Ansâri, ouvrage cité, p. 285 à 287).
Par la suite le Fezzân, relais du trafic caravanier avec le Bornou, Kano et le Wadday, tomba également sous l'autorité du pacha de Tripoli. Peu après son avènement, Ali Qaramanli (1754-1793) soumit le souverain de ce pays, désormais obligé à payer à la régence un tribut annuel de six à sept cents esclaves. (D'André, Mémoire sur le commerce de Tripoli, 10 août 1782, AE B' 1108).

raïs, « chef » en arabe.

Régence : terme employé par les Européens pour désigner le régime politique d'Alger, de Tunis et de Tripoli, plus ou moins indépendant de l'Empire turc, selon les époques.

sequin, monnaie d'or, d'origine vénitienne. Le sequin barbaresque, qui avait cours à Tripoli, à Tunis, à Alger et au Maroc, valait :
8 livres, 15 sols de France en 1765
9 livres, 10 sols de France en 1775
9 livres, 15 sols de France en 1781.
La piastre comptait pour :
20 sols de France en 1765
25 sols de France en 1775
29 sols de France en 1781.
(Monsieur de La Tour, Observations sur le mémoire relatif au commerce de Tripoli de Barbarie, Aix, 18 juin 1783, AE B''' 176).

Shati, Shiyati sur la plupart des cartes, vallée au nord de Mourzouk. Voir la carte.

shaykh ou *chek*, mot arabe désignant le chef de tribu ou de fraction de tribu. Au Moyen Age, on employait plutôt le mot *sayyid*, « seigneur ».

Ulâd Sulaymân. Ils comprenaient quatre fractions principales : Jibâ'ir, Sheraydât, Leheywât et Miyâ'isa. Eux-mêmes, à l'origine, étaient une fraction des Banû Sulaym. J'ai consacré à leur histoire un chapitre de mes *Pages d'histoire du Kanem*, L'Harmattan, Paris, 1980, p. 224 à 251.

BIBLIOGRAPHIE

Al Ansâri, Ahmad bek al Nâ'ib, 1899. *Al manhal al 'adhb fî târikh tarâbulus al gharb*, Istanboul (1ère édition), Maktabat al farjâni, Tripoli, Libye, s.d.

Al Hashâ'ishi, Muhammad bnu 'Uthmân ... al Tûnisi, 1912. *Rihlat ilâ Libyâ, sanat 1895*, Ali Mustafa al Misrâti (ed.), Dâr Lubnân, s.d.

Al Zawi, Al Tâhir Ahmad, 1971. *A' lâm Libyâ* (« Les grandes figures de la Libye »), Tripoli.

Barth, H, 1857-1858. *Travels and Discoveries in North and Central Africa in the Years 1849-1855*, Londres : Longman, 5 vol.

Carbou, H., 1912. *La région du Tchad et du Ouadaï*, Paris : E. Leroux, 2 vol.

Denham, D., Clapperton, H. et Oudney, Dr., 1826. *Narrative of Travels and Discoveries in Northern and Central Africa in the Years 1822-1823*, Londres : Murray.

El Tounsy, 1851. *Voyage au Ouaday*, Paris : Benjamin Duprat, Arthus Bertrand. Traduction française par Perron et Jomard.

Ferrandi, J., 1930. *Le centre africain français : Tchad, Borkou, Ennedi, leur conquête*, Paris : Lavauzelle.

Lyon, G.F.,1821. *A Narrative of Travels in Northern Africa in the Years 1818, 1819 and 1820*, Londres : Murray.

Nachtigal, G., 1879-1881. *Sahara und Sudan, Ergebnisse sechsjahriger Reisen in Afrika*, 3 vol. Rééd. 1967, Graz : Akademische Druck-u. Verlagsanstalt.

1881. Traduction française par Gourdault sous le titre *Sahara et Soudan*, Paris : Hachette.

Subtil, E., 1844. « Histoire d'Abd el Gelil, sultan du Fezzan (assassiné en 1842) », *Revue de l'Orient, Bulletin de la Société orientale*, t. 5, n° 17 à 20, Paris.

Tully, R., 1816. *Narrative of Ten Years Residence at Tripoli in Africa*, Londres : British and foreign public library (printed for H. Colburn).
United Service Journal, 1830, avril, mai et juin.

Zeltner, J.-C., 1980. *Pages d'histoire du Kanem*, Paris : L'Harmattan.

Archives consultées

Paris

1 - Archives Nationales
    Fonds des Affaires Etrangères. Correspondance consulaire.
    Sous-collections B' (AE B') et B''' (AE B''').

2 - Archives du ministère des Relations Extérieures
    Affaires Etrangères. Correspondance consulaire et commerciale. Tripoli de Barbarie (AE ccc Tripoli de Barbarie).
    Affaires Etrangères. Nouvelle série. Correspondance politique et commerciale (AE NS).

Londres

    Public Record Office, Kiew.
    Foreign Office (FO).
    Colonial Office (CO).

Fig. 15 — Femmes aza en partance (Niger, 1969) (cliché Catherine Baroin).

BIBLIOGRAPHIE LINGUISTIQUE TEDA-DAZZA

Henry TOURNEUX

La bibliographie qui suit tente de regrouper toutes les références d'études linguistiques concernant le teda et le dazza. En plus de ces études techniques (et c'est là que notre bibliographie devient subjective), nous avons tenu à indiquer un certain nombre d'autres ouvrages ou articles, souvent à caractère ethnographique, contenant des termes techniques dans l'une ou l'autre de ces langues (noms de tribus, de clans, de marques de bétail, etc.), et qui seront utiles à ceux pour qui la langue n'est pas seulement un ensemble de règles formelles régissant des sons et des mots, mais le mode privilégié d'expression d'une culture.

I – Inventaires et bibliographies

Beriel, M.M., 1974. *Complément à la bibliographie du Tchad*, (Sciences Humaines), N'Djaména : Institut National des Sciences Humaines, 103 p.

Cyffer, N., 1976. « Bibliography of Saharan Languages », *Harsunan Nijeriya*, 6, Kano, p. 75-93.

Delafosse, M., 1923. Préface, *Petit manuel français-kanouri* de P. Noël, Paris : P. Geuthner, p. 1-11.

Fierro, A., 1984. *Inventaire des manuscrits de la Société de Géographie*, Paris : Bibliothèque Nationale, 305 p.

Jouannet, F., 1978. « Les langues sahariennes », *Inventaire des études linguistiques sur les pays d'Afrique Noire d'expression française et sur Madagascar*, éd. par D. Barreteau, Paris : Conseil International de la Langue Française (C.I.L.F.), p. 221-232.

Lavergne de Tressan, M. de, 1952. *Inventaire linguistique de l'Afrique occidentale française et du Togo*, Dakar : Institut Français d'Afrique Noire (Mémoire de l'I.F.A.N. n° 30), 241 p.
[Voir p. 50-53].

Moreau, J. et Stordeur D., 1970. *Bibliographie du Tchad*, (Sciences Humaines), 2e éd., Fort-Lamy : Institut National Tchadien pour les Sciences Humaines, 355 p.

Tucker, A.N. et Bryan, M.A., 1956. *The non-Bantu languages of the North-Eastern Africa*, Handbook of African Languages, 3, London, New-York, Cape Town, published for the International African Institute by the Oxford University Press.
[Voir p. 184-185].

II – Bibliographie linguistique teda-dazza

Adelung, J.C., 1812. *Mithridates oder allgemeine Sprachenkunde mit dem Vater Unser als Sprachprobe in beynahe fünfhundert Sprachen und Mundarten*, Troisième Partie, Berlin : Voss, X + 474 p.
[p. 45-57, reprenant les données de Hornemann commentées par Langlès, classe le « tibbo » avec le berbère].

Arbaumont, J., d', 1954. « Le Tibesti et le domaine teda-daza », *Bulletin de l'I.F.A.N.*, série B, Sciences Humaines, t. 16, n° 3-4, p. 255-306, 2 cartes hors-texte.

Augier (lieutenant), 1955. *Eléments du dialecte gorane parlé en Ennedi*, Fada : Groupement saharien du Tchad, 5 + 160 p. dactyl.
[Lexique français-dazzaga d'environ 2 400 entrées].

Balbi, A., 1826. *Introduction à l'atlas ethnographique du globe*, t. I, Paris : Rey et Gravier, CXLIII + 416 p.
[p. 211 cite le *tibbo* comme l'un des dialectes berbères, aux côtés du « touarick » et du « shelluh »].

Baroin, C., 1972. *Les marques de bétail chez les Daza et les Azza du Niger*, Niamey : Centre Nigérien de Recherches en Sciences Humaines, Etudes nigériennes n° 29, 296 p.
[Index d'environ 500 termes dazza].

1985. *Anarchie et cohésion sociale chez les Toubou : les Daza Kéšerda (Niger)*, Paris : Editions de la Maison des sciences de l'homme, Cambridge : Cambridge University Press, 456 p.

[Voir p. 429-433, liste des termes vernaculaires cités dans le texte].

Barth, H., 1854. Schreiben an Prof. Lepsius (über die Beziehungen der Kanōri- und Teda-Sprachen), *Zeitschrift der Gesellschaft für Erkunde zu Berlin*, 2, p. 372-374 et 384-387.
[Lettre au professeur Lepsius au sujet des relations entre les langues kanuri et teda].

1857-1858. *Reisen und Entdeckungen in Nord- und Central-Afrika in den Jahren 1849 bis 1855*, Gotha, 5 vol.
Travels and discoveries in north and central Africa : being a journal of an expedition undertaken under the auspices of H.B.M's Government in the years 1849-1855, London : Longman & C°, 5 vol.
[Cette dernière édition, en anglais, a été réimprimée en 1965 avec une introduction de A.H.M. Kirk-Greene chez F. Cass & C° Ltd, London, en trois volumes de 701, 723 et 816 p. Cette édition est dite « édition du centenaire »].

1862-1866. *Sammlung und Bearbeitung Central-Afrikanischen Vokabularien*, Gotha : J. Perthes, 2 vol. in 4° de 334 et 141 p.
[Ce livre bilingue (anglais-allemand) contient une étude grammaticale et un lexique teda-allemand et teda-anglais. Il a été réimprimé en 1971 : *Collection of Vocabularies of Central African Languages*, 2 vol., 334 et 298 p., London : F. Cass, avec une présentation de A.H.M. Kirk-Greene].

Huit pages de vocabulaire teda extraites d'un carnet de Barth, Bibliothèque Nationale, Département des cartes et plans, Manuscrits de la Société de Géographie (Paris), colis n° 62, pièce 4194.

Brouillon et épreuves annotées de la main de Barth de *Collection of vocabularies of Central African Languages*, ibid., pièce 4200.

Bougnol, J.-P., 1975. « Esquisse préliminaire d'une phonologie de la langue daza », *Africa* (Rome), 30, 2, p. 257-259.
[Porte sur le dialecte dazza de Droua (Niger)].

Brandily, M., 1970. *Teda-Tibesti, Musique instrumentale*, Tervueren : Musée royal de l'Afrique Centrale et Belgische Radio en Televisie, n° 4.
[Brochure accompagnant un disque 30 cm/33 t.].

1974. *Instruments de musique et musiciens instrumentistes chez les Teda du Tibesti*, Tervueren : Musée royal de l'Afrique centrale, Annales, série in 8°, Sciences Humaines, n° 82, 260 p.
[Contient un lexique d'environ 400 termes teda].

1976. « Un chant du Tibesti », *Journal des africanistes*, t. 46, 1-2, p. 127-192.

1976. « Songs to birds among the Teda of Chad », *Ethnomusicology*, vol. 26, n° 3, sept., p. 371-390.

1980. « Piégeage des oiseaux au Tibesti », *Objets et Mondes*, t. 20, fasc. 4, p. 141-148.

1980. *Tchad - Musique du Tibesti*, Le Chant du Monde, Collection C.N.R.S.-Musée de l'Homme, LDX 74722.
[Notice d'un disque 30 cm/33t.].

1980. « La musique traditionnelle du Tchad », *Musique traditionnelle de l'Afrique Noire*, discographie Tchad, n° 10, Centre de Documentation africaine, Radio France Internationale, Paris.
[Textes de chants teda en français seulement].

Carbou, H., 1912. *La région du Tchad et du Ouadaï*, t. 1, *Etudes ethnographiques, Dialecte toubou*, Paris : E. Leroux.
[Voir p. 213-290 : « Petite étude pratique de la langue toubou (dialecte des Dazagada) »].

Carvalho, G. et Gillet, H., 1960. Catalogue raisonné et commenté des plantes de l'Ennedi (Tchad septentrional), *Journal d'agriculture tropicale et de botanique appliquée*, 7.
[Voir p. 362-371 : noms vernaculaires en « gorane » (teda-dazza), arabe et bideyat].

Chapelle, J., 1982 (2ᵉ éd.). *Nomades noirs du Sahara, Les Toubous*, Paris : L'Harmattan, 459 p.

Clanet, J., 1975. *Les éleveurs de l'ouest tchadien. La mobilité des éleveurs du Kanem et leurs réponses à la crise climatique de 1969/1973*, Talence : Centre d'études de géographie tropicale, 269 p.
[Voir p. 257-258 un petit lexique qui comprend 44 termes dazza].

Cline, W., 1950. « The Teda of Tibesti, Borku and Kawar in the eastern Sahara », *General Series in Anthropology*, Menasha (Wisconsin), 52 p.

Cyffer, N., 1981. « Pluralization in saharan languages », *Afrika und Uebersee*, 64, 2, p. 161-186.

1981. « The person elements in saharan languages : a step towards the creation of Proto-Saharan », *Nilo-Saharan*, Schadeberg Th. C. and M.L. Bender eds., Dordrecht (Holland) / Cinnamison (U.S.A.) : Foris Publications, p. 185-200.

Dalloni, M., 1934-1935. *Mission au Tibesti (1930-1931)*, Paris : Gauthier-Villars (Mémoire de l'Académie des sciences de l'Institut de France), 2 vol.

Delafosse, M. et Caquot, A., 1924. « Les langues du Soudan et de la Guinée », *Les langues du monde*, A. Meillet et M. Cohen éditeurs, Paris : Champion, p. 463-560.
[Plusieurs éditions successives].

Dybo, V.A., 1987. « Le système prosodique du tubu (groupe Teda-Kanuri) : le début du passage d'un système tonal à un système d'accent paradigmatique ? » [traduction du titre en russe], in *Afrikanskoje istoriceskoje iazykoznanije. Problemy rekonstruksii.*
[Linguistique historique africaine. Problèmes de reconstruction], Nauka, Moscou, p. 458-558.

Fuchs, P., 1957. « Felsmalereien und Felsgravüren in Tibesti, Borku und Ennedi », *Archiv für Völkerkunde*, vol. 12, p. 110-135.
[Donne les noms d'une quinzaine de marques de bétail].

1961. Die Völker der Südost Sahara : Tibesti, Borku, Ennedi, Wien : Wilhelm Braumüller, 254 p., photographies hors-texte.
[Cite p. 102 des termes de parenté tirés de Le Coeur 1950 ; donne p. 228-237 des « fables, contes et légendes » teda et dazza en traduction allemande. Contient aussi des noms de marques de bétail].

Gaston, A., et Fotius, G., 1971. *Lexique de noms vernaculaires de plantes du Tchad*, t. 1 Noms scientifiques - Noms vernaculaires (173 p.) ; t. 2 Noms vernaculaires - Noms scientifiques (182 p.), Fort-Lamy : Institut d'élevage et de médecine vétérinaire des pays tropicaux / ORSTOM, multigraphié.
[Contient de nombreux noms de plantes en « gorane ». Cet ouvrage synthétise de nombreux travaux antérieurs, difficilement consultables, de G. Fotius, A. Gaston et H. Gillet. Se reporter à la bibliographie en tête de l'ouvrage].

Gaudefroy, Demombynes, M., 1907. *Documents sur les langues de l'Oubangui-Chari*, Paris, 160 p. (extraits des Actes du XVIe Congrès international des orientalistes, Alger, 1905), p. 250-264.
[Vocabulaires dazza inédits (Decorse et X) et teda (tiré de Reinisch). Environ 200 entrées françaises].

Greenberg, J.H., 1970 (3e édit.). *The Languages of Africa*, Indiana University, Bloomington, Mouton and C°, The Hague, VII + 171 p., cartes hors-texte.
[Voir « Nilo-Saharan », p. 130-148].

1971. « Nilo-Saharan and Meroitic », *Current Trends in Linguistics, 7, Linguistics in sub-Saharan Africa*, éd. par T. Sebeok, The Hague : Mouton, p. 421-442.

Hodgson, W.B., 1844. *Notes on Northern Africa, the Sahara and Soudan, in relation to the ethnography, languages, history, political and social condition, of the nations of those countries*, New-York : Wiley and Putnam, 111 p.
[Hodgson résume, p. 76-77, ce que les auteurs qui l'ont précédé ont dit des « Tibbos » et de leur langue. Il récuse la parenté linguistique avec le berbère et classe le « tibbo » parmi les langues négro-africaines. P. 106-107, il donne un vocabulaire anglais - « tibbo » de Bilma comportant 57 items].

Hornemann, F., 1803. *Voyage dans l'Afrique septentrionale, depuis Le Caire jusqu'à Mourzouk, capitale du royaume de Fezzan* ; suivi d'éclaircissements sur la géographie de l'Afrique, par M. Rennell, traduit de l'anglais par..., et augmenté de notes et d'un Mémoire sur les oasis, composé principalement, d'après les auteurs arabes, par L. Langlès, Première Partie, Paris : Dentu, XLVIII + 476 p., 2 cartes hors-texte.
[L'édition originale du journal de Frederick Hornemann date de 1801, année de la disparition de l'auteur quelque part au Nigeria. A la page 145 de la traduction française on lit ceci : « La langue des tibbos se parle avec une rapidité extraordinaire ; [...] ». Plus loin, Hornemann cite cinq nombres en « tibbo » (1, 3, 4, 5, 10) très reconnaissables malgré une erreur typographique pour « 4 », que Langlès rectifie d'après l'édition allemande de l'ouvrage, p. 471 de l'appendice : il faut lire *tusso* et non *fousso*. Ces maigres données — recueillies en 1797-1798 — et qui sont, à ma connaissance, les plus anciennes que nous ayons, permettent à Langlès de faire des rapprochements douteux avec le berbère, d'où il conclut à une parenté évidente entre les deux langues].

Jarrett, K.A., 1981. « The development of the Kanuri aspect system within Western Saharan », *Nilo-Saharan*, éd. par Th.C. Schadeberg et M.L. Bender, Dordrecht (Holland) / Cinnamison (U.S.A.) : Foris Publications, p. 200-215.

Jourdan, P., 1935. *Notes grammaticales et vocabulaire de la langue daza*, London : Kegan Paul, Trench, Trubner and C°, VI + 58 p.
[Grammaire, lexique de 1 100 entrées françaises environ, phrases, proverbes, 5 contes].
Compte rendu de cet ouvrage dans *Anthropos*, 32, 1937, p. 301.

Jungraithmayr, H., 1981. « Langues du Soudan oriental du nord », *Les langues dans le monde ancien et moderne*, J. Perrot éd., Première partie : Les langues de l'Afrique subsaharienne (textes réunis par G. Manessy), Paris : C.N.R.S., p. 263-267.

Jungraithmayr, H., et Möhlig, W.J.G. (éditeurs), 1983. *Lexikon der Afrikanistik*, Berlin : D. Reimer, 351 p., cartes hors-texte.
[Voir, entre autres, les articles suivants : Barth, Lukas, Nachtigal, Nilo-Saharanisch, Saharanisch, Tubu].

Kronenberg, A., 1958. *Die Teda von Tibesti* (Wiener Beiträge zur Kulturgeschichte und Linguistik), Wien : Institut für Völkerkunde, vol. 12, XIII + 160 p.

Le Coeur, Ch., 1935. « Le Tibesti et les Teda : une circoncision », *Journal de la Société des africanistes*, t. 5, p. 41-60.
[Notes sur la langue teda, p. 51-60].

1950. *Dictionnaire ethnographique téda, précédé d'un lexique français-téda*, Paris : Larose (Mémoire de l'I.F.A.N. n° 9), 211 p., cartes et nombreuses planches photographiques hors-texte.
[Le lexique français-téda contient environ 1 500 entrées ; le dictionnaire téda-français en compte environ 1 200, dont certaines faisant plusieurs pages. En fin d'ouvrage figure une liste d'à peu près 250 anthroponymes. Ce livre est une mine incomparable pour l'approche du monde teda à partir de la langue].

Le Coeur, Ch. et M., 1956. *Grammaire et textes teda-daza*, Dakar, Institut français d'Afrique Noire (Mémoire de l'I.F.A.N. n° 46), 394 p., carte hors-texte.
[p. 13-128 : grammaire ; 129-258 : textes ethnographiques et historiques, chants, 2 contes, traduction en teda de *Genèse* 37-47 (Histoire de Joseph), parabole de l'enfant prodigue en teda ; p. 259-391 : lexique français-daza-téda-kanuri (environ 2 000 entrées françaises)].

Le Rouvreur, A., 1962. *Sahéliens et Sahariens du Tchad*, Paris : Berger-Levrault, 467 p.

Lukas, J., 1927. « Genesis des Verbalformen im Kanuri und Teda », *Wiener Zeitschrift für die Kunde des Morgenlandes*, 34, p. 87-104.

1936. « The linguistic situation in the Lake Chad area in Central Africa », *Africa*, 9, 3, p. 332-349.

1939. « Linguistic research between Nile and Lake Chad », *Africa*, 12, 3, p. 335-349.

1951-1952. « Umrisse einer ostsaharanischen Sprachgruppe », *Afrika und Uebersee*, 36, p. 3-7.

1953. *Die Sprache der Tubu in der zentralen Sahara*, Berlin : Akademie-Verlag, XIX + 206 p.

[Cet ouvrage est la meilleure étude linguistique existante, et la plus complète, pour les parlers dazza (avec référence à Nachtigal pour le teda)].

1953-1954. « Tubu-Texte und Uebungstücke », *Afrika und Uebersee*, 38, p. 1-16, 53-68, 121-134.

1958. Compte rendu de Le Coeur, *Grammaire et textes téda-daza*, in *Anthropos*, 53, p. 302-305.

1978. « Die unabhängigen Personalpronomina in der westzentralsaharanischen Sprachgruppe », *Afrika und Uebersee*, 61, p. 279-294.

Lyon, G.F., 1821. *A narrative of travels in northern Africa, in the years 1818, 19 and 20*, accompanied by Geographical notices of Soudan, and The course of the Niger, London : J. Murray, XII + 383 p., planches coloriées.
[Le capitaine Lyon est le second, après Hornemann, à avoir recueilli un vocabulaire « tubu », dans la localité de Gatrone (Al Quatrun) en Libye. Il contient 54 mots bien reconnaissables malgré leur orthographe à l'anglaise. Ce vocabulaire permit au géographe allemand Ukert, de Gotha, de reconnaître le premier en 1826 que les « Tubu » ne sont pas des Berbères (Chapelle, p. 10, note 14). Voici ce que Lyon dit (p. 232) de l'aspect de la langue : « The Tibboo speak very fast ; and their language, which is full of liquid letters, is really very pretty, and not resembling any of the other Negro dialects »].

Mairen, R. et Monod, Th., 1950. *Etudes sur la flore et la végétation du Tibesti*, Paris : Larose (Mémoire de l'I.F.A.N. n° 8),143 p., tableaux, planches.
[Contient p. 61-72 « Vocabulaire botanique teda » par Th. Monod, dans lequel il synthétise les données des auteurs anciens (1879-1939), tout en y ajoutant ses propres relevés].

Mukarovsky, Hans G., 1981. « Wo steht das Saharische ? », *Afrika und Uebersee*, 64, 2, p. 187-226.

Mueller, F., 1877. *Grundriss der Sprachwissenschaft*, vol. 1, 2ᵉ partie, Wien.
[Teda Sprache : p. 185-191].

Nachtigal, G., 1879, 1881, 1889. *Sahara und Sudan, Ergebnisse sechsjähriger Reisen in Afrika*, Berlin (1ᵉʳ vol. 1879 et 2ᵉ vol. 1881) et Leipzig : E. Groddeck (3ᵉ vol., 1889.
[Réédition en 1967. Graz (Autriche) : Akademische Druck und Verlagsanstalt, 3 vol.
vol. 1 : XIX + XXII + 748 p., tables et carte hors-texte,
vol. 2 : XXIV + 790 p., 4 cartes hors-texte,
vol. 3 : XXII + 548 p., documents et carte hors-texte.

[La réédition est préfacée par D. Henze. On y trouve, à la fin du 3ᵉ vol., p. 537-548, un lexique botanique contenant des noms de plantes en teda et daza. J. Lukas a exploité des manuscrits de G. Nachtigal contenant des données sur les langues teda et dazza].

1974-1980. *Sahara and Sudan*, translated from the original German, with an introduction and notes by A.G.B. Fisher and H.J. Fisher, [3 vol. parus à ce jour], London : C. Hurst and Cº.
[Pour le sujet qui nous intéresse, on se reportera aux volumes 1 et 2]
vol. 1 (1974), *Tripoli and Fezzan, Tibesti or Tu*, XIX + 460 p., 2 cartes hors-texte,
vol. 2 (1980), *Kawar, Bornu, Kanem, Borku, Ennedi*, XV + 540 p.

Newby, J., 1978. *Lexique des noms vernaculaires des plantes vasculaires du Tchad au nord du 13ᵉ parallèle* (version provisoire), français (*sic*) - arabe - dazaga, N'Djaména, 1 + 16 + 11 + 9 p. multigraph.

Noël, P., 1920. « Etude ethnographique et anthropologique sur les Tédas du Tibesti », *L'Anthropologie*, t. 30, p. 115-135.

Petraček, K., 1963. « Slovesnost obyvatel Vychodni Sahary (Teda-Daza, Kanuri, Zaghawa) », *Z dejin literatur Asie a Afriky*, 7, p. 50 ss.
[Le folklore des habitants du Sahara oriental].

1967. « Phonologische Systeme der zentralsaharanischen Sprachen (konsonantischer Phoneme) », *Archiv Orientalni*, 35, p. 26-51.

1969. « Phonologische Systeme der zentralsaharanischen Sprachen (vokalische Phoneme) », *Mélanges Marcel Cohen*, D. Cohen éd., The Hague : Mouton, p. 389-396.

1971. Die Zahlwörtersysteme der zentralsaharanischen Sprachen, V. Six et al. éds, *Afrikanische Sprachen und Kulturen - Ein Querschnitt*, Hamburg, p. 246-252.

1972. Die Grenzen des Semitohamitischen : Die zentralsaharanischen und semitohamitischen Sprachen in phonologischer Hinsicht, *Archiv Orientalni* 40, p. 6-50.

1978. « Berti and the Central Saharan Groups », *Aspects of Language in the Sudan*, R. Thelwall éd., The New University of Ulster, p. 155-180.

1979. « Zur inneren Rekonstruktion des zentralsaharischen Verbalsystems », *(Asian and African Linguistic Studies), Studia Orientalia Pragensia*, 9, p. 93-127.

Poutrin, Dr., 1914. *Esquisse ethnologique des principales populations de l'Afrique Equatoriale Française*, Paris : Masson, 129 p.

Pujo, 1938. « Le Borkou et ses habitants. Vie et moeurs », *Revue militaire de l'A.E.F.*, n° 12 et 14, p. 19-30.

1939. « La vie et les moeurs au Borkou. De la coutume juridique », *ibid.*, p. 35-53.

Reinisch, L., 1873. *Der einheitliche Ursprung des Sprachen der alten Welt nachgewiesen durch Vergleichung der afrikanischen, erythraischen und indogermanischen Sprachen mit Zugrundelegung des Teda*, Wien : Braumüller. [Réimprimé en 1968, Wiesbaden : M. Sändig, XVII + 408 p.].

Réquin (lieutenant), 1935. « Les clans téda du Tibesti », *Bulletin du Comité de l'Afrique française*, p. 55-59 et 259-264.

Richardson, J., 1850. « Words in Bornaouee and Tibaouee (Murzuk, may 1850) ». [Manuscrit déposé au Public Record Office, Foreign Office, London, vol. F.O., Tripoli, n° 73].

Rohlfs, G. [A recueilli un vocabulaire teda au cours de son voyage de Tripoli à Lagos (1865-1867)] - Référence inconnue.

Schneider, J., 1939. « Le Tibesti », *Bulletin de la Société des Recherches Congolaises*, 27, p. 5-93.

Soelken, H., 1952. Compte rendu de Le Coeur, *Dictionnaire ethnographique téda*, in *Anthropos*, 47, p. 1006-1068.

Spence, B.H.H., 1917. « Dazaga or Guran Vocabulary », 32 p. mss. [Archives Room, Sudan Library, University of Karthoum, Box 14, File 10-1190/4 WK].

Stanley, H.M., 1878. *Through the dark continent*, London : Sampson Low, Marston, Searle and Rivington. [Dans le volume II de cet ouvrage, on trouve aux p. 496-497 un vocabulaire « tibbu » de 29 mots].

Tucker, A. et Bryan, M.A., 1956. *The non-Bantu Languages of North-Eastern Africa*, Handbook of African Languages 3, London, New-York, Cape Town : published for the International African Institute by the Oxford University Press.

[Voir p. 46-52, position du teda-dazza au sein du groupe Kanuri, nombre de locuteurs et variétés dialectales].

1966. *Linguistic Analyses : The non-Bantu Languages of North-Eastern Africa*, Handbook of African Languages, London, New-York, Cape Town : published for the International African Institute by the Oxford University Press.
[Voir p. 168-192 une esquisse linguistique (phonétique et grammaire) du teda et de plusieurs parlers dazza. Cette esquisse a été rédigée d'après Ch. et M. Le Coeur (1956) et J. Lukas (1953). Le chapitre est intitulé : « The East Saharan Languages »].

Ukert, F.A., 1824. *Vollstandige und neueste Erdbeschreibung der Nordhälfte von Afrika*, 4ᵉ partie, 1ᵉʳ vol., Weimar : Institut géographique.
[On lit ceci, p. 694 : « Die Sprache der Tebado und Birgu vergleichen die Augilaer mit dem Pfeiden der Vögel ». « Les habitants d'Augila comparent au sifflement des oiseaux la langue des Tebabo et des Birgu »].
Je n'ai malheureusement pas pu retrouver le texte de Ukert (1826) auquel J. Chapelle fait allusion (voir à Lyon).

TEXTES DE CHARLES LE COEUR

METHODE ET CONCLUSIONS D'UNE ENQUETE HUMAINE AU SAHARA NIGERO-TCHADIEN*

M. Charles Le Coeur nous a autorisés à utiliser comme communication au Congrès le rapport qu'il avait adressé, au terme de sa mission 1942-1943, au directeur de l'Institut français d'Afrique Noire.

Monsieur le Directeur,
      La mission de sociologie et subsidiairement de linguistique que l'Institut d'Afrique Noire a bien voulu me confier du début de mai 1942 à novembre 1943 était destinée à me permettre de vérifier et de compléter chez les Toubou du Niger les enquêtes que j'avais menées chez les Toubou du Tchad de la fin de 1933 au début de 1935, mais dont je n'avais encore publié que peu de résultats. Tous les spécialistes sont en effet d'accord pour penser qu'on ne connaît bien un peuple que quand on l'a non seulement vu, mais revu après une absence, qui permet au milieu d'informateurs de se renouveler, pendant que l'enquêteur lui-même rafraîchit sa curiosité. Cette sorte de contre épreuve, qui est déjà importante quand le chercheur poursuit un but de simple documentation, devient tout à fait indispensable quand, comme c'était mon cas, il aspire à contribuer à la science de l'esprit humain. Contrairement en effet à l'axiome d'Aristote et à ce qu'on croit souvent, la science en matière humaine a horreur du général et assoit de préférence ses démonstrations sur des faits individuels, toujours riches de sous-entendus qu'on ne comprend parfaitement que si l'on est familier avec l'ambiance dans laquelle ils sont nés.
      Pour mériter ce beau nom de savant, j'ai tâché de mener de front pendant les dix-huit mois qu'a duré ma mission les enquêtes méthodiques de l'ethnographe, le laisser-aller du voyageur simplement avide d'expériences

---

* 1951. Dakar : I.F.A.N., Première conférence internationale des Africanistes de l'ouest, extrait des comptes rendus, t. II, p. 374-381.

nouvelles et malléables à l'imprévu, enfin les analyses systématiques du philosophe sur les documents déjà recueillis. Je m'excuse d'avance si la complexité de cette méthode fait paraître enchevêtré le texte de ce rapport.

Arrivé le 4 mai à Dakar, j'ai passé une semaine à explorer les monographies inédites sur les Toubou que possède l'Institut d'Afrique, puis j'ai pris la route du Niger. A Niamey, j'ai profité d'un arrêt d'une dizaine de jours pour faire une enquête sur l'alimentation des Djerma et des Peuls de l'endroit, grâce à l'aide d'un interprète mis à ma disposition par l'Administration conformément au statut de l'Ecole française d'Afrique, et avec la collaboration de ma femme qui se chargea d'interroger les mères de famille sur la nourriture des petits enfants. Je fus aidé par les correspondants locaux de l'Institut français d'Afrique Noire. Européens comme M. l'ingénieur Rouch, M. Marchal ou le docteur Boulnois, dont l'exemple m'encouragea, ou jeunes instituteurs noirs, dont les indications judicieuses et nuancées me permirent de préciser mes questions sur certains points délicats. Avec le laps de temps très réduit dont je disposais il ne pouvait être évidemment question que d'un travail préliminaire. Quelques conclusions précises en sont néanmoins ressorties :

1) la fidélité des Peuls à leurs traditions alimentaires, même quand ils sont voisins des Djerma et à demi sédentarisés ;
2) la fidélité des Djerma à la leur, même quand ils sont instruits à la française et pour le reste passablement européanisés ;
3) le bon sens de ces traditions, mais avec un inextricable mélange des pratiques proprement hygiéniques avec des rites et des mythes.
Le tout témoignait que l'alimentation n'est pas seulement pour les indigènes de Niamey une opération physiologique, mais qu'elle entraîne toute une construction sociologico-psychologique, qui va de l'amusette pour enfant dont tout le monde sourit jusqu'aux considérations morales les plus graves. Le temps m'a manqué pour chercher des cas particuliers qui permettraient d'établir si cette superstructure est un simple épiphénomène de l'appétit et de la digestion, ou si elle constitue un excitant intellectuel indispensable de sorte qu'on serait obligé de dire que l'homme se distingue de l'animal non seulement par sa faculté d'inventer des idées et de se passionner pour elles, mais aussi par le fait que le libre déploiement de cette sensibilité imaginative est chez lui nécessaire à la bonne marche des fonctions animales elles-mêmes, ainsi que les médecins et les mères le constatent chez certains enfants.

J'ai repris ensuite mon voyage, et je suis arrivé à Zinder où j'ai fait un nouvel arrêt d'une semaine, et d'où je vous ai envoyé une note sur le cas curieux d'un Toubou qui s'est converti au christianisme par admiration pour l'Evangile lu en traduction haoussa, et qui cependant ne renie ni l'islam ni surtout le Coran, qu'il a appris dans son enfance à connaître assez bien.

A partir de Zinder, je n'ai plus employé que des moyens indigènes de transport. Une caravane de chameaux m'a mené à Gouré, que j'ai pris pour centre pendant six mois au cours desquels je tiens à reconnaître l'aide que j'ai reçue, de l'amabilité, de la curiosité d'esprit et de l'expérience coloniale de M. l'Administrateur Ceccaldi, commandant du cercle, et de son adjoint, M. l'Administrateur Hugo.

J'ai employé les deux premiers mois de cette période à l'étude du dialecte des Toubou du sud, les Daza. Je ne connais encore en effet que celui des Toubou du nord les Téda, dans le territoire desquels ma première mission s'était presque tout entière déroulée. Heureusement les deux dialectes sont assez parallèles pour que j'aie pu me mettre assez rapidement au courant sous la direction de jeunes Daza, élèves à l'école de Gouré. J'ai fait ensuite deux longues tournées dans les campements daza du nord du cercle, en m'attardant spécialement près des familles de mes jeunes informateurs. Comme l'un d'eux était un Daza noble, ou Daza proprement dit, et l'autre un de ces vassaux tout à la fois chasseurs, artisans, et quelquefois saltimbanques qui s'appellent Aza, je me suis appliqué à pousser l'étude de cette distinction qu'on retrouve avec quelques nuances dans toute l'étendue du monde bédouin, de la Mauritanie à la Syrie.

Lors de mes retours à Gouré, j'ai rédigé mes notes, classé et enquêté une collection ethnographique destinée au Musée de Dakar. Ma femme a développé ses photographies. J'ai tâché de plus de faire la connaissance des Kanouri Manga sédentaires de la région et des Peuls nomades disséminés parmi eux. Pour ces enquêtes l'interprète de Kanouri mis à ma disposition par M. l'Administrateur du cercle de Zinder m'a rendu les plus grands services, le kanouri constituant la langue commune de la région.

Dans ma façon de travailler, je me suis efforcé de tenir compte des subtilités de la philosophie moderne, que préoccupe beaucoup le problème de l'objectivité et du coefficient subjectif dont toute connaissance est affectée. En conséquence, j'ai employé concurremment trois méthodes : regarder vivre les indigènes, interroger chaque groupe sur lui-même, les interroger les uns sur les autres, de façon à noter successivement les faits eux-mêmes dans leur particularité anecdotique, l'idée que s'en font les acteurs, enfin l'impression qu'ils produisent sur leurs voisins. J'ai poussé le scrupule jusqu'à noter parfois mes propres impressions, dans la pensée que la réaction d'un Européen pouvait avoir, dans certains cas, une valeur révélatrice. Je me suis néanmoins gardé de tout dilettantisme, et j'ai toujours, autant que je l'ai pu, multiplié les vérifications de faits, critiqué mes premières impressions, et même celles de mes informateurs, avec qui j'ai passé de longs moments à discuter leurs affirmations, et que j'ai souvent convaincus d'avoir parlé trop vite, en leur opposant des faits constatés par moi-même. La conclusion d'une discussion de ce genre importe seule en général ; quelquefois néanmoins toutes les phases en sont intéressantes à noter. L'idée inexacte que quelqu'un se fait d'un fait social ou l'idée exacte qu'il refuse de s'en faire ont en effet souvent la même valeur d'indice que les rêves et les actes manqués qu'étudie la psychanalyse.

Le résultat de ce jeu d'enquête et de contre-enquête, véritable expérimentation sociologique à laquelle je me suis complu, a été de souligner ce côté imaginatif de la vie sociale que j'avais déjà constaté à Niamey, les nomades peuls, pasteurs de boeufs et de moutons dans la savane méridionale des mares, et les nomades daza, pasteurs de boeufs et éleveurs de chevaux et de chameaux dans la savane septentrionale des puits ne diffèrent pas seulement par ce genre de vie imposé par la nature, mais aussi par ce qu'on pourrait appeler un style de vie, qui n'est qu'une préférence de l'imagination. Cet élément romanesque saute aux yeux, quand, au lieu d'interroger les indigènes sur leurs contemporains vivants on les interroge sur leurs grands-pères morts, qu'ils voient encore avec des yeux d'enfants. On est sûr, par exemple, d'amener un sourire sur les lèvres du Peul en évoquant un grand vieillard vêtu seulement d'un pagne de cuir serré autour des reins, un petit chapeau de paille rond orné de plumes d'autrefois sur la tête, debout sur la jambe gauche, le genou droit plié, un long bâton à la main, le regard perdu dans la contemplation d'un troupeau de zébus, qui vaut des millions, et au milieu duquel il vit misérablement, content d'en être le maître dans son orgueil solitaire. L'ironie même qui se glisse dans le sourire du petit-fils surtout en ce qui concerne la quasi-nudité du grand-père a une teinte d'attendrissement et colore de pudeur l'admiration filiale aux yeux du Français qui écoute. Le même réflexe se retrouve chez un Daza, quand on le fait parler d'un de ses vieux chefs d'autrefois, qui, à la tête d'une dizaine de cavaliers, chargeaient, javelot haut, des sédentaires surpris et affolés. Par un processus très bizarre sur lequel j'aurai à revenir, des images de ce genre orientent la vie, même de ceux des Peuls qui ne possèdent pas de boeufs et ceux des Daza qui n'ont jamais fait la guerre. Leur divergence explique l'incapacité où sont ces deux groupes de s'assimiler l'un à l'autre, même quand l'obstacle géographique disparaît, quand leurs terrains de parcours s'enchevêtrent ou qu'un Peul passe des années comme salarié chez des Daza.

A première vue, on serait tenté aussi d'expliquer les particularités qui distinguent le groupe aza de l'ensemble des Daza, d'une façon matérielle par leur pauvreté en bétail, effet et cause tour à tour de leur infériorité militaire. Et c'est vrai dans une très large mesure. Cependant ces particularités subsistent après trente ans de paix française, qui ont permis aux Aza de devenir d'aussi riches propriétaires de troupeaux que les nobles Daza. J'en étais d'autant plus étonné au début qu'au premier abord les Aza paraissent en avoir honte. J'ai eu a clef du mystère quand je me suis aperçu qu'il n'y avait pas un Aza dont le visage ne s'illuminât, souvent malgré lui, à l'évocation du retour des chasseurs. Les lourdes charges de viande séchée qu'ils rapportent de leur longue expédition, les chants par lesquels les femmes célèbrent le courage et l'adresse de «Nos Aza», comme elles disent, enfin les danses qui le soir mêlent toute la jeunesse, danses musicalement rythmées des femmes et danses guerrières des hommes coutumières à tous les Daza, et aussi danses des hommes à la manière féminine, qui sont le cher et honteux secret des Aza, tout cela forme un ensemble émotionnel dont il n'est pas un de ces chasseurs-artisans-saltimbanques qui ne soit à jamais marqué.

Je me suis avisé assez tard du caractère sexuel de ces images émotives qui illuminent et particularisent chacune de ces civilisations, et c'est seulement l'année suivante que j'ai eu l'occasion de l'étudier systématiquement en observant chez les Téda la répugnance des familles fières à laisser leurs filles épouser des Français, et l'obstination des jeunes gens à s'exposer aux pires désagréments de la part de la loi française plutôt que de ne pas se conformer au type idéal de jeune homme que chantent les jeunes filles. Mais je crois que rétrospectivement je puis généraliser les résultats auxquels m'a conduit cette enquête ultérieure. En bref, ma conclusion est qu'une grande partie de ces coutumes d'origine imaginative joue par rapport à l'appétit sexuel le même rôle de stimulant et de régulateur que les coutumes similaires que j'avais relevées à Niamey par rapport à l'appétit alimentaire.

Quand la fraîcheur est venue, j'ai quitté la région de Gouré avec une caravane daza. Partis de Gouré le 5 novembre, nous sommes arrivés le 5 décembre à Bilma après avoir traversé le Ténéré sur l'itinéraire Termit-Agram (Fachi). j'ai passé deux mois à Bilma à faire une première rédaction provisoire de mes notes sur la langue daza, avec l'aide d'informateurs qui venaient de la région de N'Guigmi et de Mao, et m'ont donné un certain nombre de variantes intermédiaires entre celles que j'avais relevées à l'ouest et celles qu'a notées le capitaine Jourdan dans son précieux livre sur le daza du Bahr Ghazel. Puis j'ai été m'installer près du poste militaire de Chirfa, tout à fait dans le nord du Kawar. J'y ai passé un peu plus de trois mois que j'ai employés à faire une tournée dans le massif du Djado (Brao en Téda), ainsi qu'à rafraîchir et compléter ma connaissance de dialecte téda. Quand l'été est venu, j'ai été m'établir dans la palmeraie de Djado, inhabitée en hiver mais où j'ai vu peu à peu affluer des familles téda d'Agadem, du Kawar et d'Abo, au fur et à mesure que se rapprochait le moment de la récolte des dattes. Au mois de septembre 1943, l'autorisation de M. le Gouverneur général de l'A.O.F. m'a permis de terminer ma mission par un bref séjour au Tibesti, au cours duquel j'ai pu recevoir et interroger rapidement quelques-uns des Téda que j'avais connus dix ans plus tôt. Je suis revenu à temps pour prendre le 24 octobre, à Dirkou, un camion militaire qui nous a ramenés, ma femme et moi, à Agadès puis à Zinder, où nous avons pris un camion de la S.A.T.T. qui nous retournait à Alger à travers le Hoggar.

    La partie la plus intéressante de cette fin de mission a été le séjour à Djado. Abandonnés par notre boy, nous nous sommes trouvés pendant plusieurs mois, seuls étrangers, ma femme et moi, dans un campement téda. Il fallait avoir une maison, nous procurer de l'eau, du bois, faire la cuisine, profiter des occasions de dattes, d'oeufs de poule. Les Téda étaient donc pour nous bien plus que de simples informateurs que j'aurais pu interroger d'une façon impersonnelle, comme on compulse un dictionnaire. Bon gré mal gré nous dépendions d'eux, et cela dans des conditions d'autant plus délicates que nous n'avions pas beaucoup d'argent et aucune autorité politique. Je suis loin de m'en plaindre d'ailleurs, et l'expérience m'a même prouvé que c'étaient de bonnes conditions de travail. Mais au premier abord j'étais d'autant plus perplexe que je n'avais pas rencontré un administrateur ou un officier qui ne se plaignît des rapines des Toubou, que tout le monde me les avait dépeints comme cupides et perpétuellement de mauvaise foi, et que mes propres expériences dans l'organisation de caravanes tant chez les Téda que chez les Daza avaient dans l'ensemble confirmé ce portrait. Tout s'est bien passé cependant et les difficultés mêmes que nous avons rencontrées nous ont permis d'apprécier la rigoureuse honnêteté, la discrétion, et je dirai même, jusqu'à un certain point, la générosité des Téda. Comme nous n'avions eu déjà qu'à nous louer de l'hospitalité daza, nous revenons, ma femme et moi, avec, pour les Toubou, tout compte fait, le même sentiment d'estime et de reconnaissance que Duveyrier avait rapporté de son séjour parmi les Touaregs.

    Ce sentiment est peut-être naïf. Je tiens néanmoins à l'exprimer car, même à se placer à un point de vue purement scientifique, il constitue un fait, dont la contradiction avec d'autres impressions, notamment celles de Nachtigal pillé par les Téda en 1870, pose un problème intéressant.

    Ce mélange de générosité chevaleresque et de perfidie brutale, qui serait chez nous presque impossible, est lié chez les Toubou au paradoxe plus grand encore d'une organisation politique qui réalise à la lettre l'utopie de l'anarchie. Les Toubou ont des lois ou plutôt des coutumes, mais personne n'est chargé de les faire respecter. Les seuls chefs que connaisse leur tradition sont soit des chefs de guerre momentanés auxquels s'agrège qui veut, pour le temps qu'il veut, soit des sortes d'anciens (je n'ose pas dire de « présidents »), dont la nomination est entourée de règles très précises dans le cas du *derdé* suprême du Tibesti, mais dont l'autorité était purement morale jusqu'à l'arrivée des Français, et se limitait à celle d'un arbitre plus ou moins prestigieux, mais facultatif, et surtout à celle d'un ambassadeur auprès des étrangers.

Cet état d'esprit, qui est resté pour l'essentiel un état de fait, s'explique évidemment par les possibilités du milieu géographique. Avec un troupeau d'une vingtaine de leurs belles vaches blanches aux longues cornes, un Daza mène sans peine, tout seul dans la savane, une vie opulente et presque oisive, et s'il veut se cacher, tous les administrateurs du Tchad et du Niger savent combien il est difficile de mettre la main sur lui. Il en est à peu près de même pour un riche Téda, propriétaire de chamelles.

Cependant la plupart des Téda, dont le bétail se réduit à quelques chèvres, sont plus attachés aux jardins et aux palmiers qu'ils irriguent. Mais il leur suffit de creuser un puits dans n'importe quel point d'une des longues rivières souterraines du Tibesti. Ils n'ont donc besoin ni de capital ni d'aide. Cela peut être une culture de solitaire, et je me souviens par exemple, d'avoir vu au Tibesti une petite oasis que faisait vivre le travail de deux familles. Par dessus le marché, au moment de mon passage, ces familles se trouvaient dispersées dans les pâturages de la périphérie du massif, de sorte que je n'ai vu que deux vieilles femmes qui n'étaient nullement troublées de vivre toutes seules pendant plusieurs mois, à plusieurs journées de marche de tout être vivant.

Si un Téda est menacé, il lui est facile, de plus, de trouver un refuge dans d'inaccessibles étendues de rocher nu qu'il est seul à connaître.

L'anarchie toubou est donc en premier lieu le produit naturel d'un pays où l'homme n'a ni grand besoin ni grande peur de son semblable. Mais cette explication ne suffit pas. On s'en rend compte au Kawar, quand on embrasse d'un seul coup d'oeil les cases de nattes dispersées des libres Téda à côté des maisons de pierres serrées les unes contre les autres des villes kanouri. Si les Téda ne vivent pas eux aussi groupés et soumis, c'est qu'ils ne le veulent pas, et je me suis appliqué à recueillir les faits qui le prouvent. Un des plus typiques est la fierté qu'éprouvent les mères téda à donner à leur enfant un nom qui signifie que le père n'écoute personne, n'accepte aucun arbitrage, souvent même est brouillé avec tous ses voisins. Mais l'essentiel est leur mépris pour le genre de vie des sédentaires. Se laisser assimiler à eux serait tellement ridicule et déshonorant qu'ils n'en envisagent même pas la possibilité.

Ce sentiment de l'honneur, qui est le stimulant de l'anarchie toubou, en est aussi le principe régulateur. Il est glorieux de voler du bétail, mais, sauf en cas de nécessité de guerre, absolument déshonorant de voler dans une case ou dans un grenier, si bien que les Téda peuvent laisser en toute confiance leurs réserves de dattes et de grains à la discrétion des passants dans des fentes de rochers ou des greniers de pierre éloignés de toute habitation, et qu'il en est à peu près de même pour les greniers à mil des sédentaires des Daza.

De même, il est glorieux de tromper un ennemi, mais moralement impossible de ne pas être solidaire de ses parents, glorieux de gruger un caravanier avec qui l'on a affaire, mais impossible de ne pas faire un cadeau proportionné à sa richesse aux fêtes d'un parent ou même d'un voisin, ou si l'on est au contraire celui qui le reçoit, de ne pas en rendre l'équivalent à la première occasion. Cet échange de cadeaux est même une des clefs de voûte de l'économie toubou. Quand un homme subit une perte de fortune (indemnité à payer pour un meurtre, amendes des Français, incendie de case, perte d'un animal, dépenses de mariage, etc.), tous ses parents et souvent ses voisins lui font un cadeau pour le dédommager, à charge de revanche naturellement, de sorte que l'équivalent de notre système d'assurance, basé sur l'intérêt bien entendu de chacun, se retrouve chez les Toubou avec une coloration psychologique presque opposée, que dominent l'orgueil de la générosité et la peur de paraître avare.

Ce mépris du ladre fait contre-poids à l'esprit d'anarchie, et incline les Toubou, malgré leur indépendance de principe, à des procédures de conciliation qui tiennent lieu chez eux de justice. C'est surtout chez les Téda que je les ai vues fonctionner. Quand deux personnes sont en désaccord parmi eux, tous les hommes du campement se réunissent sous la présidence de l'ancien. Les deux parties exposent publiquement leur point de vue, puis la parole est donnée à tous ceux qui le désirent. Les sages de l'assemblée mènent la discussion de manière à rapprocher les deux thèses, jusqu'à ce que l'un des adversaires sente que l'opinion publique, lui donnant tort, juge qu'il se devrait d'offrir tel ou tel cadeau de dédommagement à l'homme qu'il a offensé ou lésé. Cette opinion même unanime, du *kyofono* (ainsi qu'on dit : assemblée, en Téda), n'a jamais force de loi. Mais le plus souvent elle se révèle efficace, et la peur de passer pour chiche en se dérobant au cadeau qu'on lui demande l'emporte presque toujours dans l'esprit de la partie désapprouvée sur la fierté de s'obstiner seul contre tous.

L'étude de vie économique, politique et juridique des Toubou et plus spécialement des Téda, m'a donc ramené à cette forme imaginative de la vie sociale à laquelle ont abouti toutes mes enquêtes. Mais le grand nombre de faits recueillis en des occasions où j'étais souvent moi-même partie, m'a permis je crois de pousser plus loin l'analyse. En voici les conclusions, débarrassées de tout l'appareil de démonstration minutieux qui serait nécessaire.

Deux choses m'ont frappé :
1) l'extraordinaire bon sens des Téda qui n'envisagent que ce qui est possible (les discussions des *kyofono* sur les cadeaux de dédommagement étant à cet

égard très curieuses à suivre), mais en revanche le devinent avec une rapidité, qui, notamment en voyage, paraît presque divinatoire ;

2) le caractère, sinon exclusivement, du moins essentiellement négatif de l'honneur qui, même quand il pousse à une action positive, comme voyager ou faire des cadeaux, le fait psychologiquement par l'intermédiaire d'une inhibition, par la honte d'être sédentaire plus que par la fierté d'être nomade, par la honte d'être avare plus que par l'orgueil d'être généreux.

Si l'on voulait résumer l'idéal social des Téda par une image, comme je l'ai fait pour les Daza et les Peuls, celle qu'il faudrait choisir serait sans doute celle d'un meurtrier allant se cacher dans le rocher. Mais en réalité, le romantisme de cette vie de fugitif n'agit efficacement que sur bien peu de Téda. Tous au contraire sont sensibles à la honte de se soumettre, ou d'ignorer le rocher, ou d'être incapables de supporter des privations, de même que tout Daza est sensible à la honte de passer pour un lâche, que tout Aza rougirait d'être un mauvais chasseur et tout Peul un mauvais bouvier. La force de ces images vient de ce qu'elles concrétisent le terme extrême auquel conduit l'application stricte des tabous de la tribu, et c'est pourquoi elles n'ont pas besoin d'être réalisées ni réalisables pour agir.

L'analyse montrerait de même, il me semble, que l'essentiel de ce que j'ai appelé le côté imaginatif des conduites alimentaires et sexuelles est fait également de tabous. La gloriole, la coquetterie, le jeu existent sans doute : mais ils n'ont qu'une valeur subordonnée. *Nungo*, la honte, est dans tous les domaines, le terme moral fondamental des Toubou.

Traduites en terme de psychologie abstraite, ces conclusions signifient qu'il y a dans l'âme humaine deux facultés, l'une positive, le bon sens, qui est le sens des possibilités, et l'autre négative, l'honneur ou plutôt la honte, qui est le besoin au contraire de s'interdire quelques-unes de ces possibilités : d'un côté l'instinct d'adaptation, et de l'autre l'instinct du refus d'adaptation.

Si l'on se contente de la première impression d'ensemble d'un Européen, les particularités des sociétés du Sahara central tibesto-nigerotchadien s'expliquent, dans ce qu'elles ont de commun, par l'adaptation à un milieu identique, et dans ce qu'elles ont de différent par ce refus d'adaptation qui, étant arbitraire, varie selon chacune d'elles. A regarder de plus près, et avec les yeux de l'indigène lui-même, le milieu n'apparaît plus si rigoureusement identique, et certaines différences s'expliquent, au contraire, par l'adaptation à la variété des nuances locales, tandis que des refus d'adaptation passent, malgré leur arbitraire, d'une société à sa voisine, par une sorte de contagion, dont la propagation des tabous musulmans offre un exemple historiquement saisissable. La régularité du double mécanisme mental qui produit ces effets ne ressort que mieux de leur diversité.

Quand on compare l'homme à l'animal, il semble d'abord que le premier soit un être sans limites. Tandis que chaque animal est enfermé par son espèce dans un régime alimentaire défini, dans une saison des amours, dans son pelage et dans son cri, l'homme est omnivore, peut faire l'amour toute l'année, parle n'importe quelle langue, se vêt et se loge de mille façons diverses, supporte tous les climats, adopte tous les genres de vie. Mais l'instinct de honte est là, qui fait qu'il s'impose à lui-même les limitations que ne lui impose plus la nature. La différence des sociétés remplace ainsi la différence des espèces. Je ne sais si la biologie n'aurait pas intérêt à méditer sur cette équivalence. Peut-être le problème de l'évolution sortirait-il de l'impasse où il semble être en ce moment, si les naturalistes se décidaient à accorder aux faits de non adaptation une valeur aussi positive qu'aux faits d'adaptation, de même que les psychologues n'hésitent pas à mettre sur le même plan les réflexes d'inhibition et les réflexes d'action, et sont tentés de se demander quelquefois si les premiers ne sont pas plus que les seconds caractéristiques de la vie.

Mais je n'ai naturellement pas l'intention d'aborder dans toute son ampleur cette question du refus de la facilité dans les phénomènes biologiques. J'espère seulement tirer, avec le temps, des documents que j'ai recueillis pendant cette mission, une démonstration assez précise de son importance en matière sociale.

Je n'oublie d'ailleurs pas que les documents peuvent intéresser plusieurs catégories de lecteurs, et j'ai l'intention d'en faire des publications de caractères divers :
1) un dictionnaire ethnographique de la langue téda, précédé d'une introduction grammaticale et suivie d'un texte ;
2) un article sur : les particularités et les mots de la langue daza qui n'ont pas été notés par Jourdan, suivi du texte de quelques chansons ;
3) un travail d'ensemble, long article ou petit livre, sur les langues téda et daza ;
4) un livre de sociologie sur le bon sens et l'honneur dans le monde toubou du Sahara central, où je tâcherai d'associer une description complète de ces sociétés sahariennes et l'exposé de la thèse sociologique que je viens de résumer, de façon que la description démontre la thèse pendant que la thèse vivifiera la description, en faisant toucher du doigt les ressorts intérieurs des faits.

J'ajoute que ma femme compte faire un album de photographies classées et commentées du monde toubou.

Au point de vue pratique, j'ai deux suggestions à présenter, si vous ne jugez pas cela indiscret de ma part...

1) J'ai été frappé au point de vue scientifique du gâchis des bonnes volontés

et souvent des bonnes volontés compétentes qui résulte dans chaque colonie de l'abandon des bibliothèques et du désordre des archives. Il serait souhaitable à mon sens qu'il y ait dans chaque colonie un archiviste chargé de mettre à la disposition des travailleurs à la fois des livres et les études inédites susceptibles de les aider. Cet archiviste pourrait être tantôt un fonctionnaire colonial désireux de se spécialiser lui-même quelques années dans la recherche, tantôt un savant professionnel. Il ressemblerait à l'ethnographe professionnel des colonies anglaises, avec la différence qu'il ne jouerait aucun rôle politique. Tout en faisant ses propres recherches de caractère désintéressé, il se contenterait de fournir des instruments de travail aux enquêtes officielles en même temps qu'à celles des travailleurs indépendants.

2) Au point de vue administratif, j'ai été frappé comme tout le monde de l'absence de principe dans l'Administration de la justice française chez les Toubou. Plusieurs juges sont possibles : chef indigène, cadi administrateur ou officier français ; plusieurs codes sont applicables : coutume toubou (assez flexible d'ailleurs), droit musulman, code indigène officiel, bon sens de la justice de Salomon qui est assez dangereux entre les mains d'un individu isolé, surtout quand il est étranger ; le mieux serait, il me semble, de reconnaître la compétence des assemblées de conciliation sous la présidence de l'administrateur ou de l'officier qui tiendrait registre de leurs décisions, et ferait des tournées à cette fin. Le tribunal officiel composé de l'administrateur assisté d'assesseurs indigènes ne fonctionnerait que lorsque la procédure de conciliation aurait échoué, ou qu'il s'agirait d'un crime de caractère politique (meurtre de bétail, atteinte au respect de l'autorité française ou de ses agents). Avec des modalités différentes cette réforme correspondrait à celle par laquelle le protectorat marocain a reconnu la juridiction des *jemaa* berbères, et aurait les mêmes bons effets.

Veuillez agréer, Monsieur le Directeur, l'expression de mon respect.

Fig. 16 — Le derdé Chaï revenant de tournée (Bardaï, 1934) (cliché Charles et Marguerite Le Coeur).

LE SYSTEME DES CLANS AU TIBESTI*

Conférence prononcée en 1935, à Paris

Le meilleur moyen d'exposer le système des clans au Tibesti est de raconter comment je suis arrivé à le débrouiller grâce aux enquêtes menées parallèlement à la mienne par les officiers français, qui, en 1933 et 1934, commandaient le territoire. Il y a là, je crois, un exemple intéressant de la manière dont peut s'organiser spontanément la recherche scientifique dans les territoires d'outre-mer.

Le Tibesti dont les sommets, l'Emi Koussi, le Toussidé, dépassent 3 000 mètres, est le massif le plus important du Sahara, au sud-est du Hoggar sur le méridien qui va de Tripoli au lac Tchad à la hauteur du Tropique. Il est habité par 6 000 Téda, semi-nomades vivant du produit de leurs troupeaux de chèvres et de moutons sans laine, et des cultures d'une douzaine de palmeraies qu'entretiennent en hiver les esclaves et les vieillards. Les riches Téda possèdent quelques chameaux qu'ils font pâturer au pied de la montagne, au débouché des vallées à rivière souterraine. Ils ne sont donc qu'à demi montagnards et restent en rapports étroits avec leurs parents des plaines du Borkou et de Tchigaï, entre le Kawar et le Tibesti de l'ouest.

La valeur économique du Tibesti est nulle pour les Européens, et c'est seulement afin d'empêcher qu'il constituât un centre de rezzous contre le territoire du Tchad que l'Administration française le fit occuper par une compagnie de tirailleurs noirs. A peu près au moment où je suis arrivé, en automne 1933, le capitaine Schneider qui la commandait alors, entreprit avec l'aide de ses officiers un vaste inventaire de ce que la tradition administrative appelait les tribus téda, et que je préfère nommer les clans, parce qu'il s'agit

---

* Etudes nigériennes n° 1, in Mémoriam Charles Le Coeur, I.F.A.N., Niger, 1953, p. 11-16.

aujourd'hui, comme nous le verrons, d'institutions domestiques beaucoup plus que politiques. Le capitaine Schneider appliqua la méthode des généalogies en ligne paternelle, et par des interrogatoires qui atteignirent plus d'une centaine d'individus choisis parmi les plus compétents en la matière, il dressa un historique des familles téda, qui restera comme un document historique capital.

Le lieutenant Réquin, commandant le poste de Bardaï où je passai l'hiver, eut l'amabilité de me tenir au courant de ses propres interrogatoires. Historiquement les résultats furent assez vite nets. Ils permettent essentiellement de distinguer deux groupes, celui des clans autochtones (ou du moins très anciennement établis au Tibesti), et celui des clans d'origine étrangère : les premiers, *Berdoa* (Cerdégéa, Zourya, Kocheda) *Ederkia, Foctoa, Odobaya, Kééssa, Goboda, Dirsina, Emmeouya*, se rattachent aux premiers habitants du pays connus sous le nom injurieux de Terbouna (gardiens d'ânes), de Kida (chiens), de Fountia. Ils ne sont pas fiers de leur ascendance et la dissimulent volontiers.

Les autres viennent de tous les points cardinaux. De Koufra : *Forténa, Mahadena, Tezéréa* ; de l'Ennedi : *Héhéda, Mada, Tozoba* ; du Borkou : *Tchioda, Torama, Arnasouinga*, d'où sont sortis les *Derdékichia* ; du Tchigaï : *Gounda, Tomagra*. Ces deux derniers clans se sont disputés la souveraineté du Tibesti. Les Gounda vaincus se sont presque tous concentrés au Kawar ; les Tomagra ont davantage pénétré le massif à qui ils fournissent son chef suprême le Derdé.

La localisation actuelle de ces clans est plus incertaine. Sans doute les Kochéda se trouvent-ils en principe dans le Bardagué ; les Emméouya et les Derdékichia dans les palmeraies d'Aozou ; les Goboda sur le Tarso Goubone. Mais il n'y a pas de lieu où l'on ne trouve des membres de différents clans, ni de clans qui n'aient de membres dispersés dans tout le Tibesti. Dans le village d'Omou, par exemple, sur cinq hommes que j'ai interrogés, il y avait un Arné (singulier de Arna), un Tédémé, un Térenté, deux Tozoba ; l'un avait une mère Emméouyédo (do = féminin), deux autres Tozobédo, deux Tédémédo.

Ce qui complique encore les choses c'est qu'à la classification ethnique des individus par clans d'origine, s'ajoute une classification géographique par lieu de naissance. La femme Emméouyédo dont je viens de parler m'avait été tout d'abord indiquée comme Aouzédo (d'Aozou). La distinction n'est pas toujours claire. Les Tarsoa désignent-ils un clan spécial ou tous les habitants des plateaux centraux appelés Tarso ? Et les Toudoufia, ceux de Toudoufi ? Les Zaouia, ceux de Zoui ? Les Tamertioua, du Tarso Tamertiou ? Les Berdoa, de Bardaï ? Les Goboda de Goubone ? En gros, on peut dire que les clans les plus anciens sont d'origine géographique, les clans envahisseurs d'origine ethnique. Mais il tend à se créer de nouveaux clans d'origine géographique qui eux aussi donnent des généalogies, artificielles évidemment, mais peut-être pas plus que celles des autres. Il est à remarquer en effet que chacune des généalogies dont nous avons parlé aboutit à un ancêtre unique quoiqu'il soit bien évident que l'ancêtre des Tomagra ou des Tézéréa par exemple n'était pas venu seul au Tibesti. Bref, les clans sont des groupements d'origine mi-héréditaire, mi-territoriale, partiellement fictifs par conséquent, et comme les limites de cette fiction n'ont pas été conventionnellement fixées par une tradition précise, il paraît impossible d'établir une liste de clans qui échappe à tout arbitraire.

Le hasard me mit cependant sur la voie d'un autre élément de classement, auquel j'aurais dû penser tout de suite, car il est général au Sahara : en me rendant aux sources sulfureuses de Soboro, je fus frappé par la vue d'un bloc de tuf couvert de dessins conventionnels. J'en demandai l'explication et j'appris que chacun d'eux représentait l'emblème d'un clan. Chaque clan possède en effet un blason, que ses membres sont fiers de graver sur du roc comme en ce cas, sur leurs cannes, sur leurs fouets, et plus pratiquement sur leurs chameaux et sur leurs ânes où il sert de marque de propriété. Il est formé de deux ou trois signes choisis dans une sorte d'alphabet d'une vingtaine d'images stylisées qui, à la manière des hiéroglyphes, sont censées représenter un pied d'âne, un pied de gazelle, une épée, un collier, une hache, un homme, un couteau de jet, une gaule, un fortin, des lanières de sac, etc. Parfois la représentation du même signe comporte des variantes d'un clan à l'autre (à vrai dire elle en comporte même d'individu à individu) ; d'autres fois au contraire la représentation est la même, mais dans l'ensemble cependant il y a une assez grande homogénéité ; et l'on peut classer les clans en groupes sont le blason se caractérise par l'emploi du même signe principal. Derdékichia et Emméouya ont en commun le pied d'âne. Le couteau de jet, signe principal du clan dominant des Tomagra, caractérise aussi de vieux clans de l'intérieur : les Goboda, les Kééssa, les Kochéda, les Tozoba. Les Derdékichia et les Emméouya le posèdent aussi comme signe secondaire. Des clans d'origine purement géographique comme les Tamertioua ont aussi le pied d'âne, parce que les Derdékichia et les Emméouya dominent parmi eux. Au contraire les Tarsoa ont le couteau parce que la plupart viennent des Tomagra. Mais peut-être leur attribue-t-on cette origine parce que pour une raison ou pour une autre, ils possèdent le signe. Ces groupements de clans par ressemblance de blason sont en effet assez complexes. Pour les Derdékichia et les Emméouya, il semble bien que la ressemblance provienne de la communauté d'origine territoriale ; en fait les Derdékichia ne sont qu'un rameau des Emméouya avec qui beaucoup de Téda les confondent encore. Quant aux vieux clans de l'intérieur qui ont adopté le couteau de jet des Tomagra, je serais tenté de croire que c'était un signe de vassalité.

Combiné avec la tradition historique et l'habitat, le blason est une caractéristique précieuse du clan ; mais à lui seul il ne suffit pas non plus à le définir.

De plus en faisant son enquête, le lieutenant Réquin découvrit une quatrième caractéristique : l'interdit de clan. J'ai essayé d'en faire l'inventaire et d'établir sur cette base une nouvelle classification des clans. Les Tomagra, les Gounda, les Oudréa, les Derdékichia, les Emméouya, les Arna Doukoïmi ne doivent pas porter le costume de cuir qui était autrefois le costume national du Tibesti ; les Mahadéna (peut-être de *mahan* : foie) s'abstiennent de manger du foie, les Dirsina, du coeur, les Mada, des rognons, les Tégaa de toutes les entrailles ; les Odobaya, les Kochéda, les Tézéréa doivent prendre garde que le manche de leur cuiller (quand ils en ont car c'est chose rare au Tibesti) ne touche pas la bouillie ; les Godoba et les Kééssa doivent se débarrasser des ânes au museau noir. Beaucoup d'interdits concernent la chèvre : les Ederkya ne ramassent pas le beurre qui est tombé par terre ; les Tozoba ne traient pas la chèvre qui vient de mettre bas ; les Foctoa ne mangent pas celle qui a crié pendant la nuit et qu'on trouve morte le lendemain, ni les Torama celle qu'un cheval a étranglée. Quelques clans ont plusieurs interdits. En plus des entrailles, les Tégaa doivent s'abstenir de manger du mouflon de même que les Térentra doivent s'abstenir de l'autruche (disparue aujourd'hui du Tibesti et qui vivait encore du temps de Nachtigal). Nous avons vu que les Tézéréa et les Odobaya se préoccupent du manche de leur cuiller. Les premiers doivent en outre éviter les chèvres qui ont une boulette de graisse sous les oreilles et ne pas se nourrir des pattes de devant d'aucune chèvre. Les seconds doivent respecter les corbeaux, parce que leur ancêtre, enfant abandonné, fut nourri par ces oiseaux. Ce dernier point est typiquement totémique mais je dois reconnaître qu'il ne constitue pas à proprement parler un interdit de clan, *yugoté*, comme les autres. Je ne sais ce que signifie cette nuance pour les Téda, mais ils me l'ont affirmé.

A l'examen, beaucoup de ces interdits paraissent extraordinaires. Qu'est-ce que ce manche de cuiller, la chèvre morte subitement... ? En causant avec les Téda, j'ai fini par m'apercevoir que l'idée d'interdiction n'est pas la première qui leur vient à l'esprit quand ils parlent de leurs *yugoté*. Ils pensent plutôt à se défendre contre les insultes des autres clans. Pour offenser un Tomagré ou un Derdékichié, il suffit de dire devant lui : « J'ai mis le costume de cuir » ; pour froisser un Odobayé ou un Tézéré, on dit : « J'ai mangé avec le manche de la cuiller ». C'est surtout à travers ces phrases de défi que l'interdit reste vivant.

Tradition généalogique, habitat (plus ou moins effectif), blason, interdit, voilà quatre caractéristiques du clan. Le lieutenant Charbonneau, successeur à Bardaï du lieutenant Réquin, m'en a fait connaître un cinquième, en me tenant au courant de procès portés devant son tribunal. Chaque vallée appartient en principe à un clan particulier. L'enchevêtrement des différents clans et la dispersion de leurs membres font que ces droits restent théoriques. Cependant ils ne sont pas sans importance. Dans un pâturage qui n'appartient pas à son clan, un Téda n'a pas le droit de casser les branches des arbres et doit attendre pour cueillir les céréales sauvages qu'un membre du clan propriétaire ait donné le signal. Ces droits de propriété des clans imposent donc une sorte de discipline économique.

En récapitulant ces divers éléments dans des conversations avec les Téda qui devenaient de plus en plus larges à mesure que je savais mieux la langue, j'ai enfin découvert une dernière caractéristique. Ce sont les surnoms : les Tomagra, les Gounda, les Oudréa, les Tézéréa, les Derdékichia, les Emméouya, sont surnommés : « Kochia » ce qui veut dire sage, seigneur. Tézéréa en plus, ce surnom recouvre donc le même clan que l'interdit du vêtement de cuir. On l'explique en disant que tous ces clans descendent d'une femme de Aozou, et c'est sans doute à cause de cette parenté que les Derdékichia et les Emméouya ont adopté comme marque secondaire le couteau de jet des Tomagra. D'autres surnoms sont difficilement explicables. On surnomme Odi, c'est-à-dire « sagaie », ou Edigéi, c'est-à-dire « guerriers » les Goboda, les Foctoa, les Tozoba, les Tchioda. On surnomme Owi ou Ouayé (de *owi* vache laitière) les Odobaya, les Tchioda, les Tozoba, les Derdékichia. La plupart des autres surnoms s'appliquent à un seul clan, dont ils indiquent souvent l'origine territoriale. Un Derdékichié et un Emméouyé sont surnommés plus spécialement « Kochi », « fils de la gorge », à cause de la gorge d'Aozou, les Héhéda sont dits « fils du rocher », à cause des rochers près de Faya, les Mahadena et les Fortena sont surnommés à la fois « fils de la source » et « fils du figuier », à cause d'une source et d'un figuier dans les vallées intérieures du Tibesti ; les Tchioda sont « fils du trou d'eau des sables » parce qu'ils habitent des dunes où se trouve un de ces trous ; les Terentra sont « fils de la Guelta » parce que le clan dans sa migration s'est longtemps arrêté à Moussoye, où il y en a une belle. On voit comment ces surnoms se distinguent des noms de clans à sens géographique comme les Berdoa, les Toudoufia. Ces derniers sont des noms propres. Les surnoms au contraire sont des noms communs que seule la tradition attache à un lieu déterminé.

A côté de sa valeur territoriale, le surnom a, si je puis dire, une valeur utérine. Il s'hérite aussi souvent de la mère que du père. Certains surnoms sont même de préférence maternels. Le surnom de Kocheda de Wanéidemi, s'applique plus spécialement aux fils de femmes Kochedoba. Nous avons vu que les Tozoba ont deux surnoms : « ouya » et « odi ». Le premier est plutôt transmis par les pères, le second par les mères. Un enfant de femme Tézérédo est surnommé Eguichidémi plutôt que « kochi » qui vient des pères ; les filles de Tomagra transmettent Merda, Modougou, celles de Toramma, Hannaï au lieu du surnom paternel Audi ; celles de Térentra : Malanoé au lieu de Kyoundi, etc. Ce n'est pas une règle invariable, mais l'habitude est générale et s'explique assez bien.

    Le système de noms et de surnoms de clans est en effet basé sur le système de noms et de surnoms individuels. Chaque Téda homme ou femme possède deux noms. Le premier donné par la mère sert dans la petite enfance. On l'appelle le nom « doux ». Généralement c'est un surnom qui a un sens. Ce n'est pourtant pas un mot de la langue courante ; il n'existe que comme surnom ; mais traditionnellement on lui donne un sens. Le nom d'adulte au contraire ne veut généralement rien dire. L'idée que le surnom est chose maternelle est bien invétérée chez les Téda.

    Comment s'expliquer en outre qu'il ait une valeur territoriale. Nous touchons là un fait capital. Le clan téda, tel qu'il nous est apparu jusqu'à présent, repose sur une contradiction. Il est basé en effet sur la filiation paternelle et il possède cependant des attributions territoriales. Pour qu'il soit en équilibre, il faudrait que les hommes se marient toujours dans leur vallée ou leur plateau, ou du moins fassent venir leurs femmes auprès d'eux. Or ils se marient souvent au loin et la règle est que la jeune fille reste chez elle, à moins que le mari ne verse une dot supplémentaire d'une dizaine de chèvres devant laquelle reculent la plupart des Téda.

    Nécessairement la plupart des enfants naissent et sont élevés hors du canton de leur père, et, comme nous l'avons vu, les clans s'éparpillent dans tout le pays. D'où toutes sortes de complications.

    Le Téda né au Zoumeri d'un Derdékichié d'Aozou et d'une Tézérédo du pays se soucie peu de sa propriété théorique sur les pâturages d'Aozou mais il n'admettra pas qu'on le considère comme un étranger dans les vallées et sur les plateaux où s'est écoulée son enfance. Ce qui compte pour lui c'est le clan de sa mère, et quelquefois il se composera un emblème personnel, mêlant aux éléments principaux du blason de son père les éléments principaux du blason de sa mère. Ou bien il réservera le blason paternel à la marque des chameaux, et marquera son âne (animal de femme qui se déplace dans un petit rayon) du blason maternel. Il faut bien que dans le langage aussi cette origine maternelle apparaisse ; c'est à quoi sert le surnom. Normalement la mère transmet le surnom du clan de son propre père ; mais si celui-ci est lui aussi un étranger, elle transmet le surnom du clan de sa mère, et quelquefois de sa grand-mère maternelle. C'est le cas notamment lorsque grand-mère, mère et fille sont successivement nées dans le même village. Peu importe le clan des maris. La dynastie féminine locale affirme sa continuité. Le clan utérin perce sous le clan consanguin. Le fait est à peine conscient ; et on ne le découvrira pas si l'on se borne à interroger les Téda sur l'idée qu'ils se font de leurs clans. Il s'impose dès qu'on étudie un cas particulier.

Mais cette méthode conduit à des résultats plus complexes encore. Les Téda ne croient pas, comme certains peuples, que l'homogénéité sexuelle soit nécessaire dans l'hérédité. Comme nous, ils considèrent qu'on est parents non seulement par les femmes aussi bien que par les hommes, mais même par une hérédité croisée, par le père ou les frères de la mère, et la mère ou les soeurs du père. Chaque Téda se réclame donc non seulement des deux clans de ses père et mère, mais des quatre clans de ses grands-parents, des huit clans de ses arrières grands-parents, et ainsi de suite jusqu'aussi loin que va sa généalogie. Plus il compte de clans dans son ascendance, de clans cotés surtout, car tous, nous l'avons vu, n'ont pas le même renom, plus il est fier. En fin de compte le clan qui ne se réunit jamais, qui n'entraîne entre ses membres ni droit de succession ni devoir de vengeance apparaît comme une sorte de titre de noblesse. Telle est la conclusion de notre enquête.

Si nous étions à un congrès de sociologie générale, j'insisterais sur ce caractère purement historique que présente le clan aux yeux même des Téda. Si nous étudiions spécialement le Sahara, je vous ferais remarquer que nous avons retrouvé pleinement développés au Tibesti ces deux faits de l'interdit totémique et de l'affiliation utérine dont la trace a été depuis longtemps signalée chez les Touaregs. Mais puisque notre objet est la recherche scientifique, je me bornerai à attirer votre attention sur les conditions de mon enquête. Je n'aurais certainement pas pu la pousser si loin sans l'aide que m'ont apportée les officiers ; mais très vite elle m'a mené dans un domaine d'importance politique immédiate décroissante, quoique de grande importance morale, où la curiosité non spécialisée de l'ethnographe devient indispensable pour conduire à terme le travail commun. Cet exemple illustre une fois de plus l'utilité de cette collaboration dont M. Montagne parlait tout à l'heure.

Fig. 17 — Maison de nattes allongées du campement daza de Béni-Dorozo dans le Borkou. Au premier plan, une selle de chameau d'homme et une selle de chameau de femme (1934) (cliché Charles et Marguerite Le Coeur).

Fig. 18 — Village daza de Tiggi, au pied de la falaise sud du Tibesti : maisons de nattes allongées mêlées à des abris-séchoirs à dattes et à de petits greniers de pisé sur armature de branches (collection Musée de l'Homme, cliché Charles et Marguerite Le Coeur, 1934).

LES « MAPALIA » NUMIDES

ET LEUR SURVIVANCE AU SAHARA*

Les *mapalia* ou *magalia* étaient des habitations rurales de l'Afrique du Nord, dont les auteurs anciens parlent dans les termes suivants :

> Caton, cité par Festus, *De verb. signif.*, s. v. *mapalia* :
> *Mapalia casae Poenicae appellantur : in quibus quia nihil secreti est, solet solute viventibus obici id vocabulum. Cato originum libro quarto : mapalia vocantur ubi habitant ; ea quasi cohortes rotundae sunt*[1].

Dans ce chapitre Salluste résume les traditions sur l'origine des Numides rapportées par les livres puniques du roi Hiempsal. Après la mort d'Hercule, les débris de son armée, Mèdes et Arméniens d'une part, Perses de l'autre, seraient passés en Afrique. Mais tandis que les premiers se seraient mêlés aux Libyens sur les bords de la Méditerranée, les autres auraient poussé du côté de l'Océan (*intra Oceanum magis*) et jusque chez les Gétules, habitants du Sud (*sub sole magis, haud procul ab ardoribus*), ce qui les situe dans la région du Draa, où les érudits de l'Antiquité[2] signalent en effet des tribus gétules de *Pharusii* et de *Perorsi*, dont le nom estropié est probablement au point de départ de toute cette légende. Faute de matériaux de construction, ces « Perses » auraient été obligés d'utiliser leurs barques comme habitations : *alveos navium invorsos pro tuguriis habuere* [5], et ils auraient conservé l'habitude de cette forme de maison même après que, sous le nom de Nomades ou de Numides que leur valut leur genre de vie, ils eurent conquis la plus grande partie de l'Afrique du Nord. *Ceterum adhuc aedificia Numidarum agrestium, quae mapalia illi vocant, oblonga, incurvis lateribus tecta, quasi navium carinae sunt* [8].

---

* 1937, *Hespéris*, 24, p. 29-45.

Salluste, *ibid.*, XLVI, 5 :

> *Ex oppidis et mapalibus praefecti regis procedebant.*

Virgile, *Georg.*, III, 339-344 :

> *Quid libi pastores Libyae, quid pascua versu*
> *Prosequar, et raris habitata mapalia tectis ?*
>
> ....
> .... *Omnia secum*
> *Armentarius Afer agit, lectumque, laremque.*

Virgile, *Aen.*, I, 241 (parlant de la construction de Carthage) :

> *Miratur molem Aeneas, magalia quondam.*

Virgile, *ibid.*, IV, 259 (parlant de Mercure qui vient arracher Enée aux charmes de l'Afrique) :

> *Ut primum alatis tetigit magalia plantis.*

Tite-Live, XXIX, 31,8 (parlant de la fuite de Massinissa défait par Syphax) :

> *Familiae aliquot cum mapalibus pecoribusque suis... persecutae sum regem.*

Pomponius Mela, I, 41-42 (après avoir parlé des habitants plus ou moins latinisés de la Côte de Cyrénaïque :

> *Proximis nullae quidem urbes stant, tamen domicilia sunt quae mapalia appellantur. Victus asper et munditiis carens. Primores sagis velantur, vulgus bestiarum pecudumque pellibus. Humi quies epulaeque capiuntur. Vasa ligno fiunt aut cortice. Potus est lac sucusque bacarum. Cibus est caro plurimum ferina : nam gregibus, quia id solum opimum est, quod potest parcitur. Interiores incultius etiam sequuntur vagi pecora, utque a pabulo ducta sunt, ita se ac tuguria sua promovent, atque, ubi dies deficit, ibi noctem agunt*[3].

Lucain, II, 88-90 (parlant de Marius exilé en Afrique) :

> *Idem pelago delatus iniquo*
> *Hostilem in terram vacuisque mapalibus actus*
> *Nuda triumphati jacuit per regna Jugurthae.*

Lucain, IV, 684-5 :

> *Et solitus vacuis errare mapalibus Afer*
> *Venator...*

Lucain, IX, 945 (parlant de la retraite des Catoniens à travers l'Afrique) :

> *Surgere congesto non culta mapalia culmo*[4].

Pline l'Ancien, V, 22 :

> *Numidae vero Nomades, a permutandis pabulis, mapalia sua, hoc est domos, plaustris circumferentes.*

Pline l'Ancien, XVI, 178 :

> *Scirpi fragiles palustresque et tegulum tegetesque... Firmior quibusdam in locis eorum rigor. Namque iis velificant non in Pado tantum naulici, verum et in mari piscator Africus praepostero more vela intra malos suspendens. Et mapalia sua Mauri tegunt, proxumeque aestimanti hoc videantur esse quod in interiore parte mundi papyrum*[5].

Silius Italicus, XVII, 88-90 :

> *Castra, levi calamo*[6] *cannaque*[7] *intecta palustri,*
> *Qualia Maurus amat dispersa mapalia pasto,*
> *Adgreditur...*

Valerius Flaccus, II, 460 :

> *Ruit e sparso concita mapali agrestium manus.*

Martial, VIII, 55, 1-4 :

> *Audi ur quantum Massyla per avia murmur,*
> *Innumero quotiens silva leone furit,*
> *Pallidus attonitos ad Poena mapalia pastor*

> *Cum revocat tauros et sine mente pecus...*

Martial, X, 20, 7-8 :

> *Tecum ego vel sicci Gaetula mapalia Poeni*
> *Et poteram Scythicas hospes amare casas.*

Tacite, *Ann.*, III, 25 :

> *Adfertur Numides apud castellum... positis mapalibus consedisse.*

Tacite, *ibid.*, 74 :

> *Per expeditos et solitudinum gnaros mutantem mapalia Tacfarinatum proturbabat.*

Calpurnius, VII, 42 :

> *Sordida tecta, casas, et sola mapalia nosti ?*

Saint Jérôme, *Comm.in Amos, Prolog. (Patr. Lat.,* XXV, p. 990) :

Agrestes quidem casae et furnorum simi es, quas Afri appellant mapalia.

Claudien, *Consul. Stilich.*, III, 343-4 (parlant du repos de l'Afrique que Diane a débarrassée de ses lions pour en orner les jeux triomphaux de Stilicon) :

> *............................ Respirant pascua tandem :*
> *Agricolae reserant jam tuta mapalia Mauri.*

Corippus, *Joh.*, II, 4-5 (parlant du Maure fugitif) :

> *Turbatusque metu montes concurrit ad altos,*
> *Diraque munivit posuitque mapalia silvis.*

Corippus, *ibid.*, II, 62-64 :

> *Silvaizan Macaresque vagi, qui montibus altis*
> *Horrida praeruptis densisque mapalia silvis*
> *Objectae condunt securi rupis ad umbram.*

Fig. 19 — Maison de nattes ronde dressée en été dans la palmeraie téda de Bardaï. Une cour de roseaux est en construction (cliché Charles et Marguerite Le Coeur, 1934).

Fig. 20 — Maison ronde de nattes à Bardaï pour abriter un jeune circoncis (cliché Charles et Marguerite Le Coeur, 1934).

Sous des formes aberrantes, le mot de *mapalia* désignait un faubourg de la Carthage punique : Mégara[8], ou Magara[9], ou Mégalia[10], ou Magalia[11]. C'est probablement parce qu'il s'agit de Carthage plus que pour une raison de prosodie (la première syllabe de *magalia* est longue, tandis que celle de *mapalia* est brève) que Virgile, qui avait dit *mapalia* dans les Géorgiques, emploie *magalia* dans l'*Enéïde*. Le faubourg reconstitué de la Carthage romaine prit le nom de *mapalia* ou de *mappalia*[12]. Nous avons vu comment, pour peindre Marius sur les ruines de Carthage, Lucain le montre « au milieu des mapalia vides » ou « poussé vers les *mapalia* vides » (datif poétique). Le nom s'étendit aussi à divers domaines de l'intérieur de la Tunisie[13].

Selon toute vraisemblance, on est donc en présence des transcriptions carthaginoises et latines d'un même terme indigène. Cependant, comme aucun texte en dehors de Virgile n'indique formellement en ces lieux la présence d'un genre d'habitation spécial, on ne peut pas exclure tout à fait l'hypothèse que les Romains auraient trop vite assimilé, par amour de la couleur locale, un mot punique indifférent ou issu, comme le veut Servius, de *magar* = ferme, avec le terme berbère d'architecture qu'ils déformaient en *mapalia*[14].

Le plus sage est de s'en tenir aux conclusions des érudits antiques, qui identifient *magalia* et les formes connexes avec *mapalia*, tout en notant que les premiers s'appliquent seulement à Carthage. Servius connaît bien les *mapalia*, puisqu'il reprend Virgile qui dans l'*Enéïde* (IV, 40) avait fait attribuer par Didon des villes aux Gétules : *ad terrorem posuit*, rectifie-t-il, *nam in mapalibus habitant*. Or, à propos de IV, 259, il affirme : *magalia Afrorum casas : et mapalia idem significant*. Ailleurs, I, 421, il est plus nuancé : *Debuit magaria dicere, quia magar, non magal Poenorum lingua villam significat. Cato originum quarto magalia aedificia quasi cohortes rotundas dicit. Alii magalia casas Poenorum pastorales dicunt... de his Sallustius quae mapalia sunt circumjecta civitati suburbana aedificia magalia*[15]. La même légère différence d'emploi est marquée par Charisius, *Instit. gramm.*, I, 11 : *Magalia* καλύβαι Ἀφρῶν, *mapalia* καλύβαι ἀγρῶν [16]. Mais un grammairien anonyme dit simplement : *Magale* καλύβη [17]. Et Isidore de Séville, *Etym.*, XV, 12, 4 résumait ainsi les textes que nous venons de voir : *Magalia aedificia Numidarum agrestium oblonga, incurvis lateribus tecta, quasi navium carinae sint, sive rotunda in modum furnorum. Et magalia dicta, quia Magar Punici novam villam dicunt, una littera commutata l pro r, magaria tuguria.*

Mapalia prit en littérature un sens injurieux. On se rappelle que, selon Festus, les Romains parlaient de *mapalia* comme nous parlerions d'écurie. Pétrone, LVIII, 14 et Sénèque, *Apoc.*, IX.1 mettent *mera mapalia*, « de purs mapalia », dans la bouche d'hommes en colère : le premier pour caractériser le néant de l'éducation reçue par un jeune garçon effronté, le second pour flétrir les propos oiseux d'une assemblée en goguette. Cette valeur péjorative n'est pas pour nous étonner. Martial en est tout près quand, dans les vers que nous avons cités, il déclare, comme preuve suprême d'amour : « Avec toi, j'aurais pu habiter et aimer même les *mapalia* gétules du Punique assoiffé et les cabanes des Scythes ». On se souvient aussi de l'opposition qu'établit Virgile entre la magnificence des nouvelles constructions de Carthage et les anciens *magalia*, et de l'énumération de Calpurnius : « Les toits sordides, les cabanes et les *mapalia* désertiques », comme des épithètes de Lucain : *non culta*, « sauvages », et de Corippus : *dira, horrida mapalia*, « sinistres, effrayants mapalia ».

Indépendamment de cette valeur sentimentale, une description précise se dégage de nos textes : 1) les *mapalia* sont de forme soit allongée (Salluste), soit ronde comme des fours (saint Jérôme) ou certains poulaillers (Caton) ; 2) les côtés se recourbent en toit sans solution de continuité (Salluste : *incurvis lateribus tecta*) ; 3) ils sont faits de souples tiges (Lucain, Silius Italicus, Pline) tressées (Pline) ; 4) essentiellement mobiles (Tite-Live, Tacite, Corippus), ils sont caractéristiques de l'Afrique (quasi-unanimité), et plus particulièrement de la campagne (Salluste, Valerius Flaccus) et de nomades ou du moins de pasteurs (Virgile, Tite-Live, Mela, Pline, Silius, Martial, Claudien, Servius). Les *sola mapalia* de Calpurnius, que j'ai traduits par « mapalia désertiques »[18], sont évidemment une expression de poète ; mais elle prend toute sa valeur si on la rapproche des textes où Servius et Salluste attribuent les *mapalia* essentiellement aux Gétules qui étaient, dans l'Antiquité, les habitants de la zone saharienne, et que Strabon compare aux Arabes nomades[19].

Des passages d'auteurs grecs qui n'employaient pas le mot *mapalia* et d'auteurs latins qui ont préféré ne pas le répéter correspondent de trop près à cette définition pour qu'il ne soit pas certain qu'il s'agit de la même chose, et ils en précisent certains traits.

Hérodote (IV, 190) oppose aux maisons (οἰκίαι) des sédentaires (ἀροτῆρες) de Libye les demeures (οἰκήματα) des nomades qui, dit-il, « sont faites d'asphodèles entrelacés de joncs, et sont portatives ».

Hellanicos (*Fragm. hist. graec.*, I, p. 57, n° 93) dit de même : « Certains Libyens nomades ont des habitations faites en asphodèles, juste assez grandes pour donner de l'ombre ; ils les transportent là où ils vont ».

Diodore de Sicile (XX, 57, 5) rapporte qu'un lieutenant d'Agatocle soumit dans le haut pays de Carthage une tribu libyenne des Ἀσφοδελώδεις au teint semblable à celui des Ethiopiens.

Tite-Live (XXX, 3) décrit ainsi le camp carthaginois auquel Scipion allait mettre le feu : *Hibernacula Carthaginiensium, congesta temere ex agris materia aedificata, lignea ferme tota erant. Numidae praecipue arundine textis, storeaque pars maxima tectis... habitabant*[20].

Corippus, *Joh.*, VII, 65-6 :

> *Has (gentes) motis praecipe cannis*
> *Et signis super ire suis.*

Ibid., VII, 264-5 :

> *Commotis omnia cannis*
> *Arva gemunt : solidant latos vestigia campos.*

Ibid., VIII, 44 :

> *Hinc atque hinc cunctos cannas fixere per agros.*

Ibid., VIII, 124 :

> *...jam veniat commotis Cusina cannis.*

Ajoutons une remarque lexicographique que me suggère un latiniste. De tous les auteurs que nous avons cités, seul Valerius Flaccus emploie *mapale* au singulier ; encore le fait-il dans un sens collectif. Pour trouver un vrai singulier, le dictionnaire latin-français de Gaffiot renvoie à un passage d'Ausone (*Odyss.*, 16) que je n'ai pu me procurer, mais qui, comme le *magale* du grammairien anonyme, est vraisemblablement de formation trop livresque pour faire autorité. N'étaient les descriptions précises de Caton, de Salluste et de saint Jérôme, on serait tenté de prendre *mapalia* pour un collectif comme *castra*. Visiblement les Romains ne pensaient guère à un *mapale* isolé, et la meilleure traduction de *mapalia* serait peut-être « douar »[21] avec toutes les idées connexes que ce mot évoque dans l'esprit d'un Français, à une seule exception près, mais capitale : ce douar ne comportait pas de tentes.

De quoi donc était-il fait ? Les *mapalia* n'étaient ni une tente ni une maison. Sur ce point, il n'y a pas de doute. Mais tous les érudits qui ont étudié la question, Gsell dans son *Histoire ancienne de l'Afrique du Nord* (dont je discute sur ce point les conclusions, mais à laquelle – je tiens à le dire – j'ai emprunté la plupart des textes que je cite), Bates dans *The Eastern Libyans*, Babelon à l'article *mapalia* du Daremberg et Saglio (le Pauly-Wissowa se borne à donner un petit nombre de références) en ont conclu qu'ils étaient des gourbis, en faisant valoir que des mosaïques attestent dès l'époque romaine

Fig. 21 — Construction d'une maison de nattes monumentale à Bardaï pour le mariage de la fille du Derdé du Tibesti (cliché Charles et Marguerite Le Coeur, 1934).

Fig. 22 — La même vue de plus près (cliché Charles et Marguerite Le Coeur, 1934).

l'existence de ce genre d'habitation. Partant de cette idée qui n'a été, je crois, contestée par personne, ils affirment que les *mapalia* ronds correspondaient aux « noualas » circulaires à toit conique qu'on trouve aujourd'hui en Tripolitaine et sur la côte Atlantique du Maroc, et les *mapalia* oblongs aux gourbis rectangulaires couverts d'un toit à double pente. Déjà Tissot, géographe de l'Afrique romaine, prétendait avoir vu près de Tanger des profils de toits creusés de telle sorte qu'il avait pensé aux « carènes des vaisseaux renversés » dont parle Salluste[22].

Examinons cette hypothèse. Une première objection s'impose. Le gourbi est une habitation de sédentaire, cultivateur ou ouvrier des villes, pauvre sans doute et peu fixé au sol, mais qui ne change de place qu'à titre exceptionnel et pour une assez longue période, ce qui ne correspond pas très bien au genre de vie que les auteurs anciens attribuent aux possesseurs des *mapalia*.

Gsell a senti la difficulté. Reconnaissant – sans l'expliquer – que ces prétendus gourbis de l'antiquité avaient été surtout, en fait, des habitations de nomades, il s'efforce de démontrer qu'il y en avait aussi chez les sédentaires, et il cite à l'appui Salluste, Mela, Claudien, Caton et saint Jérôme.

Discutons d'abord ces deux derniers textes, qui, à première vue, semblent bien étrangers à cette affaire puisqu'ils disent simplement qu'il y a des *mapalia* ronds. Mais Gsell fait un singulier raisonnement. Comme les auteurs anciens ne parlent pas du démontage des *mapalia*, il en conclut qu'ils étaient transportés tels quels sur les chariots auxquels fait allusion Pline, seul d'ailleurs de tous les auteurs avec Silius Italicus[23] ; et comme les chariots ont normalement une forme rectangulaire, tout *mapale* rond serait intransportable, donc demeure de sédentaire. Il suffit d'exposer ce raisonnement pour voir combien il est fallacieux. Quand nous disons qu'un nomade a déplacé sa tente, nous n'éprouvons pas nécessairement le besoin de préciser qu'il l'a d'abord pliée : faut-il en conclure qu'il n'y a pas pensé ? Si les Numides avaient eu réellement l'habitude extraordinaire de transporter des maisons entières, croit-on que Pline aurait été le seul à nous en parler et d'une manière aussi vague ?

Les textes de Salluste ne sont pas plus probants. Le premier parle des *agrestes Numidae* : cela veut dire les campagnards, non spécialement les cultivateurs. Salluste précise ailleurs qu'ils s'occupent d'élevage plus que de culture[24], et c'est précisément à propos des *mapalia* qu'il signale leur origine gétule. Le second texte oppose des *oppida* aux *mapalia*. Mais il ne constitue une présomption en faveur du caractère sédentaire de ces derniers que si l'on traduit par « villes » et « villages ». Or rien ne permet de supposer qu'il y ait eu en Numidie autant de villes que le contexte suggère d'*oppida*. Comme ce mot peut désigner en latin n'importe quel point fortifié[25], ne conviendrait-il pas de traduire plutôt par « bourgs » et « campements » (nous avons dit : « douars »), ce qui, au lieu de mettre l'opposition entre citadins et campagnards, la placerait précisément entre sédentaires et nomades ?

Dans le passage de Claudien, le mot *agricola* a égaré Gsell. Comme *agrestis*, il doit être pris dans le sens le plus général.

> *O fortunatos nimium, sua si bona norint,*
> *Agricolas...*

s'écrie Virgile dans le poème même où, comme nous l'avons vu, il chante les « pasteurs nomades de Libye » et attache, on le sait, beaucoup d'importance à l'élevage. Le contexte de Claudien est formel. Il s'agit de bergers dont « les pâturages respirent », dont les troupeaux peuvent sortir depuis que le pays est débarrassé des bêtes féroces.

Seul reste le témoignage de Pomponius Mela. Il est incontestable qu'il attribue les *mapalia* à des tribus proches de la côte moins nomades que celles de l'intérieur. Mais qu'on relise la description qu'il en fait, et dont j'ai donné la traduction en note : tout, vêtements, nourriture, vaisselle de bois, importance des troupeaux, ne prouve-t-il pas qu'il s'agit de semi-nomades, sinon de nomades complets, propriétaires d'oasis ?

On peut donc supposer que certains cultivateurs, quoique fixés au sol, avaient adopté ou conservé les *mapalia*, de même qu'aujourd'hui les cultivateurs sédentaires de la côte du Maroc logent volontiers sous la tente. Mais aucun texte ne confirme formellement que le cas se soit produit, en dehors peut-être des faubourgs de Carthage. Tous associent au contraire les *mapalia* à une économie pastorale qui exclut le gourbi. Quand les Romains voulaient parler d'une chaumine fixée au sol, ils employaient le terme plus général et purement latin de *tugurium*[26].

Mais les objections décisives se fondent sur l'usage et sur la structure même des *mapalia*. Si mobiles que soient les noualas, qui sont souvent déménagées tout entières à bras d'homme, et quelquefois même pliées sur un chameau, en a-t-on jamais vues suivre une armée en marche comme faisaient les *mapalia* selon Tite-Live, Tacite et Corippus ? Par ailleurs, l'image du « poulailler rond » de Caton et du « four » de saint Jérôme n'évoque pas plus leur toit pointu que, pour les *mapalia* oblongs, l'expression de Salluste : *incurvis lateribus tecta*, qui implique que toit et murs sont d'un seul tenant, ne correspond aux toits à double pente posés sur les murs des gourbis rectangulaires actuels. Tissot aurait-il pensé du reste à comparer les gourbis de Tanger à des barques renversées, s'il n'avait pas connu le passage de Salluste ? Ces rapprochements saugrenus : le bateau, le four, aussi bien que l'emploi, fort rare en latin, du terme indigène montrent quel effet de surprise firent aux

Romains les *mapalia* d'Afrique. La différence entre un gourbi et une chaumière est-elle assez grande pour la justifier ?[27].

Ce choc, au contraire, on l'éprouve très net devant les maisons mobiles de nattes du Tibesti. Pour mon compte, mon impression de bizarrerie a été si forte quand je les ai vues, que j'ai été comme obligé de me la traduire à moi-même par une image. Influencé peut-être par la couleur, j'ai comparé les formes longues à des dirigeables échoués, les formes rondes à un gâteau. Je donne ces comparaisons pour ce qu'elles valent. Je n'avais pas pris la peine de les noter. Mais le souvenir m'en est resté, parce que lié à ma stupeur. Qu'on pense maintenant aux comparaisons de Salluste et de saint Jérôme : meilleures que les miennes, ne s'appliquent-elles pas exactement aux photographies que je donne ?

Toutes les caractéristiques des *mapalia* se retrouvent dans ces demeures que les Téda appellent *héra*. Elles sont faites de nattes de feuilles de palmier tressées, qu'on monte sur une légère armature de branches fichées en terre et qu'on roule quand on se déplace. Elles sont la seule habitation des Daza nomades du Borkou. Les plus nomades des Téda du Tibesti s'en servent aussi, et en été, quand ils viennent dans les villages participer à la récolte du mil et des dattes, on rencontre leurs *héra* mêlés aux maisons de pierres sèches à toit rond (*göni*), ou de roseaux à toit plat (*odwé*), et aux abris-séchoirs à dattes (*āgöli*) des sédentaires. Les plus grands sont oblongs ; les plus petits ronds. Des cloisons de nattes les compartimentent à l'intérieur et isolent à tout le moins un vestibule. C'est dans un *héra* que les mariés doivent rituellement passer les sept premiers jours de leurs noces et qu'un jeune circoncis attend la guérison.

Ces tentes de nattes se rencontrent sur toute la bordure méridionale du Sahara, chez les Touaregs, concurremment avec la tente de peaux, chez les Peuls et les Songaï concurremment avec les paillottes ou les huttes cylindriques à toit conique de chaume[28]. J'en ai vu personnellement à Tabankort (sud-ouest de l'Adrar des Iforass) et à Gao, et j'ai assisté à Niamey à la construction d'une paillotte mixte de nattes surmontées d'un toit conique de chaume. D'une manière générale, on peut dire que la maison de nattes caractérise dans ces contrées l'éleveur de boeufs. Des photographies que donne M. Laoust dans sa belle étude sur *L'habitation chez les transhumants du Maroc central* (*Hespéris*, 1930, p. XIV et XV) montrent qu'elle est aussi en usage chez les Bicharins, Bédouins caravaniers entre le Nil et la Mer Rouge.

En Afrique du Nord proprement dite, la tente arabe l'a complètement supplantée. Le fait que, linguistiquement, *nouala* dérive vraisemblablement de *mapalia* n'infirme en rien les arguments que nous avons donnés contre leur identification technique. Ou bien il faudrait aussi en conclure que la nouala est issue de la tente arabe, parce que dans beaucoup de tribus on lui applique le terme de *khéima*, qui a pris le sens général de demeure[29]. La natte sert encore de matériel de construction, pour fermer le bas de la tente, boucher le trou d'un gourbi, abriter du soleil un marchand sur le souq. Il y a aussi des tentes entièrement tissées (mais non tressées) de matière végétale[30]. Mais on ne retrouve nulle part l'aspect du *mapale* et du *héra*.

La disparition de cet édifice semble avoir été aussi brusque que totale. Je ne connais qu'un texte qui puisse laisser supposer qu'il ait quelque part survécu quelque temps à la conquête arabe. Il s'agit de *Magran* ou des *Megaras* qui, selon Léon l'Africain et Marmol[31], auraient été au XVIe siècle à la fois nomades (« ils rôdent toute l'année par ces montagnes », dit Marmol) et possesseurs de maisons « d'écorces d'arbres » cerclées comme de grands paniers. Rien ne permet de dire que les huttes de paille ou de joncs signalées ailleurs n'aient pas appartenu à des sédentaires ou semi-sédentaires, et ne fussent pas par conséquent de simples gourbis.

Une dernière remarque pour finir. La spécificité des *héra* a été méconnue par les ethnographes autant que celle des *mapalia* par les historiens. Dans son très intéressant et très utile *Traité d'ethnologie culturelle*, où il s'efforce d'introduire en France la méthode des aires de culture, M. Montandon écrit : « La tente en coupole est faite d'arceaux sur lesquels sont étendues des pièces d'un matériel quelconque, le plan de la tente pouvant être circulaire ou plus fréquemment allongé. De pareilles tentes ne recouvrent pas un domaine compact ; on en a constaté sur le Tchad, en Somalie, en Amérique du Nord au sud-ouest de la baie d'Hudson. Cette distribution, ainsi que les détails de la facture, montrent qu'on a affaire à des apparitions indépendantes, à mettre en connexion avec la hutte la plus rudimentaire, celle en ruche d'abeilles, de la culture primitive ». En réalité, si les tentes en coupole de Somalie sont vraisemblablement en effet des *héra*[32], les huttes couvertes de peaux de la baie d'Hudson appartiennent à un genre très différent. L'erreur est inverse de celle de Gsell : celui-ci ne tenait compte que de la matière, M. Montandon ne considère que la forme. Mais le résultat est le même. On réduit un fait complexe et original à quelque chose de vague, de « primitif » et d'éternel qui échappe à la critique des textes parce que, par principe, on le définit en dehors de toute différence de temps et de civilisation.

En réalité, les *mapalia-héra* sont une des caractéristiques de cette vieille civilisation saharienne, dont les travaux conjugués de l'archéologie et de l'ethnographie commencent à dégager la figure. C'est pourquoi il y aurait peut-être lieu de prendre plus au sérieux qu'on ne le fait souvent les traditions du roi Hiempsal sur l'origine gétule des Numides, ainsi que le passage de Strabon (XVII, 3, 15) qui dit que c'est Massinissa qui leur apprit l'agriculture. Comme de toute évidence, il y a toujours eu des cultivateurs en Afrique du Nord depuis l'époque néolithique, cela entraînerait qu'il y avait en Numidie dans les temps historiques deux sortes de populations : une population conquérante de « Nomades » [33], venue du Sahara comme plus tard les Almoravides, et une population conquise en voie plus ou moins rapide d'assimilation, ainsi que l'indique Salluste (XVIII, 12). Par ailleurs ces Numides cavaliers et pasteurs de boeufs correspondent bien à une des civilisations dites pré-camelines que représentent les gravures rupestres du Sahara. La question vaudrait la peine d'être étudiée de près. Peut-être trouverait-on là le moyen de dater au moins l'une de ces séries de gravures rupestres qu'on se résigne trop volontiers à laisser se perdre dans la nuit des temps.

NOTES

(1) « On nomme *mapalia* des cabanes puniques. Comme la promiscuité y règne, on a l'habitude d'y renvoyer en paroles les gens sans retenue. Caton écrit au quatrième livre des origines : on appelle *mapalia* là où ils vivent ; ce sont comme des poulaillers ronds ».

(2) Pomponius Mela, I, 22 et III, 103 ; Pline l'Ancien, V, 10, 16, 43 et 46, et VI, 195 ; Strabon, II, 5, 3 et XVII, 3, 7 ; Denys le Périégète (Geogr. gr. min., II, p. 414). Cf. Gsell, *Hist. anc. de l'Afr. du Nord*, I, p. 295-6.

(3) « Chez les peuples voisins aucune ville, à la vérité, n'existe ; cependant, ils ont des habitations qui sont appelées *mapalia*. Leur vie est âpre et sans raffinements. Les chefs s'habillent d'étoffes grossières, la foule de peaux de bêtes sauvages et domestiques. Ils dorment et mangent à même le sol. Leur vaisselle est en bois ou en écorce (calebasses ?). Ils boivent du lait et du jus de fruits (c'est-à-dire sans doute du vin de dattes, car l'huile d'olive n'est pas un breuvage et s'il s'agissait de raisins, Pomponius Mela n'aurait pas employé cette périphrase). Ils mangent de la viande, surtout du gibier : car ils épargnent le plus possible leurs troupeaux, parce que c'est la seule richesse. Les peuples de l'intérieur, plus sauvagement encore, suivent en nomades leurs troupeaux ; chaque fois que ceux-ci quittent un pâturage, ils se déplacent également avec leurs cabanes, et ils passent la nuit là où la chute du jour les surprend ».

(4) *Culmus* : tige, paille, chaume.

(5) « Les roseaux fragiles des marécages, toiture et couvertures... On en trouve de plus durs dans certains pays. Et, en effet, on en fait des voiles non seulement chez les

nautonniers du Pô, mais aussi chez le pêcheur en mer d'Afrique qui hisse ses voiles à l'envers, en deçà des mâts. Les Maures en couvrent aussi leurs *mapalia*, et à voir les choses de près ces roseaux paraissent être la même chose que le papyrus méditerranéen ».

(6) *Calamus* : roseau, chaume.

(7) *Canna* : jonc, roseau, canne.

(8) Appien, *Lib.*, 117 et 135.

(9) Plaute, *Poenulus*, vers 86.

(10) Zonaras, IX, 29.

(11) Servius, *In Aen.*, I, 368 : *Carthago antea speciem habuit duplicis oppidi..., cujus interior pars Byrsa dicebatur, exterior Magalia. Hujus rei testis est Cornelius Nepos.*

(12) *Actes de Saint Cyprien*, 5 ; Saint Augustin, *Sermons*, LXII, 17 ; Victor de Vite, I, 16 ; *De miraculis S. Stephani, Patr. Lat.*, XLI, p. 848. Cf. Audollent, *Carthage romaine*, notamment p. 164 et note, 178 et 310.

(13) Saint Augustin, *Lettres*, LXVI, 1 et *Contra litteras Petiliani*, II, 83, 184 et II, 99, 228 ; *C.I.L.*, VIII, 25902.

(14) On sait que le *p* n'existe pas en berbère. M. Marey dans ses *Notes linguistiques sur le périple d'Hannon* (*Hespéris*, 1935), p. 54, note 6, fait venir les *mapalia* antiques et la moderne *nouala* d'une même racine berbère *aul*, qui signifie en touareg et en chleuh « tourner, changer de direction ». La transcription latine serait donc tout de même plus exacte que les formes puniques. Voir cependant les textes de Léon l'Africain et de Marmol sur les *Mégara de Magran*, qui au XVIe siècle auraient encore possédé des tentes d'écorce. Mais il s'agit vraisemblablement d'une coïncidence, et ces noms devraient plutôt être rapprochés de l'ethnique *Maghraoua*, qu'il serait bien imprudent de faire venir de *magara*.

(15) Noter la différence de transcription entre Servius et Festus. Je comprends ainsi la dernière phrase : « D'autres disent que les *magalia* sont les cabanes pastorales des Puniques. Ce sont les *mapalia* dont parle Salluste, *magalia* quand placés autour d'une cité en constructions suburbaines ».

(16) Cité par Keil, *Gramm. lat.*, I, p. 34 : « Les *magalia* cabanes africaines, les *mapalia* cabanes rurales ».

(17) Keil, *op. cit.*, IV, p. 583.

(18) Sur ce sens de *solus*, cf. Salluste, *Jug.*, CIII, 1 : *Marius... cum expeditis cohortibus et parte equitatus proficiscitur in loca sola obsessum turrim regiam.*

(19) XVII, 3, 19.

(20) « Les quartiers d'hiver des Carthaginois, faits de matériaux assemblés à la hâte dans les champs, étaient presque tout entiers en bois. Les Numides en particulier habitaient sous des treillis de roseaux et, pour la plus grande part, sous des toits de nattes ».

(21) Bourgery et Ponchon l'ont adoptée pour les passages de la *Pharsale*.

(22) Tissot, *Géogr.*, I, p. 481. Cf. en Khoumirie Bertholon dans le *Bulletin de géographie historique du Comité*, 1891, p. 497.

(23) III, 290-1 (à propos des Gétules) :
Nulla domus ; plaustris habitant : migrare per arca
Mos atque errantes circumvectare penates.
On voit que ce texte poétique est encore plus vague que celui de Pline. Le fait même d'attribuer des *plaustra* aux Gétules est peut-être une erreur. Hérodote (IV, 183) et les gravures rupestres du Fezzan prouvent que les Garamantes connaissaient le char de guerre. Mais, en dehors de ces deux passages de Pline et de Silius, rien n'indique que les Libyens se soient jamais servi de roues pour les transports de biens matériels. On sait que jusqu'à l'arrivée des Français, c'est-à-dire pour le Maroc jusqu'au début du XXe siècle, la voiture était pratiquement inconnue en Afrique du Nord. Pline et Silius, dont l'un a d'ailleurs pu copier l'autre, n'auraient-ils pas, par un raisonnement inconscient, étendu au nomadisme africain ce que tout romain, instruit de la guerre des Cimbres et des Teutons, connaissait des migrations germaniques ?

(24) *Jug.*, XCI : *Numidae pabulo pecoris magis quam arvo student.*

(25) Cf. Caesar, *De bello gallico*, V, 21.

(26) *Tuguria* désigne en effet les *mapalia* aussi bien que les habitations sédentaires, quoique la réciproque ne soit pas vraie. Cf. Salluste, *Jug.*, XII, 5 ; XVIII, 5 ; XIX, 5 ; LXXV, 4. Par ailleurs les Romains le considéraient comme un terme vraiment national, et Virgile (*Egl.*, I, 68) l'applique à la chaumière de Mélibée près de Mantoue. Cf. Varron, *Res rusticae*, III, 1, 3 ; Cicéron, *Pro Sestio*, 93. La racine latine *tego* que donnent les dictionnaires est infiniment plus vraisemblable que l'étymologie berbère *taggurt* qu'on a proposée.

(27) Ajoutons à notre florilège, si abondamment poétique, de textes sur l'habitation en Afrique du Nord une dernière fleur qui ne vaut pas Virgile, mais constitue un petit indice psychologique qui a son prix. Un chauffeur de Casablanca, d'origine kabyle

m'a-t-on dit, Moulay Sadak a consacré une amusante plaquette en vers français à la gloire de Fédhala. Parlant de ses noualas, il ne va pas chercher midi à quatorze heures, et il les compare tout simplement aux huttes gauloises qu'il a vues sans doute sur un livre de classe.

(28) Delafosse, *Haut-Sénégal-Niger*, t. I, p. 334. Cf. Mission Augiéras-Draper, *D'Algérie au Sénégal*, p. 89, où l'on signale que les habitants du Niger utilisent pour naviguer sur le lac Débo des barques munies de voiles de nattes comme les marins d'Afrique dont parle Pline.

(29) Sur la faible signification historique de ces passages de mots d'un objet à l'autre, voir Laoust, *op. cit.* (*Hespéris*, 1930), p. 158.

(30) La plupart des tentes de la Côte atlantique sont ainsi faites en étoupe de racine de palmier nain ou d'asphodèle tissée. Elles ont été signalées par le D*r* Weisgerber, *Trois mois de campagne au Maroc*, p. 20, puis par Doutté, *Merrakech*, p. 24.

(31) Léon l'Africain (éd. Schefer), t. I, p. 314-315 ; Marmol, t. II, p. 134. Il est difficile de savoir ce que le mot « écorce », traduit de l'arabe en italien, puis de l'italien (auquel je ne me suis pas reporté) en français, représentait dans la pensée de Léon l'Africain.

(32) Faute de références, je n'ose rien affirmer. Mais si l'on compare au matériel téda que j'ai rapporté au Musée du Trocadéro les collections de l'Afrique orientale italienne (de l'Erythrée surtout, à vrai dire) du Musée d'Ethnographie de Florence, on ne pourra manquer d'être frappé de l'unité culturelle du domaine hamitique.

(33) L'unanimité des auteurs anciens rattachent *Numidae* au grec Νομάδες. Eux-mêmes semblent s'être appelés du nom de leurs différents peuples, Massyles, Maesaesyles, Maures. Cf. Gsell, t. V, p. 105-108.

Fig. 23 — Aux abords du massif de Termit (cliché Catherine Baroin, 1972).

HUMOUR ET MYTHOLOGIE*

En enquêtant sur les endroits interdits totémiques dans le petit massif saharien de Djado, au nord de Bilma, je suis tombé sur un cas particulier, qui vaut peut-être la peine d'être dit pour la façon pittoresque dont il me fut conté.

Le totem des habitants de Djado (autrefois Kanouri, aujourd'hui des Toubou-Téda) est un petit lézard, qui jadis sauva leurs ancêtres en battant de sa queue sur un tambour abandonné pour les avertir de l'arrivée des ennemis. En reconnaissance de ce service, les gens de Djado ne doivent ni manger, ni tuer, ni même laisser tuer cet animal, et mon interlocuteur me mima avec véhémence les gestes menaçants par lesquels on retient un enfant ou un étranger de commettre ce crime. Impressionné, je lui demandai ce qui arrivait si quelqu'un passait outre. Dans ce cas, me répondit le Toubou, les gens de Djado exigent le prix du sang, c'est-à-dire ajouta-t-il en éclatant de rire, sept crottes de chameau.

Ce fait m'a remis en mémoire une métamorphose d'homme en animal (ou d'animal en homme) à laquelle j'ai assisté, réellement assisté, dans le massif de Termit, sur la route entre Gouré et Bilma. Nous formions une caravane de dix chameaux avec comme chameliers quatre Toubou-Daza et comme cuisinier un Banda de Fort-Lamy. Le massif de Termit est le début du désert, quand on va vers le nord. La vie animale se réduit à de tout petits lézards qui courent sur le sable avec la rapidité de l'éclair, pour disparaître brusquement dans un trou. De temps en temps, on aperçoit dans le lointain les taches blanches d'un troupeau d'antilopes. Les touffes d'herbe et les arbres n'apparaissent plus que par points isolés, et parfois manquent tout à fait. Il n'y a naturellement aucune trace de vie humaine.

Aussi fûmes-nous très étonnés de voir, le soir du second jour, un chien surgir on ne sait d'où, s'approcher de notre campement et venir se chauffer à notre feu dont la lueur l'avait probablement attiré. Nos chameliers et notre cuisinier eurent pitié de sa maigreur et lui donnèrent un peu de leur mil, qu'il mangea avidement. Le lendemain matin tout le monde se réjouit de la présence de ce nouveau compagnon, avec lequel les Daza se proposaient de chasser l'antilope. Mais quand vient le moment du départ, rien ne put émouvoir le chien. Pelotonné sur lui-même, les yeux clos, les côtes saillantes, il semblait incapable de bouger, trop faible même pour s'apercevoir qu'il faisait jour.

Nous partons tout de même, sûrs que la peur d'être abandonné dans le désert l'obligera à nous suivre. Mais il continue à dormir. La situation devient embarrassante. Il est impossible de le laisser mourir de faim ; il est difficile de renoncer à l'espoir d'en faire un compagnon de chasse. Au bout de trois cents mètres, deux de nos Daza décident de revenir en arrière le chercher et le mettre sur un chameau. Mais quand ils ne sont plus qu'à quelques pas de lui, le chien brusquement se lève et décampe à toutes jambes, comme si toute la faiblesse qu'il montrait tout à l'heure n'avait été qu'une feinte pour se faire nourrir et chauffer. Arrivé hors de portée, il s'assied sur son train de derrière pour attendre tranquillement une autre caravane.

Il n'y a là sans doute qu'une suite de hasards. Mais nous nous étions tellement trompés dans l'idée que nous nous étions faite de ce chien que nous en restons interloqués. Puis le cuisinier Banda s'écrie : « Je crois que ce chien est un homme déguisé », et le rire général, dans lequel se détendit l'absurde velléité d'indignation que chacun de nous avait senti monter en lui, contre ce chien comme contre un escroc prouva qu'il avait trouvé le mot de la situation. L'an prochain peut-être, en repassant par ce point, les Toubou l'appelleront la cuvette de l'homme changé en chien, comme ils parlent de la passe de la tortue (*nurunga*) parce qu'un jour un passant y a trouvé une tortue, ou de la cuvette des râles (*voldo*), parce qu'un voyageur en dormant y a gémi comme un boeuf qu'on égorge. Qui sait si un mythe nouveau n'est pas né ?

Certes, il ne faut pas exagérer la portée de ces faits. Il y a aussi un totémisme grave ; il y a, dans la forêt, des légendes d'hommes panthères, dont s'autorisent de véritables bandits. La superstition a mille visages : de vertu et de crime, de fantaisie ailée et de morne crédulité. Tout ce que nous avons voulu prouver est qu'il lui arrive également d'avoir un visage d'humour, et que le sourire d'Ovide ou le rire d'Aristophane peuvent se trouver non seulement à la fin, mais à l'origine d'une mythologie.

UN TOUBOU CONCILIATEUR DE L'ISLAM

ET DU CHRISTIANISME*

La *Revue des Etudes Islamiques*, qui n'a pu, de son vivant, obtenir de ce sociologue si pénétré d'humaine psychologie un texte dans le sens de son étude sur « *Le rite et l'outil* », remercie Mme Le Coeur de lui avoir communiqué ce texte, que notre ami Théodore Monod lui avait réclamé d'autre part, nous devançant même pour sa parution (cf. *Travaux de l'Institut de Recherches Sahariennes*, t. III, 1945) (*N.d.l.R.*).

Aba Moussa est un homme qui semble avoir dépassé la cinquantaine, presque un vieillard en ce pays, convenablement mais pauvrement vêtu. Un de ses fils habite la Nigéria, un autre est planton de l'Administration du Cercle de Zinder. Lui-même vit, avec sa femme, du travail de ses mains, dans une petite propriété à quelques kilomètres de cette ville, et il apparaît comme le type du vieux paysan haoussa, à la parole lente, respectueux et digne à la fois.

Il est pourtant de pur sang toubou, de la race des nomades du Tibesti, cousins noirs des Touaregs, maigres, osseux et secs, coupeurs de route rapaces et rebelles à tout joug. Son grand-père habitait Bilma. C'était un marabout, qui suivait un sultan du Bornou et finit par se fixer à Zinder avec un petit groupe du clan des Musawé. Peu à peu ces Toubou s'appauvrirent. Les réquisitions de chameaux lors de la révolte de Kaocen en 1917 achevèrent de les ruiner. Aujourd'hui ils sont devenus cultivateurs et se sont à peu près fondus avec la population béri-béri et haoussa. Ils gardent la marque de chameaux de leur clan et respectent son interdit (la chair de l'antilope koba) ; mais ils ont oublié leur dialecte téda pour le haoussa. Cependant, Aba Moussa a gardé des relations avec le Kaouar et m'a chargé d'une commission pour un de ses frères à Bilma à propos de palmiers que leur père leur avait laissés en héritage à Fachi.

*1945, Travaux de l'Institut de recherches sahariennes, Université d'Alger, 3, p. 155-159.
Réédition 1948 in *Revue des études islamiques*, Paris : Geuthner, p. 85-88.

Dans sa jeunesse Aba Moussa a fait d'assez bonnes études coraniques, et il a même quelques notions, très primaires à la vérité, de la littérature islamique. S'il l'avait voulu, il aurait pu se poser en marabout comme son grand-père et gagner en ce pays une certaine réputation de science. Mais le hasard l'a mis en rapport avec des missionnaires des missions évangéliques, à qui il a servi de professeur de haoussa et qui lui ont faire lire l'Evangile. Aujourd'hui il se considère comme chrétien, sans cependant renier l'islam, et les raisons qu'il donne de cette attitude, déjà curieuse en elle-même, sont tout à fait dignes d'intérêt.

C'est au nom du Coran qu'il condamne la pratique musulmane. D'abord au point de vue moral. Le Coran, dit-il, flétrit le mensonge, le vol, la débauche, et les Musulmans (de ce pays) mentent, volent, commettent l'adultère, prévariquent partout, toujours, et sans remords. L'absence de moralité des marabouts, leur rapacité, leur exploitation de la crédulité publique par la vente des gris-gris, leur corruption enfin, indignent particulièrement Aba Moussa. Un seul personnage religieux dans la région trouve grâce à ses yeux : c'est l'ancien cadi de Zinder, mort aujourd'hui, qui était, paraît-il, un homme juste. Malheureusement il ne savait résister aux sollicitations de son fils, et il suffisait, ajoute Aba Moussa, d'acheter ce dernier.

D'autre part le Coran proscrit l'idolâtrie, et qu'est-ce que les gris-gris, qu'est-ce même que les grandes génuflexions de la prière, qu'on faisait autrefois devant les divinités païennes dont parle la Sourate de l'Etoile (Al-Lât, Al-Ouzza, Manât) et que les marabouts du Niger enseignent sans doute à faire machinalement, sans y mettre aucune piété intérieure, qu'est-ce enfin que l'adoration de la pierre de la Kaâba, reste des trois cent soixante idoles renversées par Mahomet et dont Omar lui-même disait qu'elle n'était qu'un caillou qu'il n'aurait pas l'idée de vénérer si le Prophète ne l'avait prescrit, sinon des actes d'idolâtrie ?

Enfin et surtout, en d'innombrables versets, dont Aba Moussa connaît la référence par coeur, le Coran ordonne le respect et l'amour du Christ, fils de Marie, serviteur de Dieu qui l'a fait naître miraculeusement. Les Musulmans ne devraient-ils pas pratiquer cet amour et lire l'Evangile ? Et n'est-ce pas là le contraire qu'ils font ?

On voit qu'Aba Moussa ne craint pas de critiquer certains points de détail de l'enseignement de Mahomet lui-même, d'opposer tout au moins l'esprit à la lettre. Mais, au léger ennui des missionnaires, il maintient ferme que Mahomet était un prophète, un inspiré de Dieu, dont les hommes seuls ont altéré l'enseignement.

Sur deux points seulement le Coran lui semble formellement dans l'erreur : quand, suivant la tradition de l'hérésie docète, il affirme que ce n'est pas le corps même du Christ, mais un fantôme substitué par Dieu qui a été crucifié, et quand il dit que Mahomet est le Sceau, c'est-à-dire le dernier des prophètes. Le Christ, objecte Aba Moussa, a prédit qu'il viendrait après lui des hommes inspirés de Dieu ; Mahomet en est un ; mais il n'y a pas de raison de penser qu'il ne puisse plus y en avoir d'autres.

Ces points mis à part, il arrive à Aba Moussa de préférer l'enseignement du Coran à la fois à la pratique de ses compatriotes et à la doctrine des missionnaires : pourquoi les Musulmans s'enorgueillissent-ils d'avoir plusieurs femmes. Mais il ajoute qu'il vaut mieux en avoir deux que d'être infidèle à une seule : n'est-ce pas sage ? (La position personnelle d'Aba Moussa a été simplifiée du fait que sa première femme s'est brouillée avec lui quand il s'est converti. Il a donc pu la répudier d'accord avec elle et garder seulement la seconde qui est plus compréhensive).

Tel est l'exposé que m'a fait Aba Moussa de ses idées. On peut se demander ce qu'elles valent.

Il est évident qu'Aba Moussa s'écarte du Coran sur plus de points qu'il ne l'avoue. Le culte de la Kaâba et la Prière ne sont pas seulement des usages ; ils sont expressément prescrits par le Coran qui, sans indiquer à vrai dire aucun geste précis, ne s'en réfère pas moins indubitablement aux rites conservés par la tradition. D'autre part Aba Moussa, qui obéit pour son compte au droit musulman, reconnaît qu'il n'est pas juste que la part d'héritage des filles soit moindre que celle des garçons : n'est-ce pas en contradiction avec ce que dit la Sourate des Femmes ? Enfin et surtout le Coran enseigne que Jésus n'est pas fils de Dieu. Il est vrai que ce n'est pas pour le diminuer, mais au contraire pour le défendre contre les attaques des Juifs. Le texte du Coran n'en est pas moins formellement opposé sur ce point au texte de l'Evangile, et il est d'autant plus curieux qu'Aba Moussa ne m'en ait pas parlé que c'est le grand argument des marabouts contre les missionnaires chrétiens.

Qu'aurait-il répondu si je lui avais fait ces objections ? Aurait-il cherché des faux-fuyants ? Un historien moderne n'aurait pas de peine à en trouver. Ces textes ont passé à travers tant de traductions, ils proviennent de milieux où le sens des mots et les problèmes posés étaient si différents qu'ils se prêtent à toutes les casuistiques. Mais Aba Moussa n'est ni assez instruit ni assez subtil pour être casuiste. Je crois qu'entre le texte du Coran et celui de l'Evangile, c'est ce dernier qu'il aurait préféré, et qu'il aurait reconnu que le Coran se trompe ou peut-être a été altéré sur plus de points qu'il ne l'aurait d'abord cru. Mais surtout il aurait été peiné, et c'est pourquoi je me suis abstenu.

Son embarras se marque dans sa pratique religieuse. Il a renoncé, nous l'avons vu, à la prière musulmane. Il vient quelquefois au culte évangélique de Zinder. Surtout il prie seul dans sa chambre, assis par terre, la tête entre les mains. Je ne sais s'il récite le Notre Père en haoussa, ou s'il médite : de toutes façons, c'est un moment de concentration religieuse inspiré de l'usage chrétien. Et néanmoins Aba Moussa refuse de se faire baptiser, pour ne pas rompre tout lien avec ses compatriotes musulmans, pour pouvoir, dit-il, continuer à parler avec eux dans l'intérêt même du christianisme.

Au fond il est pris entre son attachement aux familles de missionnaires et son attachement aux siens, et surtout entre son respect pour le Coran et son respect pour l'Evangile. Il ne voudrait sacrifier aucun de ses deux amours. Toute la pointe de sa pensée est dirigée contre les marabouts corrompus, ignorants et superstitieux, infidèles au Coran et hostiles à l'Evangile. En parlant d'eux, ce petit-fils de marabout, droit, libre, est sûr d'avoir raison. Le reste l'intéresse moins.

Aba Moussa s'apparente donc, sans les connaître, aux réformateurs wahabites qui veulent délivrer l'islam d'un maraboutisme dégénéré et le ramener aux strictes pratiques de la primitive communauté de Médine. Mais il va plus loin qu'eux, et c'est à la toute première communauté mecquoise, au temps où Mahomet n'avait pas encore conscience de s'opposer aux Chrétiens ni aux Juifs et de fonder une secte nouvelle, que notre toubou revient.

Sous cette forme, il a peu de chance d'avoir beaucoup d'imitateurs. Mais son cas a la valeur d'un symptôme. Il prouve que la révolte contre le maraboutisme qui secoue à l'heure actuelle tout le monde musulman peut naître spontanément dans une âme candide et consciencieuse, en dehors de tout courant intellectuel, en un coin perdu de l'Afrique.

UNE CHAMBRE DES HOTES

DANS LA VILLE MORTE DE DJADO*

La palmeraie de Djado, comme disent les Français, ou de Brao, comme disent les Toubou, se trouve au sud du massif de ce nom, à un kilomètre environ de la falaise déchiquetée de grès. Le voyageur qui arrive du désert éprouve une forte impression de dépaysement à pénétrer sous ces hauts palmiers, au bord de ces mares grouillantes de moustiques. Mais ce n'est rien auprès de sa stupeur, quand il se trouve au pied de la ville morte, que de loin il avait prise pour un rocher.

Fig. 24 — La ville morte de Djado (cliché Marguerite Le Coeur, 1943).

* *Notes africaines*, Dakar, I.F.A.N., n° 20, octobre 1943, p. 9-10.

Il devine qu'elle est bâtie sur une butte, probablement de grès, au centre du demi-cercle de mares. Mais le sol naturel n'apparaît plus nulle part. Un immense amoncellement de pierres à bâtir sombres, faites de petits blocs irréguliers et comme rangés, qu'on appelle ici pierres de natron, a tout recouvert. Noyées dans du pisé, elles ont fait de cette butte une gigantesque fourmilière, à l'extraordinaire dédale de murs, de ruelles jonchées de débris, de passages souterrains, de maisons creusées en contre-bas, qui s'enchevêtrent et se superposent. Des restes de tours de garde et de remparts crénelés dominent cet ensemble, où tout évoque le grouillement humain, brusquement frappé de silence et de mort.

Au plus haut point, une tour de garde parmi les plus grandes a particulièrement bien conservé sa pièce supérieure qui rappelle, en plus petit, la chambre de réception qu'on trouve à l'angle le plus élevé des kasba berbères du Maroc. Elle a environ quatre mètres dans sa longueur orientée est-nord-est, ouest-sud-ouest, et deux à trois mètres dans sa largeur. Le premier regard, en entrant, est pour un escalier qui, dans le coin nord-est, conduit à la terrasse.

Il est fait d'une charpente de palmier, mais entièrement maçonné de terre. Au ras du sol, une sorte de grande chatière, qui fait penser au trou d'un four, permet d'introduire quelques objets dans sa cavité, qui servait peut-être de magasin. Au pied de l'escalier, une porte basse de un mètre de hauteur conduisait à une autre pièce, qui est aujourd'hui effondrée. Dans le coin opposé, la porte par laquelle nous sommes entrés atteint près de 1 m 70 de hauteur. On y accède de la rue par un escalier très raide. Tout à côté, au centre de la face tournée (en gros) vers l'ouest, une nouvelle porte basse est au contraire de plain pied avec l'extérieur (fig. 1).

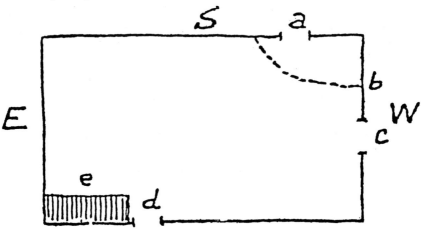

Fig. 1 – Plan de la pièce supérieure.

A l'intérieur, les murs sont revêtus d'un enduit blanc argilo-calcaire. Leur épaisseur atteint une vingtaine de centimètres. Des trous, à demi-percés çà et là, montrent que les anciens habitants de cette pièce ou les hôtes de passage qui leur ont succédé ont enfoncé au hasard des bâtons pour suspendre leurs affaires. Selon la loi qui veut que le graffito appelle le graffito, des Français ont charbonné le nom de Djado ou grossièrement dessiné l'étoile nord-africaine à cinq branches ; des Toubou ont gravé leurs marques de chameau, ou l'image de l'animal lui-même (avec une énorme bosse en forme de triangle isocèle, de la queue à la base du cou), ou enfin – idée bien toubou qui ne serait venue à l'idée d'aucun Européen – l'empreinte de leurs sandales.

Le sol, qui sert de plafond à la salle du dessous, est fait d'une couche de terre durcie. Un bourrelet arrondi isole du reste de la pièce le seuil de la porte d'entrée. Cette couche de terre repose sur une natte de feuilles de palmier, qui repose elle-même sur un lit de gaulettes, qui repose lui-même sur une charpente de troncs.

Le plafond, qui sert de sol à la terrasse, est le plancher vu à l'envers. Quatre troncs de palmier doum enfoncés dans les murs longitudinaux le soutiennent. Au-dessus se trouvent le lit de gaulettes, puis la natte, puis la terre durcie. Cependant, il faut noter une particularité, qu'on n'aperçoit pour le plancher que si l'on est dans la pièce inférieure. A l'intérieur de chacun des cinq compartiments déterminés par les troncs de la charpente s'élance d'un mur à l'autre une gerbe de longues nervures de palmier soigneusement ligaturées par une corde qui s'enroule en cordon continu autour d'elles. Ces gerbes renforcent sans doute l'homogénéité du lit de gaulettes auquel elles sont attachées. Elles servent en outre de support à des gerbes beaucoup plus courtes et plus minces, de deux ou trois nervures seulement, non encordonnées, qui se croisent sur elles, en prenant pour leurs pieds appui sous les troncs. Le but de ces croisillons semble simplement de satisfaire l'oeil (fig. 2).

La décoration de la pièce est en effet assurée :
1) par cette disposition du plafond ;
2) par le blanchîment des murs ;
3) par trois cavités triangulaires hautes d'une trentaine de centimètres et disposées sur la même ligne du côté sud (la cavité du centre, complètement percée, sert de fenêtre ; les deux autres sont restées fermées et peuvent servir seulement de petites étagères) ;
4) par la porte basse de la face ouest, qu'encadre une double ligne de bourrelets de terre, qui se rejoignent au sommet en polygones irréguliers.

L'ensemble témoigne de beaucoup de travail et de soin. La solitude et l'abandon y règnent aujourd'hui. Cependant, quand on regarde par la fenêtre, on aperçoit, de l'autre côté des mares, quelques cases de natte toubou.

Elles sont vides en ce moment, car leurs propriétaires, qui fuient les moustiques de l'hiver, sont allés faire paître leurs chèvres du côté d'Orida, et ne reviendront que pour la récolte des dattes. Cette douzaine de huttes nomades, inoccupées les trois-quarts de l'année, sont tout ce qui subsiste du pullulement ancien.

Le contraste est tellement saisissant que les indigènes ne peuvent s'empêcher d'attribuer la fondation de cette ville morte aux géants Soo, dont leurs légendes font les premiers habitants de la Terre, et que les Européens, pour expliquer sa ruine, songent volontiers au dessèchement du Sahara.

Pourtant la conservation des matériaux de bois – même en tenant compte des conditions exceptionnellement favorables de sécheresse – ne permet pas d'en reporter la construction très loin dans le passé. D'autre part, les villes kanouri de Dirkou, de Bilma et d'Agram (Fachi), encore bien vivantes aujourd'hui, sont bâties exactement de la même façon, et l'on ne voit pas en quoi les jardins qui les entourent sont plus favorisés par la nature qu'ils pourraient l'être à Djado. Ce dernier point ne serait-il pas tout simplement une vieille ville kanouri abandonnée à une période assez récente devant les progrès de l'insécurité ?

Nous tâcherons de le montrer dans un article ultérieur sur la mort et la résurrection de Séguédine, village situé à mi-distance entre Djado et Bilma. Mais des sondages archéologiques dans le genre de celui-ci sur d'autres parties du Sahara central aideraient sans doute à résoudre la question, ou du moins à la poser avec exactitude.

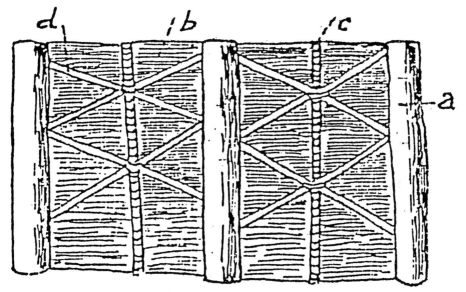

Fig. 2 – Plafond de la salle du dessous*.

* Ce dessin semble erroné, dans la mesure où il ne correspond pas au texte qu'il illustre. En effet, si 4 troncs de palmier doum déterminent 5 compartiments dans la charpente, le dessin devrait être le suivant :

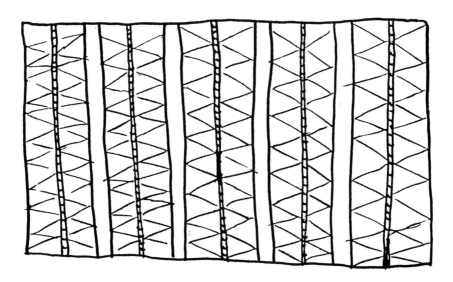

Il y a tout lieu de penser que ces graphiques ne sont pas ceux de l'auteur (note C. Baroin).

Fig. 25 — Abreuvage des troupeaux par les esclaves en Egueï (1933) (cliché Charles et Marguerite Le Coeur).

L'HONNEUR ET LE BON SENS

CHEZ LES TOUBOU DU SAHARA CENTRAL[1*]

Etude des particularités de l'instinct humain
dans une société spontanée

Chapitre Premier

Les travaux et les races

Le Sahara n'est ni une unité orographique : sur l'immense étendue qui va de l'Atlas au Niger, de l'Atlantique à la mer Rouge, se succèdent des systèmes très divers de montagnes, de plateaux, de plaines ; ni même à proprement parler une unité climatique : sans parler des différences locales dues à l'altitude et à l'orientation, le Nord est la dégradation extrême du climat méditerranéen tandis que le Sud représente l'amenuisement progressif du climat soudanais. Le seul point commun est la raréfaction de l'eau. Selon que les pluies sont simplement rares, insignifiantes ou nulles, on est plus ou moins dans le Sahara. Le vrai Sahara est le pays de la soif : la vieille définition populaire est encore la meilleure.

Cette diminution et quelquefois, presque, cette disparition d'un des quatre éléments dont les Anciens jugeaient la nature composée, font du Sahara, malgré sa diversité, une des régions les mieux caractérisées du globe, qu'il s'agisse des formes du terrain, des plantes, des animaux ou de l'homme. Qui a connu une population saharienne se sent familier avec toutes et l'on est tenté d'étudier l'humanité du Sahara dans son ensemble, comme on a étudié la flore et la faune. Mais ce travail qui pourrait avoir une utilité scolaire, sous la plume d'un vulgarisateur de bon aloi, se heurte à une double objection pour qui recherche dans l'étude de l'homme une précision absolue. Aux yeux du philosophe, il a l'inconvénient d'obliger de faire abstraction de ces légères

---

*1953, Institut français d'Afrique Noire, *Etudes nigériennes*, 1, in Mémoriam Charles Le Coeur, p. 35-56.

différences entre populations sahariennes qui sont d'autant plus intéressantes qu'elles sont plus faibles et plus inexplicables en apparence ; aux yeux de l'historien, il a celui de ne pas correspondre à une notion vécue par les indigènes eux-mêmes. Du fait même de la définition du Sahara que nous venons de donner aucune des populations qui l'habitent ne trouve sur son sol tout ce qui est nécessaire à la vie. Elle ne peut le demander à sa voisine saharienne qui est non moins dépourvue qu'elle : elle est donc obligée de lui tourner le dos pour vivre en symbiose avec une population non saharienne. A qui veut parler avec exactitude il n'y a donc pas une, mais des humanités sahariennes dont chacune n'est qu'un élément d'un monde plus vaste. A l'intérieur de chacun de ces mondes, comme à l'intérieur d'un corps vivant, les relations sont multiples et incessantes de l'un à l'autre ; tout en se ressemblant fort, on se connaît assez peu, et des mêmes causes générales ne découlent pas tout à fait les mêmes effets particuliers.

On peut estimer à une demi-douzaine le nombre de ces organismes indépendants. Du nord-ouest au sud-est, on a d'abord la Mauritanie en liaison à la fois avec le Sénégal et le Maroc, puis le Sahara algérien si bien décrit par Fromentin, l'ensemble Fezzan-Tripolitaine, porte du Sahara sur la Méditerranée par où sont passés la plupart des grands voyageurs du XIXe siècle, et enfin la Nubie où se rencontrent les influences de l'Egypte et de l'Ethiopie et des populations noires du sud, et qui est surtout connue par des travaux anglais. Au sud et à l'intérieur de cet arc de cercle arabisé, deux mondes sahariens ont conservé leurs langues indigènes : le monde fameux des Touaregs qui s'appuie d'une part sur les quatre massifs du Hoggar, du Tassili des Ajjer, de l'Adrar des Iforass et de l'Aïr, et d'autre part sur les pâturages nigériens, en liaison avec les riches populations sédentaires des Songhay, des Djerma, des Haoussa, et le monde plus modeste des Toubou, sorte de Touaregs pauvres à la peau noire, qui s'étend du massif du Tibesti, dont le point culminant, l'Emi Koussi, est avec ses 3 414 mètres le sommet le plus élevé du Sahara, jusqu'au bord du lac Tchad.

Les frontières du nord et du sud de ce monde toubou ont un caractère climatique et sont assez précises. Il commence au sud, là où les eaux du Logone et du Chari cessant d'être alimentées par les grandes pluies équatoriales, n'ont plus la force de pousser vers le nord et se perdent dans le vaste marécage du Tchad ; il s'arrête au nord là où le régime des pluies tropicales d'été fait place au régime des pluies méditerranéennes d'hiver. Les points les plus septentrionaux où il y ait des Toubou en permanence sont Tedjerri au pied de la montagne, Médri El Béchi, enfin Gatroun qui, à mi-distance de Mourzouk et du Tibesti est à moitié toubou, à moitié fezzanais. Au nord-est, Koufra compte quelques familles toubou.

Les frontières de l'ouest et de l'est ont un caractère politique et sont moins bien définies. Elles dépendent de la force des rezzou toubou qui s'affaiblissent au fur et à mesure qu'ils s'éloignent de leur réduit de la montagne. A l'ouest, les Toubou partagent avec les Touaregs, selon les modalités que nous étudierons, la suzeraineté des oasis de Bilma, du Kawar, de Djado, et d'Agram qu'on apppelle en touareg Fachi ; à l'est, des tribus toubou que nous n'avons pu voir, *Kreda, Noroa, Cherafada*[2] touchent le Baguirmi et côtoient dans les pâturages du Ouadaï des tribus arabes venues du Fezzan ou de Nubie, et de très vieilles tribus, *Bideyat* (Anna) de l'Ennedi, *Zaghawa* du Darfour, qu'elles ne considèrent pas comme des leurs, mais qui leur sont, autant qu'on peut en juger par le peu que nous savons d'elles, plus ou moins apparentées. Quelques dizaines de milliers de Toubou, moins d'une centaine probablement, ne se sentent pas perdus au milieu de pareilles distances, qui sont de l'ordre de quinze cents kilomètres d'est en ouest, de deux mille du nord au sud. Sans avoir été partout, presque tous sont capables de situer les principaux points de cette immense étendue et de définir les races qui les habitent.

Les Noirs équatoriaux

Leur compétence commence à l'épaisse masse des populations païennes du Sud, au lac Tchad. Ils ne pénètrent pas dans leur pays, mais les connaissent comme individus, soit par les esclaves qu'ils achetaient ou vendaient autrefois au Bornou ou aux marchands arabes du Fezzan et de Nubie, soit par les tirailleurs qu'avait enrôlés Rabah, l'usurpateur nubien du Bornou et du Kanem qui fut vaincu à Kousseri en 1900 par le Ct Lamy, soit enfin par les tirailleurs et les « boys » que traînent à leur tour les Européens.

Pauvres étrangers amenés pour servir dans un monde qui n'est pas le leur... Devant ces nez si épatés qu'ils semblent ne pas en avoir, ces figures rondes très noires, ces yeux rouges, ces dents serrées et pointues de cannibales, ces corps lourds et trapus, les Toubou ne peuvent s'empêcher de s'écrier : « qu'ils sont laids... ». Le mot part comme une flèche dès qu'on les interroge : *genasa*.... Ils racontent avec un mélange de rire et de dégoût que ces païens vont chez eux tout nus, que leurs femmes ne portent qu'un petit bouquet de feuilles par devant et par derrière, qu'elles se rasent complètement le crâne comme les hommes et se mettent des plateaux dans les lèvres, qu'ils sont incirconcis, qu'ils mangent du chien, du singe et de l'homme. Ils passent de plus pour avoir dans leurs forêts des sortilèges de racines très puissants, et on les présente aux petits enfants comme des espèces de croquemitaines. Quand un nouvel esclave païen adulte arrive dans un village toubou, on interdit même aux adolescents de sortir seuls avec lui, tant qu'il ne s'est pas naturalisé en apprenant la langue, de peur qu'il ne les mange.

En même temps on les considère comme de pauvres êtres, dont on n'a ni à craindre ni à espérer aucune réaction, que malgré leurs muscles, le moindre petit toubou maigre peut battre jusqu'à la mort, s'il le désire ; incapables d'aucune initiative, ignorant tout, effrayés par une vache comme par un animal fantastique, ce qui, pour les Toubou du Sud qui, naissant pour ainsi dire au milieu des boeufs, sont dès leur plus jeune âge aussi habitués à ces animaux que nos enfants peuvent l'être aux tables et aux chaises, est bien le suprême ridicule. De fait, les esclaves du Sud, qu'on rencontre encore chez les Toubou, paraissent stupides : s'ils ont une petite chose à demander, ils tournent gauchement autour de vous sans savoir comment commencer, ne comprennent pas quand on les interroge ou répondent n'importe quoi paralysés par la peur. Ils ne semblent à leur aise, détendus et sûrs d'eux-mêmes que quand on les renvoie à des travaux de bête de somme.

En réalité ils sont terrorisés. L'esclavage chez les Toubou est celui que dans leur pays on redoute le plus. La montagne a surtout une réputation sinistre. Les voyageurs d'autrefois ont raconté les scènes de désespoir auxquelles se livraient les captifs en apprenant à Tedjerri ou au Kawar qu'ils étaient achetés par des Toubou du Tibesti. Il y en avait qui se tuaient d'épouvante[3]. Savoir qu'on sera désormais et pour toujours enfermé dans ce bloc de rocher rigoureusement nu en sa quasi-totalité, qu'on verra en hiver l'eau geler dans les outres, que tous les ans pendant plusieurs mois on souffrira du froid et de la faim avec ses maîtres eux-mêmes et naturellement plus que ses maîtres, qu'à la première velléité de fuite et peut-être préventivement on aura les tendons d'Achille et les gros orteils coupés, que pendant trente ou quarante ans l'horizon de la vie se bornera à faire lentement, de ses pas d'estropié, les pieds à plat et les genoux raides, les deux cents mètres de la case au puits et du puits à la case en attendant que trop vieux pour se porter, on meure à peu près de faim dans un coin de la case, peut-on imaginer perspective plus affreuse pour des gens qui trois mois plus tôt, vivaient heureux dans les chaudes plaines du Chari, où le mil pousse presque tout seul, et où la principale préoccupation est de danser le soir, les femmes en faisant sonner leurs anneaux de cheville, les hommes en mimant des scènes de la vie familière ?

Affolés, abrutis, laids, ces vigoureux païens font aux Toubou l'effet d'une humanité inférieure. Ils rendent cependant hommage à leur intrépidité. Servis par leur nombre et leurs armes à feu, mais aussi par leur mépris du danger, les tirailleurs de Rabah ont laissé un grand souvenir. Ils ont appris aux pillards que sont les Toubou, habitués à une guerre de surprise et d'exploits individuels où la mort d'un homme est un événement, telle que l'a décrite

Lawrence en Arabie, la force d'une masse disciplinée où chacun fait abnégation de sa personne.

La population de la savane

Mais laissons les sauvages de la frontière. Le monde des Toubou qui est aussi le monde musulman et, plus profondément encore, le monde des troupeaux, commence à la latitude méridionale du Tchad quand disparaît la mouche tsé-tsé, destructrice du bétail. La diminution progressive des pluies du sud au nord permet d'y distinguer trois zones, qu'on peut appeler de trois mots commodes : la savane, où coexistent troupeaux et pâturages, la steppe où il n'y a plus que des pâturages, enfin le désert où les cultures sous palmiers de rares oasis et quelques îlots de maigres pâturages sont séparés par d'immenses étendues de sable ou de rochers nus.

La zone de la savane est constituée par les deux royaumes frères du Kanem et du Bornou au sud-ouest du lac Tchad, auxquels il faut ajouter au nord-ouest le Manga français qui n'a été séparé du Bornou anglais que par l'arbitraire d'une convention diplomatique à laquelle il n'y a pas lieu d'attacher plus d'importance que ne le font les indigènes. C'est essentiellement avec quelques falaises gréseuses et quelques pointements granitiques, un pays de dunes fixées qui dans le Bornou s'aplanissent à mesure qu'on s'avance vers le sud, que les cours d'eau se multiplient, et que les arbres mieux arrosés deviennent sinon plus nombreux, à cause des défrichements, du moins plus grands et plus forts.

Trois sortes de populations s'y entremêlent sans se mélanger. D'abord les nomades guerriers, Toubou et Arabes (Oulad Sliman, Choa, Toundjour) du Kanem ; Boudouma, Kouri et Sougourti des îles du lac Tchad ; ils méprisent le travail de la terre, qu'ils font tout au plus cultiver par des esclaves, vivent de leurs troupeaux, du produit de leurs pillages ou aujourd'hui de leurs vols, et pour les plus puissants, des caravanes armées qui avaient autrefois le monopole du grand commerce ; leurs conquêtes sont à l'origine de toutes les dynasties qui se sont taillé dans ce pays des principautés et des empires. En second lieu de paisibles cultivateurs kanouri qui, ne pouvant défendre leurs troupeaux, avaient à peu près renoncé à en avoir. Enfin des nomades d'un genre particulier, les Peuls, qui, non moins pacifiques que les Kanouri, avaient adopté le système contraire et renoncé presque complètement à l'agriculture pour conserver une mobilité qui leur permettrait d'échapper aux razzias par la fuite derrière leurs troupeaux et l'émiettement à l'infini de leurs tribus et de leurs familles. L'établissement de la sécurité par la conquête européenne a naturellement atténué ces différences ; mais elles sont trop ancrées dans les moeurs et presque dans le sang de ces races pour ne pas survivre à la disparition de leur raison d'être. Et de nouvelles habitudes se greffent sur elles. Le problème de la guerre ne se pose plus en effet pour l'instant mais les raisons profondes qui avaient motivé la diversité des solutions qu'on lui donnait subsistent, renforcées de la divergence des habitudes acquises.

Les Kanouri dont la langue sert de *lingua franca* dans tout le monde toubou que nous étudions, sont la plus nombreuse et la moins considérée de ces populations. Mais de ce qu'ils constituent une sorte de plèbe de cultivateurs, il ne faudrait pas s'autoriser pour les assimiler aux paysans de chez nous, à qui leur travail paraîtrait enfantin. La principale culture est celle du mil. Elle se fait en terre non irriguée, avec l'outillage le plus simple : une hache pour couper les arbres et les arbustes qu'on va défricher par le feu, une houe à manche court, pour retourner le sol, une autre à manche long pour creuser les trous où l'on sème le grain, puis un râteau de bois, un couteau enfin pour la moisson ; les femmes battent dans un mortier de bois et vannent dans une calebasse. Du défrichement au battage, le cycle dure seulement quatre mois d'été qui constituent la saison des pluies. De plus aucune question de propriété ne se pose. Tout ce qu'on demande à un nouveau venu est d'égorger, la première année, une poule dont le sang est versé dans le champ, et la chair donnée par le marabout local aux enfants du village.

La terre est si abondante que le cultivateur a plutôt la préoccupation de limiter que d'agrandir son lopin. L'espace libre devant lui, quand il pioche, est tellement immense que pour ne pas se décourager il découpe à l'avance le terrain en petits rectangles qu'il retourne l'un après l'autre. Il s'arrête quand il juge qu'il en a assez fait pour ce qu'il veut semer. Le seul problème est d'avoir de la semence. Mais, sauf en période de disette, il n'est pas difficile à résoudre. Dans une bonne année, un riche propriétaire a plus de mil qu'il n'en peut manger ou porter au marché, et a tout intérêt par conséquent à en prêter à ceux qui n'en ont pas jusqu'à la récolte suivante.

C'est pourquoi, quand les nomades de la steppe ont perdu leurs troupeaux, ils n'ont aucune peine à s'établir cultivateurs dans la savane.

C'est le cas des Dietko du Manga qui sont une tribu toubou qui nomadisait il y a cinquante ans dans le Termitt et à qui les Touaregs enlevèrent toutes leurs bêtes. C'est le cas aussi de quelques villages toubou et choa du Kanem.

L'établissement, dans la savane, de Noirs équatoriaux est plus rare. Il s'est néanmoins produit avec les anciens tirailleurs de Rabah que l'Administration française a installés dans les villages de culture dits d'esclaves libérés. Peu à peu tous ces éléments se fondent dans la masse kanouri. Beaucoup de Dietko par exemple ont aujourd'hui oublié la langue toubou. La campagne kanouri est comme la ville de chez nous, une sorte de creuset où viennent se fondre toutes les épaves.

Il est vrai que le mil, si vite et si facilement obtenu, si les pluies sont assez abondantes, ne constitue pas à lui seul une nourriture suffisante. Pris sans assaisonnement, il serait trop fade. On le mange soit avec du lait, soit avec une sauce qui tient dans les préoccupations des Kanouri une place considérable. On la fait avec des herbes et des feuilles aromatiques que l'on cueille dans la brousse généralement à la saison des pluies ou que l'on achète aux cultivateurs des cuvettes irriguées où elles poussent à côté des cultures riches, blé, maïs, manioc, coton. Mais cette dépendance de l'étranger ne fait qu'accentuer la ressemblance des cultivateurs kanouri avec des prolétaires urbains qui ne sont casaniers que par routine, que ni propriété ni expérience technique locale ne retiennent dans l'une plutôt que dans l'autre, mais qui ne sauraient se passer des mille liens de la vie sociale.

Les Toubou les méprisent fort de n'avoir pas de répugnance pour le travail artisanal. Un Kanouri pauvre n'hésite pas à se faire tisserand, teinturier, fabricant de chapeaux de paille, fort appréciés de tous en ce pays de soleil, cordonnier, menuisier, c'est-à-dire fabricant de cuillers et de mortiers de bois et même forgeron. La seule précaution qu'il prenne est de s'établir loin de son village où l'on se moquerait de lui. Mais si sa fille est jolie, n'importe quel cultivateur l'épousera, et lui-même se mariera avec la fille de n'importe qui. Les femmes kanouri qui fabriquent elles-mêmes des pots auraient tort de faire les difficiles. Il est normal, pensent les Toubou, qu'une potière épouse un forgeron. Ce qui les retiendrait de ces métiers serviles, c'est moins la honte du travail manuel que la paresse. Le rêve d'un Kanouri actif est de devenir commerçant. Les cultivateurs des cuvettes sont déjà habitués à travailler pour la vente et l'on voit souvent l'un d'eux qui n'a pas de manioc dans son jardin, en vendre cependant au marché qu'il a acheté dans la cuvette voisine. Avec un âne ou un boeuf porteur, mille petits revendeurs colportent des légumes, des pastèques sauvages, du coton, du henné, du miel, tous les ingrédients de la sauce, herbes, feuilles, écorces, fruits, des plantes médicinales pour les hommes, d'autres pour les animaux, des racines qui parfument le beurre, d'autres qui en brûlant parfument la maison, des plantes qui teignent, d'autres qui tannent (à défaut d'une pierre blanche translucide qui est paraît-il le meilleur tanin), du savon indigène fait de cendre et de natron, du sel, qu'ils achètent aux nomades du nord, tous les petits produits de l'industrie locale, de l'importation européenne, enfin au gré des occasions et de l'ingéniosité de chacun, une infinité de substances et d'objets mal définis, trouvailles ou déchets (par exemple vieux boutons) qui ont un caractère magico-médical ou magico-esthétique par l'attrait de l'exceptionnel.

Ceux qui ont assez de bêtes de somme transportent du mil. De proche en proche on arrive au grand négoce international.

Autrefois le Bornou et Tripoli étaient les deux pôles du commerce transsaharien central, qui consistait en l'échange des étoffes, du sucre et de la pacotille de bijoux (fabriqués en Europe, en Orient et jusque dans l'Inde), contre les esclaves, les plumes d'autruche, l'ivoire, et les peaux rassemblées au Bornou. Aujourd'hui l'entrepôt le plus méridional des marchandises de Tripoli est Mourzouk dont le rayon de vente ne dépasse pas le Kawar. Toutes les importations européennes, dont le volume a considérablement augmenté, se font par le chemin de fer de la Nigéria britannique. La contre-partie est fournie par le produit des troupeaux de la savane et de la steppe : beurre, viande, et surtout peaux tannées. Les Kanouri en profitent un peu directement dans la mesure où ils se sont faits eux-mêmes éleveurs, mais surtout indirectement, parce qu'ils sont, avec les inévitables marchands haoussa que l'on trouve partout, les intermédiaires obligatoires entre les éleveurs nomades et les commerçants anglais, français, syriens en relation avec les grandes maisons de Londres. La substitution des monnaies européennes à l'encombrante monnaie des cauries, facilite les transactions.

S'il n'y avait pas quelque irrévérence à le faire, on serait tenté de rapprocher de ce développement du commerce le développement de la religion. Psychologiquement, les deux vont ensemble. La piété est le passeport obligatoire du commerçant qui va en pays étrangers, et d'autre part, les marabouts sont avant tout en ces régions, des revendeurs de talismans coraniques qui ont tiré profit de tout ce qui facilite les affaires. Tout comme les commerçants, les grands marabouts sont haoussa ou kanouri. Ils passent pour être particulièrement avides et souvent débauchés, mais on respecte leur savoir.

Tout cela fait une race plus intelligente que virile. Quand on attaquait jadis leur village, ils se défendaient avec des flèches empoisonnées, et leurs chefs s'étaient constitué des armées de soldats professionnels et de cavaliers armés de la lance et de l'épée. Mais les Toubou les considèrent comme des lâches ; ils les disent surtout forts pour insulter l'adversaire ; mais que ce dernier fonce, ils lâchent pied, et pour mieux me faire comprendre, le Toubou qui m'expliquait leur caractère, renonçant à des mots que j'avais peine à suivre, frappa des mains et fit aussitôt après le geste d'une volée d'oiseaux qui se dispersent. De fait, il est curieux de voir dans les fêtes pacifiques d'aujourd'hui, les cavaliers des différents chefs se dresser sur leurs étriers, et brandissant l'épée, s'adresser réciproquement les plus terribles défis pour s'en aller ensuite chacun de leur côté manger tranquillement leur mil, contents d'avoir bien défendu l'honneur. Physiquement les Kanouri, résultat d'un brassage de populations dans une zone de transition constituent une race très différente des grands noirs soudanais de la boucle du Niger, et qui se rapprocherait plutôt des Ethiopiens : on pourrait l'appeler hamitique. Il faut prendre garde, quand on demande à un Toubou de la décrire. Si l'on ne précise pas, il compare inconsciemment les Kanouri à lui-même et insistera sur les absences de nez et leur grande bouche, ce qui les apparenterait aux Noirs du sud. Mais si on lui demande de les distinguer de ceux-ci, il en fera un portrait qui les identifierait à un nomade.

En réalité, ils tiennent des Noirs équatoriaux la couleur et la texture graisseuse de la peau, avec, chez les femmes une tendance à la callipygie, et des nomades du désert une musculature fine et l'absence de prognathisme.

Même s'ils ont une grosse bouche charnue, la mâchoire n'est pas en avant. Les formes du visage sont très variées : la petite figure ronde au nez plat, aux lèvres lippues, est répandue, mais nullement chez la majorité, et depuis le visage carré au nez droit mais épais jusqu'à des figures effilées au nez étroit, aux lèvres minces, au menton pointu, tous les vieux types méditerranéens : sémite, égyptien, punique, se rencontrent sur ces peaux noires. La barbe n'est pas rare. Le regard n'est ni borné comme celui des Noirs païens, ni assuré comme chez les nomades, mais, disent les Toubou, rapide. Les femmes nous paraissent assez souvent jolies. Elles ont des cheveux courts, ce qui est un caractère nègre (et aussi la preuve qu'elles n'ont pas assez de beurre pour les allonger en les lissant), ingénieusement nattés au ras de la tête. Leur corps menu est enveloppé d'un pagne bleu qui les serre sous les bras ; les oreilles sont ornées assez souvent d'un gros cylindre de corail qui traverse le lobe, de sorte que leur figure fine est encadrée de quatre belles taches rouges qui ressortent sur la peau noire. Un anneau d'argent cercle au coude leur bras grêles. Beaucoup de jeunes femmes d'aisance modeste donnent une impression de souplesse et de douceur. Les riches multiplient les bijoux, elles portent un mouchoir de tête, et, au-dessus du pagne d'une jolie indienne qu'elles nouent sur les reins, une camisole bigarrée. Riches ou pauvres toutes ont une façon parfaite de tendre les mains en pliant les genoux pour déposer un présent aux pieds d'un chef ou recevoir son don, dans un geste spontané et savant dont il est difficile de n'être pas séduit. On le retrouve chez les hommes avec moins de grâce. Les Toubou reconnaissent du charme à quelques-unes mais dans l'ensemble ces femmes leur déplaisent. Outre que les restes négroïdes leur semblent laids, ils les trouvent puériles. Ces vêtements arrêtés sous les bras ou qui s'étagent, les font paraître nabots, les bijoux aux oreilles sont un ornement de petites filles. Chez les Toubou, les femmes adultes cachent leurs oreilles sous leurs longues tresses. En revanche quand elles sont devenues grandes elles ont mis à leur narine droite un petit anneau d'argent, qui manque à la plupart des femmes kanouri. Cette puérilisation de la femme, cette réduction de la jeune fille à la petite fille comportent sans doute des traits fortuits, mais ils frappent d'autant plus les Toubou que, même s'ils n'en sont pas le produit, ils sont l'image d'un laisser-aller moral. Nulle part les femmes ne supportent moins la solitude, et nulle part les mariages ne sont moins durables que chez les Kanouri. Rares sont les femmes kanouri qui résistent à l'appât de l'argent. Aussi incapables d'indépendance que de fidélité, elles sont pétries de cet individualisme sans fierté que les Toubou lisent dans les yeux de leurs frères.

Toutefois, les Toubou reconnaissent qu'il y a, sinon beaucoup d'exceptions individuelles (soit qu'effectivement il n'y en ait pas ou peu, soit qu'ils ne puissent faire abstraction en considérant un homme de leur sentiment sur sa race toute entière), du moins un certain nombre de nuances régionales. Les Kanouri du Kanem, les Kanembou, dont les femmes se coiffent à la manière toubou, sont plus nobles que les Bornouans. On trouve en effet une hiérarchie parmi eux : des tribus seigneuriales qui se battent, non plus seulement avec l'arc, arme défensive, mais avec la lance, arme offensive ; des tribus vassales qu'elles dominent et protègent ; enfin une tribu d'artisans que les Arabes appellent *Haddad nichab*, « forgerons à flèches » et les Toubou *Aza Kunu Kyettega*, « artisans tueurs d'éléphants » ou, selon Carbou : *Aza battarda*, « artisans à carquois »[4]. Ce sont essentiellement des chasseurs, non seulement des éléphants des bords du Tchad, mais de toutes les bêtes sauvages qu'ils tuent avec leurs flèches empoisonnées. Les hommes tannent les peaux et travaillent le cuir ; les femmes fabriquent des nattes. De plus les hommes sont forgerons et les femmes potières. Ils vivent du produit de leur chasse et de leur industrie en même temps que de la culture du mil. Les forgerons font des tournées dans les villages des autres tribus, et finissent souvent par s'y établir. Ils perdent tout lien avec leur tribu d'origine mais continuent à ne se marier qu'entre eux et à former avec d'autres forgerons venus d'un peu partout, à côté des teinturiers et des tisserands, une caste à part et méprisée dont l'abaissement relève les autres Kanembou.

Dans le Bornou même, certaines peuplades kanouri ont des caractères originaux, quelquefois respectables. Je ne sais ce qu'il faut penser des Mobeurs pêcheurs et cultivateurs de coton de la Komadougou Yobé. Mais les Dagra sont fort intéressants, malgré leurs traits grossiers. Perchés au nord du Manga, sur les petites montagnes de grès du Koutous, qui leur servaient autrefois de refuge contre les incursions des Touaregs, ils passent la saison des cultures dans des villages provisoires de paillottes et le reste de l'année dans des villages permanents, où, par goût du beau travail plus que par nécessité, ils construisent et décorent de solides maisons, avec une argile que les jeunes filles apportent, et que les jeunes gens élèvent au milieu des rires et des chants[4]. Durs à la besogne, ils vont dans les gros villages du sud faire le maçon, fabriquer des sécots de paille, porter l'eau. Depuis que l'Administration française les a mis à l'abri des pillages des Touaregs et des vols des Toubou, ils commencent à posséder des troupeaux et les plus hardis en profitent pour voler les bêtes des peuplades voisines. Tout en méprisant la pauvreté, les Toubou ne peuvent s'empêcher d'avoir quelque estime pour ces montagnards.

Les Peuls sont des pasteurs dispersés dans la savane, du Fouta Djallon au Chari ; ils offrent la singularité d'être de race blanche. Coupés de leurs frères méditerranéens vraisemblablement par le dessèchement du Sahara, ils n'en ont pas moins conservé dans l'ensemble la pureté du type original, et on a la surprise, au coeur de l'Afrique, de voir revenir d'une mare, la jarre d'eau sur la tête, au lieu de négresses, des jeunes filles au teint bistre, à la figure longue et fine d'une soeur des Pharaons. Les hommes sont d'ordinaire moins aristocratiques ; mais leur teint cuivré, leurs traits bosselés, mais fermes, leurs crânes étroits, comme posés au ras des épaules et leurs bras maigres restent bien ceux des Fellah de l'ancienne Egypte. Même quand des métissages ont foncé leur peau, ils conservent cet aspect caractéristique. Une autre singularité à nos yeux est que, au moins dans la région qui nous occupe, ces Blancs ou si l'on veut, ces bruns au milieu des Noirs, n'apparaissent pas en dominateurs, mais jouent entre les sédentaires et les nomades guerriers ce rôle intermédiaire d'humbles bergers errants que nous avons dit.

Les Peuls du Bornou appartiennent à l'ensemble des Peuls qui sont à l'est de la boucle du Niger. Ils sont emportés dans un double mouvement de migration : aussi nombreux que des sauterelles, disent les Toubou, ils se déplacent d'année en année davantage vers l'est en partant de la région du Sokoto. Ils séjournent une vingtaine d'années au nord du Bornou, puis obliquant au sud du lac Tchad, pour éviter le belliqueux Kanem et finissent par aboutir au Baguirmi, d'où beaucoup reprennent leurs migrations en sens inverse, vers l'ouest. Ils décrivent ainsi une immense rotation en longitude coupée d'arrêts, de repentirs dont la durée moyenne n'a pas été étudiée mais peut être évaluée à plus d'un demi siècle. D'autre part, tous les ans ils se déplacent vers le nord au moment où la saison des pluies multiplie partout les mares puis se replient vers le sud au fur et à mesure qu'elles se dessèchent. Ils se nourrissent du lait de leurs bêtes, et irrégulièrement, trois fois par mois à peu près dans un exemple qu'on m'a cité, du mil qu'ils achètent aux cultivateurs, à raison jadis d'une mesure de mil contre une mesure de lait, aujourd'hui deux mesures de lait contre une mesure de mil pendant la saison des pluies où l'herbe verte rend le lait abondant quand le mil n'est pas encore mûr.

Les hommes s'habillent d'un cache-sexe de cuir, les femmes de longs pagnes blancs de pauvre cotonnade indigène. Ils couchent en plein air, à l'ombre des arbres, sans autre précaution que de glisser quand il pleut, une natte sur leur tête, et de dresser la nuit s'il y a des bêtes fauves une petite haie de broussailles autour de l'endroit où ils sont étendus en famille, de peur qu'une hyène ne vienne les flairer pendant leur sommeil ; seule la femme qui accouche a droit pendant quelques jours, à une cabane provisoire de chaume et de nattes. Jadis quand un berger signalait un parti ennemi, les hommes s'avançaient pour les repousser avec des flèches empoisonnées qu'ils se procurent chez les Haoussa. Ils y parvenaient en général quand il s'agissait des Toubou qui ne voulaient pas voler autre chose que les troupeaux, plus rarement quand c'était des Oulad Sliman armés de fusils ou des Touaregs que protégeait leur bouclier et qui cherchaient le corps à corps. C'était alors le sauve-qui-peut général ; les troupeaux se dispersaient, les hommes qui n'avaient pas été tués fuyaient, les femmes encombrées des enfants s'efforçaient de se cacher derrière les herbes ou dans les rochers. Les vainqueurs en ramassaient un grand nombre.

Dans cette vie fruste, les Peuls tirent presque tout de leur industrie. Le travail du cuir revient aux hommes. Ils tannent les peaux de bêtes mortes, avec de la cendre et des gousses d'acacia. Le père fait des sacs de cuir de mouton pour mettre les provisions familiales, chausse les siens de sandales de peau de boeuf battue, et les pare de misérables colliers, bracelets et chevillières de cuir qui sont plus ou moins considérés comme des talismans. Lui-même porte en sautoir une petite sacoche de sa confection où il fourre tous les médicaments et tous les sortilèges que lui fournit sa connaissance de la nature. Dans une sacoche que j'ai inventoriée, j'ai trouvé quatorze substances végétales diverses, racines, feuilles ou fruits, intacts ou pilés que leur possesseur avait l'intention soit de boire dans son lait, soit de mêler à l'eau de sa douche, soit de rouler dans un bracelet, soit d'introduire dans un petit sachet afin d'être protégé tantôt contre les maux de tête, tantôt contre les serpents, tantôt contre le vol, tantôt enfin contre l'indifférence des femmes.

Les hommes font aussi des cordes avec de l'écorce d'arbre. Avec des tiges flexibles, ils fabriquent des supports qu'ils donnent à leurs femmes pour poser à terre les calebasses et les jarres. Dans les pays où l'on trouve du palmier doum ils font de la vannerie très simple, des cabas pour mettre le mil, les nattes lâches sous lesquelles toute la famille s'abrite de la pluie. A défaut de doum, ils remplacent la natte par des sécots de paille. Certains se font de petits chapeaux ronds de natte en forme de cloche que quelques tribus comme les Aboré décorent de plumes d'autruches qui les font prendre par les autres peuplades pour des fous.

Dès l'âge de sept ou huit ans, le jeune garçon s'amuse à tresser. Il confectionne pour ses soeurs des sandales qui protègent leurs pieds contre le sable brûlant des mois de chaleur sèche. Jusqu'à sa circoncision, vers dix ans, il va nu. A ce moment, il reçoit de son père un cache-sexe de peau de mouton et apprend en l'enjolivant à travailler le cuir à son tour. Les femmes font à l'occasion un peu de cette vannerie sommaire à un brin. Mais ce n'est pas leur affaire ; les petites filles n'y jouent pas. En revanche on en voit de moins de dix ans qui, un poinçon à la main, travaillent à ce point rond cerclant des brins multiples qui est spécifiquement féminin. Enfants, leur patience ne va pas plus loin que de tout petits vans ronds et plats qu'on pourrait prendre pour de minuscules dessous de tasses. Grandes, elles fabriquent de profonds paniers rigides et de vrais vans, qui servent moins d'ailleurs à séparer le son de la farine qu'à couvrir les calebasses de lait. Elles les décorent de dessins géométriques en combinant le blanc, couleur naturelle du doum, le rouge qui provient d'une teinture végétale et le noir qu'elles obtiennent en laissant moisir le doum dans la terre humide, puis en le plongeant dans une marmite d'eau, où elles ont fait bouillir la teinture rouge et les gousses de tanin. Non moins connaisseuses de la nature que leurs maris, elles améliorent la nourriture par une demi-douzaine de produits de cueillette. Elles traient les vaches, fabriquent le beurre et de petits fromages blancs qu'elles font fermenter avec un peu de bile d'animal ou une infusion de tanin. Leur coquetterie se porte sur leur coiffure qui est étrange, et effectivement assez belle : faite d'un cimier d'où partent deux longues mèches qui se recourbent sur les joues. Pour orner leur corps, en dehors des lanières de cuir, elles ne peuvent guère se procurer que des bijoux rudimentaires. Les Peuls Aboré suspendent de grands anneaux de cuivre à leurs oreilles, tout le long de l'ourlet. Dans l'élan de leur quinze ans, les jeunes filles se font faire malgré la désapprobation paternelle, d'informes tatouages bleus sur les fins visages.

Quelques garçons de quinze ans se tatouent aussi pour se distraire, des lignes bleues sur le front, ou des taches sur les pommettes. Jusqu'à ce qu'ils aient de la barbe au menton, c'est-à-dire jusque vers vingt-cinq ans, même mariés, ils se laissent pousser de longues touffes de cheveux qu'ils nattent quelquefois par derrière. Leur grand sport est de se mettre, un soir, par paire d'égale force et de s'asséner à tour de rôle sur leurs torses nus, de formidables coups de gourdin. Le vainqueur est celui qui les reçoit avec le plus d'impassibilité. Ils sont si tenaces qu'il arrive que des accidents mortels s'ensuivent. L'argent ou les kolas des spectateurs haoussa ou kanouri quand il y en a, et surtout l'explosion d'enthousiasme et les chants de triomphe des filles récompensent cet héroïsme de bêtes.

De toutes les sociétés que nous avons vues, la société peule est donc la plus abandonnée aux seules ressources de la nature, et, l'on pourrait croire, la plus proche de l'animal. Pourtant c'est une fierté spécifiquement humaine qui en donne la clef. L'orgueil de leurs immenses troupeaux de moutons pour quelques-uns qui sont les plus primitifs de tous, ou, pour la plupart, de leurs magnifiques zébus aux cornes gigantesques, emplit ces solitaires. Comme une famille ne peut pas augmenter indéfiniment sa consommation de lait, un troupeau d'une centaine de bêtes n'est pas plus utile qu'un troupeau d'une dizaine. Cependant les Peuls ne se décident qu'à la dernière extrémité à le réduire. On voit, à la fin du printemps, de vieilles vaches si faibles qu'il faut chaque matin les soulever avec des bâtons pour les mettre sur pieds. On les garde malgré tout dans l'espoir que l'herbe fraîche de la saison des pluies leur rendra des forces. Il faut qu'une bête soit sur le point de mourir pour qu'ils prennent parti de la manger. Quand l'usage exige absolument un sacrifice, lors de la fête musulmane ou pèlerinage (qu'on appelle en Afrique du Nord *Aïd el Kebir* mais ici *Tabaski*, selon l'usage oriental), de la naissance d'un enfant ou d'un mariage, les éleveurs de boeufs préfèrent immoler leur chèvre ou un mouton auxquels ils attachent moins de valeur. Ils réservent leurs boeufs pour l'enterrement d'un patriarche ou la naissance du premier enfant d'une femme. Ce sont aussi leurs moutons qu'ils vendent de préférence pour se procurer de faibles sommes d'argent dont ils ont besoin pour acheter les pagnes des femmes et les quelques objets utiles qu'ils ne fabriquent pas eux-mêmes, arcs, flèches, poteries. En général leurs boeufs n'entrent dans la circulation commerciale que par l'intermédiaire des Toubou, avec qui ils échangent les taureaux contre des vaches laitières. Le Toubou les vend ensuite sur les marchés du Bornou. Quant au Peul, la satisfaction de contempler son imposant troupeau, et d'avoir, à la saison des pluies, tant de lait qu'il est obligé de le laisser couler en ruisseaux dans les mares, compense tout le confort qu'il aurait pu se procurer avec de l'argent. Toutefois, la révolution apportée par la conquête européenne a quelque peu entamé aujourd'hui cet isolement. Politiquement, elle a consisté en l'établissement d'un régime de sécurité qui permet aux troupeaux de se multiplier en paix. Economiquement, elle s'est traduite par un afflux considérable d'étoffe et un afflux assez important de monnaies divisionnaires d'argent qui ont renforcé le stock de métal des bijoutiers, que les thalers de Marie-Thérèse, venus de Tripoli étaient auparavant seuls à alimenter.

La contrepartie a été fournie comme nous l'avons vu par l'exportation des bestiaux et de leurs produits et surtout par les boeufs qui sont, avec l'indispensable chameau du nord, la marchandise dont le prix a le plus augmenté. Brusquement les Peuls se sont trouvés possesseurs de troupeaux beaucoup plus nombreux et d'une valeur beaucoup plus grande, en même temps qu'exposés à plus de tentations. Par-dessus le marché, tandis que les sultans d'autrefois percevaient assez régulièrement l'impôt en nature, la nouvelle administration l'exige en argent. Bon gré mal gré, les Peuls se sont donc trouvés entraînés dans le circuit commercial. Aujourd'hui, il y a des femmes qui portent quelques bijoux d'argent, et seuls quelques bergers se contentent encore du cache-sexe de cuir. Les hommes le remplacent par de l'étoffe. Leur simplicité se marque au fait que, pour la plupart, ils préfèrent la cotonnade indigène à la cotonnade européenne, et au boubou qu'on enfile le simple pagne qu'on rejette sur l'épaule. Au total, le contraste entre la pauvreté de leurs revenus et leur richesse en capital est toujours aussi accentué, peut-être même paraît-il l'être devenu davantage, si on prenait le soin, assez artificiel, de le chiffrer. Mais ce qui est plus important la nature de leurs dépenses s'est un peu assimilée à celle des autres peuples. L'ensemble des conditions nouvelles a déterminé d'autre part une tendance à la sédentarisation sous la double influence des chefs, moitié désireux, moitié obligés de se conformer au modèle des chefs sédentaires, et des femmes pour qui la vie errante est particulièrement dure. De tous temps, les Peuls se sont adonnés, au titre de supplément de ressources, à la culture du mil, qu'ils ne jugent pas humiliante. Ils s'installent alors au moins pour la saison des pluies dans des maisons au toit de chaume et aux murs de secots et travaillent avec soin, à quelques kilomètres de là, des champs qu'ils ont fait préalablement fumer par leurs troupeaux. Cette exception tend à se généraliser, et sur certains points une division sociale s'esquisse entre propriétaires à peu près fixés et bergers qui continuent la vie nomade. Mais au fond tous gardent une âme de bergers. Non seulement ils déplacent leurs villages dès qu'un homme y est mort d'une maladie qu'ils jugent contagieuse, et au plus tard tous les six ou sept ans, quand les détritus accumulés par les bêtes commencent à devenir très importants, mais il suffit d'une sécheresse ou de moins encore, de l'impression qu'ils ont que les pâturages s'épuisent, pour que ces prétendus sédentaires repennent le grand mouvement de migration dont nous avons parlé, changeant carrément de pays, à l'effarement des administrateurs européens.

    Le Peul colle à ses bêtes, mais ne colle pas aux hommes : l'histoire des empires peuls de Sokoto et de Kano est à cet égard instructive. Agglutinés, au début du XIXe siècle par le fanatisme religieux du marabout Osman dan Fodio, les Peuls sont devenus aussitôt invincibles et ont conquis tout le pays haoussa. Puis chacun est reparti derrière son troupeau, se désintéressant des rois qu'ils avaient faits, si bien que l'administration de ces Etats peuls est retombée aux mains des Haoussa. Les chefs qu'aujourd'hui les Français s'efforcent de choisir parmi les Peuls du Manga, si riches et si capables qu'on les prenne, n'ont presque aucune autorité, et le plus pauvre de leurs administrés n'hésite pas dans un accès de colère à les traiter comme les derniers des derniers.

    Pourquoi se gênerait-il puisque si on le brime, il n'a qu'à s'en aller ? Un Peul sans ressources n'a aucune répugnance à quitter les siens pour aller se placer comme berger chez les Kanouri, ou même les Toubou, qui volontiers le relèguent dans une petite hutte à l'écart du village, où il n'a pour se distraire que la compagnie de ses bêtes, une flûte ou la recherche de charmes végétaux qu'il vend à ses patrons. Il est nourri, plus ou moins habillé selon la générosité du propriétaire et reçoit un jeune boeuf ou son équivalent à la fin de l'année. Peu à peu il se constitue de la sorte un petit troupeau, quelquefois il se fixe dans le village en épousant une fille du pays, libre chez les Kanouri, presque toujours fille d'esclave chez les Toubou. Il finit ainsi ses jours au milieu d'étrangers pour qui il ne cessera jamais d'être le « Peul », d'autant plus représentatif de cette race politique mais insociable qu'il supporte mieux d'être seul de son espèce. Il révèle le fond de son âme quand il évoque un grand-père dont le prestige a frappé son enfance. Un Toubou dans ce cas décrit un vieux guerrier partant à chameau avec une dizaine de compagnons pour enlever un troupeau de chamelles à des centaines de kilomètres de son campement. Un Kanouri pense à un homme riche assis au milieu d'un cercle d'admirateurs et de parasites. Le Peul lui, montre un long vieillard vêtu seulement de son cache-sexe de cuir, des sandales de peau de boeuf aux pieds, sur la tête le long bonnet haoussa ou le chapeau rond à plumes d'autruches : debout sur une jambe, le pied droit appuyé sur le genou gauche, un grand bâton à la main, il regarde ses bêtes. Les détails désuets de ce costume font sourire le jeune homme d'aujourd'hui mais d'un sourire attendri qui nuance de pudeur l'admiration.

En face de cette race curieuse, les Toubou sont déconcertés. Ces peaux claires, ces nez droits même aquilins, ces figures ovales, ces traits fermes les obligent à ranger les Peuls parmi les plus jolies races qui soient, au-dessus d'eux-mêmes, à côté des Touaregs et des Oulad Sliman. Leur qualité d'éleveurs est aussi d'une race supérieure. Mais comment concilier ces caractères aristocratiques avec leur passivité guerrière, leur courage exclusivement défensif, leur facilité à se placer comme salariés, leur manque de répugnance pour les travaux serviles et pour la nudité du torse ? Nobles ou vils selon le point de vue sous lequel on les considère, les Peuls sont des êtres à part qui ne rentrent bien dans aucune des catégories entre lesquelles les Toubou divisent l'humanité.

Les Boudouma sont des pillards qui, à l'abri de leurs îles du Tchad, entre lesquelles ils sont les seuls à pouvoir circuler en pirogues, harcelaient autrefois les populations voisines et les caravanes qui se rendaient au Bornou. Ils vivent de lait, de poissons dont la désagréable odeur transpire de leur corps quand ils ont chaud et des produits de leur agriculture qui est assez variée ; dans les îles ils sèment lors de la saison des pluies le petit mil blanc du Bornou ; sur le bord du lac, en septembre, le maïs et une espèce particulière de gros mil rouge ; quand l'eau se retire en novembre ils plantent sur la terre détrempée qu'elle laisse, des calebasses, du maïs, des tomates, des patates, puis en hiver du blé. Ils sont très grands et très noirs, leur figure longue et leur nez droit en font un beau type d'humanité.

Leurs voisins de l'est, les Kouri et les Sougourti sont moins inaccessibles, surtout ces derniers dont les îles sont en saison sèche reliées à la terre ferme et qui étaient de ce fait exposés aux expéditions de représailles des Toubou du Kanem. Aussi sont-ils socialement et physiquement moins purs.

De mémoire d'homme ils ont toujours été musulmans et ils ont adopté les longues cicatrices verticales sur la joue des Kanouri tandis que les Boudouma se contentent, comme les Noirs du Sud, de deux ou trois balafres transversales sur la tempe, et que l'islam n'a commencé à faire quelques conversions chez eux que depuis la conquête européenne. A l'inverse des Boudouma, Kouri et Sougourti ont souvent le nez épaté.

Nous devrions maintenant décrire les grands nomades guerriers, Toubou et Arabes du Kanem. Mais comme ils représentent les invasions de la savane par le désert et par la steppe, nous passerons tout de suite à ces deux dernières parties de notre monde, ce qui nous permettra de respecter l'homogénéité de chaque race.

Les Toubou, que nous n'avions jamais vus jusqu'à présent qu'à travers le reflet de leurs jugements sur les autres peuples, se divisent en deux catégories bien tranchées : Toubou de la steppe, que les Arabes appellent *gor' an* et qui s'appellent eux-mêmes *Daza* (sing. : *Dazé*) et Toubou du désert, qui s'appellent *Téda* (sing. : *Tédé*) ; leurs langues *dazaga* et *tédéga* sont deux dialectes dont la proche parenté saute aux yeux, mais qui sont cependant assez différents pour que, de l'un à l'autre, on ne se comprenne pas sans apprentissage. L'ensemble de la langue toubou se rattache plus lointainement au Kanouri. Le mot toubou lui-même est un mot kanouri, dont la traduction exacte serait « habitant de Tou » qui est le nom local du Tibesti. Il s'applique donc plus spécialement aux Téda. Mais Téda et Daza sont d'accord pour l'employer quand ils veulent marquer l'unité de leur peuple qui n'est ignorée ni contestée de personne. C'est pourquoi nous l'avons adoptée suivant l'exemple des indigènes eux-mêmes et des anciens auteurs[6].

Attirés par les facilités de la steppe ou de la savane, certains Téda se sont mêlés aux tribus daza dont ils ont généralement adopté le dialecte. En souvenir de leur origine on continue néanmoins à leur appliquer le nom de *Téda* dont ils sont si fiers. Pour les distinguer des purs Téda du nord, ou de ceux qui, parmi eux, ont conservé l'usage de leur langue, on appelle ces derniers *Téda Tou*, c'est-à-dire spécialement Téda du Tibesti (sing. : *Tédé Tou*, quelquefois au pluriel *Téda Toua* selon une forme du génitif singulier d'un nom au pluriel qui, sans être obligatoire est dans le génie de la langue).

Au lieu de *Téda Tou*, Nachtigal a entendu aussi *Tede emi* ce qui revient au même, puisque *emi* et *tou* signifient également « montagne », quoique l'usage ait donné à « Tou » aujourd'hui la valeur d'un nom propre qui désigne plus spécialement le Tibesti, la Montagne par excellence. Carbou a noté que le nom de *Daza* est quelquefois réservé à une tribu du Kanem qu'on appelle plus souvent les *Kecherda* : quand on veut nommer l'ensemble des Toubou qui parlent *dazaga* on dit les *Dazagada*. Ce doit être un usage oriental que je n'ai pas retrouvé à l'ouest. Cependant on m'y a affirmé que *Daza* pouvait être employé comme nom de tribu des Kecherda, avec la même valeur limitative quoique la réciproque ne soit naturellement pas vraie et que *Kecherda* n'ait jamais la valeur générale qu'on attribue d'ordinaire à *Daza*. Cela confirme la tradition plus explicite de Carbou. Cette terminologie est compliquée, mais on voit qu'ethnographiquement elle n'entraîne aucune confusion dans l'esprit des indigènes et qu'elle se résout en la notion très simple et très nette de deux milieux géographiques, et de deux dialectes correspondants, avec, les uns aux autres un léger chevauchement de caractère très déterminé, pour un petit nombre de tribus. De faibles variantes sous-dialectales, qui n'entravent pas la compréhension à l'intérieur des vastes domaines du *tédéga* et du *dazaga* n'ont pas reçu de noms spéciaux de la part des indigènes qui, sans être étrangers à l'idée d'une orthodoxie de langage d'un bon *tédéga* ou d'un bon *dazaga* qui pourrait servir de norme, ne lui attachent pas grande importance, et, pour certaines expressions laissent volontiers déteindre en riche langue composite, à la manière de l'arabe littéraire formé de mots de tous les dialectes, le polyglottisme qui est obligatoire dans ces régions.

On a beaucoup discuté pour savoir s'il fallait ranger les Toubou parmi les Noirs ou parmi les Blancs. Leur évidente analogie avec les Touaregs qui sont incontestablement d'origine blanche, même quand ils ont été noircis par les métissages, et l'existence de pas mal de Toubou à la peau relativement claire, quelquefois même franchement claire, surtout chez les femmes, font qu'on penche en général pour la seconde solution. Historiquement, elle n'est pourtant pas exacte. Au Ve siècle avant notre ère, les Garamantes du Fezzan, qui ne peuvent pas être autre chose que les ancêtres des Touaregs, allaient, dit Hérodote, donner la chasse à des Ethiopiens troglodytes qui ne peuvent pas être autre chose que les ancêtres des Téda que l'historien grec datait donc de cette époque.

D'autre part, ne venons-nous pas de voir que la langue toubou se rattache au Kanouri qui appartient au groupe des langues nègres ?

Dans la mesure où il n'y a pas là une simple querelle de mots, il est donc plus correct de dire que les Toubou sont des Noirs, au milieu desquels se sont multipliés des éléments blancs, soit comme réfugiés, ainsi que le relate la tradition de plusieurs clans du Tibesti, soit comme des tribus conquérantes dont la légende rapporte l'origine au Fezzan et jusqu'à l'Arabie. Une masse noire où quelques éléments blancs ont servi de levain politique, n'est-ce pas d'ailleurs l'histoire des Kanouri eux-mêmes, dont personne ne pense à faire pour cela des Blancs. Le capitaine Urvoy a donné une excellente formule de ce mélange en définissant le petit groupe Gobir intermédiaire entre les Haoussa et les Touaregs : « Un peuple dont les traditions historiques sont celles des Blancs, mais dont les conditions ethniques sont nettement nègres ».

Les bébés toubou sont bien persuadés qu'il faut du noir pour être de leur famille. Quand un Européen en prend un dans ses bras, il pousse des cris affreux devant cette figure, dont il n'a jamais vu la pareille ; ou bien d'un geste amusant, prend à pleines mains les joues de l'étranger, et les pétrit de toute la force de ses petits poings comme pour s'assurer que cette substance rosée est tout de même de la chair. Le père et la mère sont les premiers à l'excuser en disant : « Il a peur : nous sommes noirs (*yasko*) vous êtes rouges (*mado*) ».

En gros, on peut donc dire que les Toubou représentent la partie nomade du peuple kanouri. Naturellement les caractères non négroïdes sont encore plus accentués chez eux, et même si sa peau n'est pas un peu plus claire, comme c'est quand même en général le cas, on reconnaît presque infailliblement un Toubou à la sécheresse de ses membres, à sa figure souvent ovale, à ses traits généralement réguliers (plus même que ceux des Peuls) et en tous cas fermes, à son nez droit, quelquefois aquilin, à ses cheveux peu crépus, et chez les femmes à la figure ovale et à l'absence de toute callipygie. Une femme toubou qui fait sauter son enfant en l'air pour l'amuser ou qui pose la natte qui sert de toit sur l'armature de bois de la tente présente une silhouette presque parisienne. Surtout le grain de la peau est différent : tandis que les Noirs équatoriaux et même les Kanouri ont une peau dilatée et poreuse, celle du Toubou est fine et ferme. Il est malheureusement impossible dans ce pays où quelques dispensaires ne remplacent pas des hôpitaux de se procurer des coupes histologiques qui préciseraient cette différence. Mais le résultat éclate aux yeux quand on voit un Kanouri transformé par la chaleur en fontaine ruisselante d'eau, tandis que la peau du Toubou reste presque sèche. La faculté et le besoin d'absorption d'eau de tous les Noirs du Sud est la risée des Toubou qui se vantent d'être capables en hiver de voyager pendant trois jours sans boire. Maigreur, allongement des muscles, finesse de la peau, résistance à la soif, sont autant de traits convergents d'adaptation au désert. Nous touchons une de ces généralités sahariennes dont nous parlions au début de ce chapitre. Frères, par le sang, des Kanouri, les Toubou sont néanmoins (couleur de peau exceptée) beaucoup plus différents d'eux que des Touaregs ou des Maures avec qui ils n'ont que très peu d'hérédité en commun. Nous verrons plus loin dans quelle mesure le déterminisme géographique en est la cause. Contentons-nous pour l'instant de remarquer que la fierté toubou est justifiée s'il est vrai que l'homme est le roi de la terre, dont il n'est presque pas de coins où il n'ait réussi à vivre en pliant la nature des choses à la sienne propre, les Toubou sont assurément une des races royales du Sahara.

Les Daza que nous allons plus spécialement étudier maintenant, occupent les steppes et les savanes d'entre le Tibesti et le Tchad que Tilho a nommées les Pays-Bas du Tchad, et qui faisaient autrefois partie du lac lui-même.

Ils y sont depuis une haute antiquité si l'on en juge par leurs races de boeufs, pareils en tous points à ceux des Boudouma : blancs sans bosses avec des cornes moins longues mais plus massives et au total non moins imposantes que celles de zébus roux amenés de l'ouest par les Peuls[7]. Il est peu probable néanmoins qu'ils aient mené autrefois la vie lacustre des Boudouma actuels et qu'ils se soient progressivement adaptés sur place à la sécheresse. De vieilles gravures sur grès montrent que de vastes troupeaux de boeufs sans bosses et à grandes cornes pâturaient jadis dans le Tibesti. Selon toute vraisemblance, c'étaient ceux des Daza qui ont dû descendre dans la plaine au fur et à mesure que le changement de climat créait dans l'ancien domaine du lac les steppes qu'il faisait disparaître de la montagne.

A peu près à la même époque, vraisemblablement, les nomades quittaient le Nord du Sahara, d'où les traditions antiques les faisaient venir, pour aller nomadiser dans les steppes algériennes jusqu'à ce que Massinissa les ait pliés à l'agriculture. Avec leurs troupeaux de boeufs et subsidiairement de moutons, leurs cavaliers armés de javelots, leurs jeunes gens ornés jusqu'à la circoncision d'une crête de cheveux que les historiens appellent la crête libyenne, leurs tentes de nattes, les Daza continuent sous nos yeux un genre de vie qui fut certainement celui des pères des cavaliers d'Hannibal et de ces cavaliers eux-mêmes. Une série homogène de gravures qu'on retrouve dans les régions les plus désertiques prouve qu'il était celui de toute une vaste et prospère civilisation saharienne dont le dessèchement des trois derniers millénaires a refoulé les débris sur la périphérie.

Cette civilisation plusieurs fois millénaire ne s'est brisée qu'il y a trente-cinq ou quarante ans sous l'effet de l'établissement de la paix par les fusils à tir rapide des Français. Jusqu'alors l'âme du peuple daza était le cheval, seul animal dont le cou soit presque toujours orné comme celui de l'homme d'une amulette coranique qui protège la vie. Elever des chevaux aux portes du désert est un paradoxe. Le petit cheval daza, incapable de porter des fardeaux, ne peut servir que de monture et comme il est obligé de boire en toutes saisons deux fois par jour, son usage est limité à des itinéraires méridionaux connus d'avance. D'autre part, il est d'un entretien difficile. Pour bien le nourrir en hiver et au printemps, il faut qu'en été des esclaves cassent à coup de bâton les hautes tiges des herbes de la savane, les rassemblent avec une fourche de bois, les lient en bottes, et forment des meules de plusieurs mètres de haut. Même dans l'abondance de la saison des pluies, le pâturage dont beaucoup d'essences lui conviennent mal, ne suffit pas à le maintenir en forme, et il faut le compléter de mil et de petit lait voire de lait frais. Il exige donc de nombreux troupeaux et encore des esclaves pour cultiver le mil.

Mais justement il permet de se les procurer. Bête coûteuse et économiquement presque inutile le cheval est une machine de guerre redoutable. Le terrain sablonneux et montueux de dunes mortes que les Daza ont trouvé au sud du Tibesti, les a obligés à renoncer aux chars de combat à l'assyrienne qu'ils devaient employer sur les regs du Fezzan et dont les gravures gardent l'image splendide au Tassili des Ajjers et plus grossièrement au Tibesti même.

Mais simplement sellé, le cheval a une fougue déconcertante, inouïe chez un animal domestique. Les guerriers à chameaux descendent de leurs bêtes pour combattre s'ils n'ont pas affaire à des adversaires sans défense ; mais les cavaliers chargent sur elles, arrivent au grand galop jusqu'à portée de l'ennemi, se dressent sur leurs étriers en brandissant leur javelot, d'un geste que montrent encore les fantasias à lance du Kanem, puis, dans un combat réel, le projettent de toute la force que leur donne la hauteur et l'élan du cheval, et tournent bride sans avoir attendu la riposte. Aucun troupeau ne peut être défendu en rase campagne contre ces cavaliers furieux qui ne s'arrêtent que devant les palissades de « sécots », défendues par des archers des villages sédentaires, comme leurs frères nomades s'arrêtèrent devant les murailles de Rome, jusqu'au pied desquelles les avait conduits Hannibal.

Ces temps sont révolus. Le belliqueux cheval le cède aujourd'hui au pacifique chameau. Déjà autrefois, les Daza du Bornou et des plaines septentrionales peu favorables à son élevage avaient plus de chameaux que de chevaux, à l'imitation des Téda venus parmi eux. Le sud commence à suivre cet exemple, maintenant que l'ère des guerres fait place à l'ère du commerce. Tandis qu'autrefois un cheval valait dix chameaux, les deux bêtes sont aujourd'hui considérées comme équivalentes et l'on néglige souvent de prendre pour les chevaux les soins qu'on leur donna jadis. L'effort se porte plutôt sur le chameau, à qui les pâturages du sud conviennent peu. Pour qu'il se porte bien il faut qu'il fasse chaque hiver une cure d'herbes désertiques, sous la conduite d'esclaves et de jeunes gens, enchantés, au moins ces derniers, d'aller vivre pendant trois mois de lait de chamelle et de viande de gazelle.

Le boeuf est la richesse traditionnelle des Daza, comme le cheval était l'instrument de leur force. Lui est exactement adapté au pays. Plus que d'élevage, on pourrait même parler de cohabitation entre l'homme et l'animal. Le matin, après le lever du soleil, les boeufs paraissent au village. Les femmes en profitent pour traire les vaches en attachant étroitement la tête du veau à une patte avant de sa mère, pour qu'il ne trouble pas l'opération. Puis les boeufs s'en vont d'eux-mêmes dans la brousse s'ils ont faim. En été, saison pendant laquelle ils sont abondamment rassasiés, il faut en général les chasser à coups de bâton. Les veaux restent attachés à des poteaux pour qu'ils laissent la paix à leurs mères pendant la journée et qu'ils ne les accompagnent pas en des coins où ils risqueraient d'être mangés par une hyène. Les tout petits sont gardés ainsi toute la journée. On les lâche vers la fin de la matinée et ils pâturent aux environs immédiats des maisons. Le soir, ils pensent aux vaches et les vaches aux veaux, et de part et d'autre on revient au village, où vache et veau courent l'un vers l'autre dès qu'ils s'aperçoivent.

Mais la femme daza interrompt cet élan ; comme le matin, elle attache le veau à sa mère et commence par prélever le lait dont elle a besoin ; puis elle laisse les bêtes libres. Quand le veau a plus de six mois c'est la vache elle-même qui le refuse, tout en continuant à se laisser traire. Mais si les bêtes se nourrissent ainsi elles-mêmes elles comptent sur les hommes pour les abreuver. Le puits est la clef de voûte de l'élevage daza. Il est creusé, souvent à vingt ou trente mètres de profondeur dans un fond de vallée. Autour de l'orifice, chaque propriétaire d'un troupeau d'au moins une dizaine d'animaux s'est fait un abreuvoir bas en terre argileuse recouvert de branchages pour qu'il ne soit pas piétiné par les bêtes. Esclaves, salariés, jeunes gens tirent l'eau le matin et le soir avec une puisette au bout d'un cercle qu'ils hissent seuls, si ce sont des hommes, généralement à deux si ce sont des femmes. Chacun remplit l'abreuvoir de sa famille, dont un petit garçon ou une petite fille chassent à coups de bâton les bêtes étrangères.

C'est un des coins les plus pittoresques de la vie daza. Les femmes viennent avec leurs urnes qu'elles mettent dans l'abreuvoir familial pour que les serviteurs la remplissent en même temps qu'ils donnent à boire aux bêtes. Les pauvres gens, les passagers, qu'accompagnent souvent les oisifs, attendent qu'un propriétaire ait fini avec son troupeau pour lui demander l'autorisation de se servir de son abreuvoir, à leur tour, pour leurs propres animaux. Les bêtes viennent quand il leur plaît, les chevaux matin et soir comme nous l'avons vu ; les boeufs aussi, pendant le brûlant printemps mais en temps ordinaire, tantôt le matin, tantôt le soir ; les chameaux tous les deux jours au printemps, tous les trois ou quatre jours en été, moins souvent en hiver. On voit arriver quand ils ont soif, les animaux des élevages secondaires, les ânes, tous les deux ou trois jours ; les chèvres tous les jours, deux fois par jour au printemps ; les moutons un peut moins souvent.

La fidélité du troupeau varie selon l'espèce et la saison. Seuls les moutons sont tellement bêtes qu'ils ont besoin d'un berger pour leur montrer le chemin du puits. Mais il faut entraver les chevaux et les chameaux pour qu'ils n'aillent pas trop loin, et cela ne suffit pas toujours pour les chameaux. Il arrive aussi qu'au printemps des ânes et des boeufs surpris par la chaleur n'aient pas la force de revenir. En été et en automne la multiplication des mares crée un danger plus grand en permettant aux boeufs et aux chameaux de se passer du puits. Au début de l'été surtout, quand les pluies ne sont encore tombées que par endroits, il faut souvent que les hommes partent à la recherche des bêtes égarées, et il n'est pas rare que le voyageur, qui s'apprête au coucher du soleil à passer la nuit dans la brousse, se trouve nez à nez avec un troupeau solitaire de boeufs, qui vient curieusement regarder le campement humain, puis s'en va quand il a constaté que ce sont des étrangers. Dans l'ensemble, cependant, l'attirance du village est la plus forte. En plus de la commodité essentielle de l'abreuvoir et de l'instinct maternel des bêtes mères, le village a pour lui la salubrité du sol dénudé par le piétinement, où les moustiques sont en été moins nombreux que dans la brousse, aussi quelquefois l'attrait sexuel (des chameaux mâles laissés seuls, reviennent toujours ; s'ils sont avec des chamelles, il faut qu'un berger accompagne le troupeau pour le ramener), le sentiment confus du danger des bêtes fauves, peut-être le souvenir des soins donnés par l'homme, qui soigne à l'oreille les boeufs frappés d'un coup de sang, ouvre et soigne à l'oignon les piqûres de serpent, nettoie à l'urine de vache les plaies de chameaux et les couvre d'un emplâtre de farine de mil, et pour tout dire, la routine. Il est curieux de remarquer que ces raisons sont en somme les mêmes que celles qui lient l'homme à l'homme. Cette rude fraternité des êtres vivants est un des grands charmes de la société daza.

La grande différence entre l'élevage des Peuls et celui des Daza est que les premiers vont de mare en mare tandis que les seconds restent fixés autour d'un puits comme l'exige la contrée dans l'ensemble plus septentrionale où ils vivent et comme le leur permet la force de leurs armes. Ils n'en sont pas moins nomades d'une double façon. D'abord, comme nous le verrons les liens politiques sont chez eux très lâches et une famille n'hésite pas au moindre incident à quitter son village pour un autre, distant peut-être de centaines de kilomètres. D'autres fois, le village lui-même se déplace dans un rayon limité autour d'un puits. Pendant les trois mois d'été, les Daza habitent dans les paillottes permanentes à l'épreuve de la pluie. C'est la mauvaise saison des mouches, d'ignobles petits cafards qui rongent le cuir, de la vermine, des fièvres, et par-dessus le marché c'est celle où, s'il y a beaucoup de lait, il n'a pas de mil. En automne, ils s'installent sous leurs tentes de nattes. Les hommes vont vers le sud acheter du mil et vendre leurs boeufs gras. Depuis que la police des groupes méharistes les a mis à l'abri des bandes téda qui n'hésitaient pas à réduire leurs frères de race en esclavage s'ils les surprenaient sur leur domaine, beaucoup se rendent à Agram et jusqu'à Bilma pour échanger leur beurre, de la viande séchée, et subsidiairement des sécots et du mil, contre du sel et des dattes, qu'ils gardent pour eux ou revendent aux Kanouri. Les femmes voyagent également pour des raisons d'intérêt ou de famille. La fraîcheur de l'hiver favorise ces allées et venues. Le village tout entier se déplace d'un kilomètre ou deux tous les deux ou trois mois jusqu'à ce que les premières pluies le ramène enfin aux paillottes que l'on retrouve intactes. Si le puits s'écroule ou si l'on a l'impression qu'il y a trop d'années qu'on piétine le même coin, on émigre carrément vers un autre puits inoccupé. La seule difficulté est de trouver des étrangers capables de construire de nouvelles paillottes, car les Daza de quelque aisance dédaigneraient de le faire eux-mêmes.

Si la pauvreté ne les presse, les Daza jugent en effet indigne d'eux tout ce qui n'est pas la guerre, le voyage ou la recherche de bêtes égarées. Les femmes elles-mêmes se déchargent le plus qu'elles peuvent sur des servantes des soins de la maison. Les plus fières et les plus riches prétendent même ignorer la vannerie ménagère. Elles se bornent à confectionner des pièces rares mêlées de cuir et de cauris dont elles ornent leur trousseau. La conséquence est que tout en étant dure, comme toute vie nomade, la vie daza est au total assez désoeuvrée. On ne voit jamais, dans leurs villages, de bébé accroché comme chez les Noirs du Sud, dans le dos d'une femme qui travaille. Si par hasard la femme est occupée, elle peut toujours le confier au père qui ne demande qu'à l'amuser, et, quand il le faut, lui faire faire ses petits besoins. Ou bien c'est la grande soeur, un jeune oncle, la grand-mère. Dans cette atmosphère familiale où les meuglements se mêlent aux cris des enfants, les Daza parlent politique, discutent des itinéraires, élaborent des vols et des meurtres...

NOTES

(1) Ce titre est celui du livre de sociologie que Charles Le Coeur méditait d'écrire à la fin de son deuxième séjour chez les Toubou du Sahara central. Seule une partie du premier chapitre a été rédigée ; le manuscrit s'arrête sur une évocation des « Toubou de la steppe », ou Daza, que devait suivre celle des groupements Azza, caste d'artisans vassale des Daza. La présentation de l'autre fraction du peuple toubou, des « Toubou du désert » ou Téda, devait achever ce tableau d'ensemble des « Travaux » et des « Races ».

(2) Voir H. Carbou, *La région du Tchad et du Ouadaï*.

(3) Nachtigal, *Sahara und Sudan*.

(4) Les Toubou de l'ouest évitent cette dernière expression, car, pour eux le « battar », c'est-à-dire la sacoche, évoque plus spécialement le petit sac dans lequel un marabout met son Coran. *Aza battarda* signifie pour eux « artisans marabouts ».

(5) Voir P. Hugot.

(6) Les formes Tebou, Tibou qu'ont popularisées les voyageurs du XIXe siècle proviennent des erreurs d'audition qu'explique ce fait que la langue toubou ne distingue pas nettement le OU du I ou E ; du moins qu'elle passe facilement de l'un à l'autre.

(7) Dans les postes de fonctionnaires du Niger et du Tchad, on dit volontiers que les grosses cornes des boeufs boudouma, les aident à flotter quand ils passent à la nage d'une rive à l'autre. Il faudrait en conclure que les boeufs daza qui sont les mêmes sont donc aussi spécialement adaptés à la nage, ce qui ne manquerait pas de piquant pour des bêtes vivant dans une région présaharienne. Cette question est d'ailleurs controversée et il est possible que l'histoire des « cornes-flotteurs » puisse être classée parmi les innombrables légendes coloniales qui naissent du désir d'établir à toutes forces un rapport entre deux particularités pittoresques.

Fig. 26 — Paysage du Tibesti (collection Musée de l'Homme, cliché Lieutenant Moublet).

CAUSERIE SUR LE TIBESTI*

Mesdames et Messieurs,

Je ne puis commencer cette causerie sur le Tibesti sans exprimer ma reconnaissance à nos dirigeants. Le traité qui vient d'être signé a en effet quelque peu appauvri le domaine colonial de la France, mais considérablement enrichi les connaissances géographiques des Français. Quand je suis parti, en 1933, la plupart de nos compatriotes ignoraient même l'existence du Tibesti ou le confondaient avec le Tibet. Je ne compte plus les gens qui m'ont félicité d'aller voir l'Himalaya. Tout a changé depuis le Pacte de Rome. Tout le monde ou à peu près tout le monde sait aujourd'hui que le Tibesti est un massif saharien distant d'un millier de kilomètres du Hoggar, mais encore plus élevé, puisque son point culminant, l'Emi Koussi, atteint 3415 m, et qui est peuplé non par des Touaregs, mais par les redoutables Toubou, comme les appellent les Arabes, ou plus exactement par les Téda, ainsi qu'ils se nomment eux-mêmes.

Mais avant de vous dire ce que j'ai vu au Tibesti, je voudrais vous dire pourquoi j'y suis allé. Je dois vous avouer en effet que, malgré mes dix-huit mois de Sahara, je n'ai rien d'un René Caillé, rien d'un héroïque chercheur d'aventures. Avant de partir, je ne me suis pas exercé au tir au pistolet ; mais j'ai mijoté en Sorbonne et à l'Ecole des Hautes Etudes. Il y a seulement trente ans, j'aurai passé ma vie dans un fauteuil à écrire de gros livres sur des peuples que je n'aurais jamais vus. Et c'est bien ainsi que j'avais commencé. Mais nous vivons dans un temps étrange où il faut faire des dissertations de philosophie pour avoir le droit de commander une section d'infanterie et courir le monde pour devenir professeur. La Fondation Rockefeller en offre le moyen. Son but est de permettre à des étudiants de toutes nationalités d'aller voir ce qui s'enseigne dans les universités étrangères, puis par extension

---

* Texte inédit d'une émission de radio réalisée par Ch. Le Coeur en 1935, à son retour du Tibesti, après la signature du Traité de Rome (7 janvier 1935, cession de la bande d'Aozou par la France à l'Italie).

d'aller travailler n'importe où au loin dans leur spécialité. C'est ainsi que j'ai obtenu une bourse d'études sociologiques pour le Tibesti.

Comme le Tibesti, quoique au coeur du Sahara, est rattaché administrativement à la colonie du Tchad qui fait partie de l'Afrique Equatoriale française, j'ai demandé l'autorisation d'y aller au gouverneur général de celle-ci, qui était alors M. Antonetti, en congé à Paris. L'idée même ne lui déplut pas ; mais il bondit quand je lui dis que ma femme avait l'intention de m'accompagner. Peu d'Européennes ont vécu dix-huit mois au Sahara, aucune n'avait encore pénétré au Tibesti, et ce repaire de brigands – comme le qualifia M. Antonetti – lui paraissait peu propre à un voyage de noce. Je dus avoir recours à toute mon éloquence pour le persuader qu'il ne s'agissait pourtant pas d'une fantaisie, et qu'en dehors de toutes considérations personnelles, j'avais les raisons scientifiques les plus sérieuses pour emmener ma femme. C'est un fait, en effet, heureux ou malheureux, mais c'est un fait que l'humanité se compose de femmes aussi bien que d'hommes. Comme le disait sous Napoléon le bon vieux poète Legouvé, auteur du *Mérite des femmes* :

> Les femmes, dût s'en plaindre une maligne envie,
> Sont des fleurs, ornement du désert de la vie.

Ces fleurs, dût s'en plaindre la maligne envie, ornent aussi le désert du Sahara. Sur les 6 500 Téda dont je vais vous parler, il y en a la moitié, et plus de la moitié qui sont des femmes, et naturellement une femme est à beaucoup d'égards plus qualifiée qu'un homme pour étudier comment elles vivent familièrement, pour voir comment elles vivent « entre femmes » (ce grand mystère qu'aucun homme ne pourra jamais percer), pour apprendre en les aidant comment elles soignent leurs enfants, comment elles les amusent. Je ne sais si M. Antonetti fut entièrement convaincu ; il fit du moins semblant le plus courtoisement du monde, et nous accorda l'autorisation.

Si l'on déduit le temps du voyage d'aller et celui de retour, nous avons passé un an au Tibesti. Les deux souvenirs essentiels que nous en rapportons sont que c'est peut-être le pays le plus pauvre qui soit, et que les Téda qui l'habitent sont pourtant un grand peuple, et je dirais presque un grand peuple civilisé, étant bien entendu qu'il s'agit d'une civilisation très différente de la nôtre, qui ne comporte ni T.S.F., ni auto, ni même l'écriture.

Pour la pauvreté, la comparaison de deux chiffres suffit à la caractériser. La superficie du Tibesti équivaut à celle du Massif Central et sur ce vaste territoire nous avons vu que vivent seulement 6 500 Téda, enfants à la mamelle compris, et encore à condition de se priver de tout. Le Tibesti joint en effet la pauvreté de la montagne à la pauvreté du désert. Non seulement il n'y a pas d'eau, mais il n'y a pas de terre, pas même de sable. Pendant des dizaines de kilomètres, on ne voit autour de soi que du rocher nu. Les chameaux ont beaucoup de peine à avancer. Ils glissent sur les plaques de grès, se blessent les pieds aux arêtes des schistes, trébuchent dans les étroites rigoles de tuf. Dans beaucoup de passages difficiles, on est obligé de descendre et de tirer son chameau par le licou. Le paysage est d'ailleurs superbe. Comme il ne pleut presque jamais, les formes ont gardé toute leur pureté. On longe des falaises à pic qui ont près d'une centaine de mètres de hauteur ; on contourne des cirques comme le fameux Trou au Natron, qui a vingt kilomètres de tour et six cents mètres de précipice au fond duquel on aperçoit deux petits cratères blancs du natron qui lui a donné son nom. Mais à la longue ce désert de pierres prend quelque chose d'infernal. De loin en loin seulement on aperçoit deux ou trois maigres arbustes épineux que les guides qualifient pompeusement de pâturage. C'est toute la végétation. Il faut quatre, cinq, six jours pour rencontrer un village qui n'est pas moins minable.

Les quelques villages du Tibesti sont situés dans des cuvettes de sable perdues dans la montagne, là où une nappe d'eau souterraine permet d'établir des puits avec lesquels on obtient, à force d'arroser, un peu de céréales et des palmiers. Hors de ce travail humain, les palmiers eux-mêmes ne poussent pas. C'est un travail acharné. Il faut arroser en moyenne six heures tous les deux jours. De plus la terre ou plutôt le sable, déjà infertile par lui-même, est perpétuellement envahi d'efflorescences de sel et de natron, contre lesquelles il faut lutter en rapportant constamment dans des paniers de la terre fraîche et une espèce de guano fait de crottes d'oiseaux et de crottes de marmottes qu'on trouve dans des creux de rochers. Moyennant quoi on obtient des récoltes dérisoires : des tiges de blé hautes de cinquante centimètres, dont jamais les épis ne se touchent.

La première impression est absolument lamentable, et elle l'était d'autant plus pour nous que nous arrivions en hiver. L'altitude compense en effet la latitude et, quoique sous les tropiques, il gèle au Tibesti pendant les nuits d'hiver. Or les Téda n'ont pour tout vêtement qu'une mince cotonnade, et les enfants mêmes vont nus. Nous les voyions dans la nuit grelotter de froid dans leurs huttes autour de tisons, car ils n'ont même pas assez de bois pour allumer de grands feux. Le jour, quand ils n'arrosaient pas, ils dormaient au soleil ou se livraient à de petits travaux au ras du sol. Des hommes accroupis remuaient le sable de leurs minuscules jardins avec un petit bâton crochu. Ils semblaient n'avoir pas la force de se tenir debout, et même pour se déplacer se traînaient sur le derrière. Des femmes pilaient des noyaux de dattes pour nourrir leurs chèvres, et de la fibre de palmier pour se nourrir elles-mêmes et leur famille. Quelquefois, deux ou trois hommes se groupaient sans se parler ni même se regarder : en oblique les uns des autres. Nous apprîmes plus tard que dans leurs plus grands accès d'exubérance, les Téda n'agissent pas

Fig. 27 — Kamaja bêchant son jardin (Tibesti, 1934)
(collection Musée de l'Homme, cliché Le Coeur).

autrement. Mais sur le moment, ces petits groupes immobiles et silencieux, cette humanité mourant de faim et accroupie au milieu d'un paysage lunaire de rochers aux formes fantastiques nous donnaient l'impression d'une race qui se meurt, de la Terre au dernier instant de son histoire.

Avec l'été, la moisson, la cueillette des dattes, la chaleur, la vie s'anime un peu ; mais à aucun moment les Téda ne mangent véritablement à leur faim. Pourtant ils ne songent pas à quitter leur pays. Ils s'organisent courageusement contre la misère.

L'unité sociale est la famille, composée du père, de la mère, et d'un nombre d'enfants relativement petit, trois ou quatre généralement, moins assez souvent, quoique la mortalité infantile soit faible, car la vie des Téda est rude, mais saine. La plupart des hommes n'ont qu'une femme ; certains ont deux femmes dans deux villages différents ; il n'y a que quelques hommes d'âge mûr qui aient dans le même village deux femmes, une vieille et une jeune, jamais deux jeunes ensemble. Les femmes téda qui sont fières ne l'accepteraient pas et partiraient plutôt.

Dans le ménage la femme s'occupe essentiellement de faire la cuisine, et par extension de chercher l'eau, le bois, de piler les aliments. La moisson et le vannage leur sont également réservés. Le bêchage est plutôt l'affaire des hommes. L'arrosage est mixte ; mais comme les femmes sont plus sédentaires que les hommes, ce sont d'habitude elles qui s'en occupent. Elles font aussi les paniers en tressant les feuilles de palmier. Les hommes, eux, s'occupent des troupeaux, des chameaux, des ânes et des chèvres qu'ils mènent pâturer les maigres buissons épineux dont nous avons parlé. Ils voyagent à travers le désert en se guidant sur les étoiles. Avant l'occupation française, ils avaient à repousser les rezzous des Touaregs et des Arabes et à organiser des expéditions vengeresses, car le pillage était une des ressources du Tibesti. Plus pacifiquement, ils font les sacs, peut-être parce qu'ils considèrent que tout ce qui touche les bêtes, le cuir comme le reste, les regarde. Chose plus inattendue, ce sont eux qui font la couture, et l'on assiste à des scènes comme celle-ci : la femme qui bat le blé, pendant que l'homme assis sur une pierre coud un pantalon en amusant son enfant. Avec la meilleure volonté du monde d'admettre tous les usages, on ne peut s'empêcher de sourire. Mais je dois dire que les Téda trouvaient à leur tour extrêmement comique de voir ma femme coudre.

Cette division entre les sexes ne résulte pas seulement en effet de nécessités pratiques : elle a un caractère moral. Non pas qu'elle ait la rigueur d'un préjugé. Les Téda ont beaucoup de bon sens. Un vieil homme veuf n'hésitera pas à faire lui-même les paniers dont il a besoin. On ne le mépriserait que s'il avait une femme capable de faire ce travail à sa place, et celle-ci même en rougirait. Inversement on ne défend pas aux femmes de s'occuper des troupeaux ni même de faire la guerre : le cas s'est vu, et loin de les blâmer, on les admire. Mais l'homme le plus lâche (s'il y en a parmi les Téda) ne laissera pas sa femme combattre à sa place. Par ce côté point d'honneur, les occupations les plus courantes se relient au cérémonial rigoureux qui règle les devoirs de chaque sexe.

Jamais un homme ne mangera devant son beau-père ou sa belle-mère ; jamais une femme ne mangera devant un homme qui n'est pas de sa famille. Quand ils sont en voyage, entre eux, les hommes chantent volontiers, mais jamais devant une femme ; jamais non plus ils ne se montreront le torse nu, ne s'exerceront à lancer la sagaie, à courir ou à sauter au village. En revanche, quand il y a fête, ils jouent du tambour et d'une sorte de violon qui — contrairement à ce qui se passe chez les Touaregs — est interdit aux femmes. Celles-ci dansent en battant la mesure avec leurs mains ; elles ont le droit de reprendre en choeur le refrain, mais il n'y a que de jeunes veuves ou des divorcées tout à fait évaporées pour avoir l'audace de chanter publiquement les couplets. Les hommes regardent sans rien dire. De temps en temps, l'un d'eux se détache du groupe et, toujours silencieusement, agite son couteau au-dessus de la tête des danseuses. Cela marque pour eux le comble de l'enthousiasme.

Et dans tous leurs actes les Téda montrent cette réserve, cette froide dignité qui du premier coup d'oeil les distingue des Noirs du Sud, chanteurs, danseurs et hâbleurs, et même des Arabes, toujours gesticulants et bavards en vrais méditerranéens. C'est une chose extraordinaire : ils meurent de faim, et ils songent encore au décorum ; ils meurent de faim, et pour rien au monde ils ne mangeraient de la chair d'une bête égorgée par un non-musulman, ou qui est interdite à leur clan. Ce sont les plus misérables des hommes, et ils ont une étiquette plus sévère que Louis XIV.

C'est en effet une race de vieille noblesse, avec une longue histoire derrière elle. Tout le prouve : le mystère de leur langue qu'ils sont seuls à parler et qu'on ne sait de quelle autre rapprocher ; leur race qui est à la fois extrêmement originale et extrêmement composite (leur teint va du brun assez clair à un noir foncé plus luisant que celui des vrais Nègres mais accompagné de nez droits et de lèvres minces comme les vrais Blancs) ; enfin les monuments archéologiques qu'on trouve dans leur pays. Les Téda ne gravent plus de dessins sur leurs rochers ; mais leurs ancêtres y ont laissé d'innombrables gravures rupestres représentant des girafes, des éléphants, des autruches, et d'immenses troupeaux de boeufs, tous animaux qui sont aujourd'hui inconnus au Tibesti et n'y trouveraient certainement pas de quoi vivre. A côté de ces gravures et datant peut-être de la même époque, on voit des tombeaux préhistoriques que les Téda attribuent à des chrétiens, soit parce qu'effectivement le christianisme avait pénétré autrefois jusqu'au Sahara (vous vous rappelez tout ce qu'on a dit sur la croix des Touaregs), soit plutôt par confusion avec les ruines romaines de Tripolitaine. Quoi qu'il en soit, vous voyez que l'origine des Téda remonte, sinon à l'Atlantide qui est une imagination des poètes, du moins à un temps où le Sahara était infiniment plus riche qu'aujourd'hui.

C'est pourquoi, si peu nombreux qu'il soit, ce peuple vaut la peine qu'on s'y intéresse. On me dit que vous êtes 300 000 auditeurs de T.S.F. à m'écouter. J'aime à croire que ce chiffre est exagéré ; mais fussiez-vous dix fois moins, vous seriez encore quatre ou cinq fois plus nombreux à m'entendre parler des Téda qu'il n'y a de Téda eux-mêmes. Cela peut paraître paradoxal, surtout quand on pense qu'il y a 400 000 000 de Chinois, 300 000 000 d'Hindous, 120 000 000 d'Américains. Mais l'importance d'un peuple ne se mesure pas à son nombre ; il se mesure à l'originalité de son effort, à la forme neuve qu'il donne à l'âme humaine. A cet égard, il manquerait quelque chose à l'humanité, si les 6 500 Téda disparaissaient du Tibesti.

Sur ce, mes chers auditeurs, je vous dis adieu en vous invitant à venir voir au Trocadéro, à la fin du mois prochain, les photographies, les selles de chameau, les sacs et les paniers, les énigmatiques bijoux de coquillages et de cuir que nous avons rapportés de là-bas. Ce mobilier d'une famille téda vous semblera sans doute bien misérable dans son étrangeté. Mais rappelez-vous que cela remonte à la plus haute tradition et que les Téda font tout eux-mêmes. Combien d'entre vous pourraient en dire autant de leurs fauteuils et de leurs casseroles ?

Fig. 28 — Vieille femme pilant le mil (Tibesti, 1934, cliché Charles et Marguerite Le Cœur).

NOTES SUR LE TIBESTI*

Ces notes sur le Tibesti ont été prises au cours d'un séjour que j'y ai fait en 1934, en compagnie de ma femme, grâce à une bourse de la Fondation Rockefeller. Comme le Tibesti est rattaché administrativement à Fort-Lamy, nous avions décidé de le gagner par le Tchad, en gardant l'espoir, que nous avons réalisé depuis, de revenir par le chemin plus direct de la Tripolitaine.

Je ne m'étendrai pas sur la première partie du voyage. La Compagnie Transsaharienne vous transporte de Colomb-Béchard à Fort-Lamy sans que vous ayez rien d'autre à faire que d'admirer l'endurance de ses chauffeurs et le confort de ses hotels. C'est le kaléidoscope ordinaire du grand tourisme. On passe des « histoires de popote » du millionnaire américain qui, à la manière de Seabrook, va à Tombouctou boire l'apéritif avec le père Yakouba, à la cahute misérable où un missionnaire adventiste du Minnesota compte parmi ses cinq ou six ouailles un ancien esclave des Touaregs converti au christianisme par l'exemple du Père de Foucault. Les grandes villes du Niger sont pourries de snobisme ; mais leurs habitants n'ont pas encore définitivement établi lequel est le plus chic du litham touareg ou de la tunique du tirailleur, du fez de l'interprète arabe ou du casque de l'administrateur français. Les femmes sont plus fidèles aux anciens usages, et leurs grands corps bien balancés, avec quelques bijoux lourds et sobres, changent heureusement des musulmanes nord-africaines empaquetées de linge et couvertes d'une pacotille de fer-blanc. Dans la campagne, un enfant nu comme une gazelle apparaît à travers les hautes tiges de mil, puis se sauve effarouché.

Mais on n'a pas le temps de s'arrêter. On file à soixante à l'heure ; on part à six heures du matin, chargé de toutes les autorisations, certificats, passeports sans lesquels il est impossible de circuler en territoire français, mais que des fonctionnaires complaisants envoient à l'hotel, sans que personne ait à se déranger. Passée la frontière de la Nigéria, la procédure change. On ne vous demande plus et on ne vous donne plus aucun papier ; mais vous

*Texte rédigé pour le feuilleton du journal *Le Temps*.

devez vous présenter à un fonctionnaire anglais, administrateur ou médecin, qui vous serre mystérieusement et silencieusement la main, puis vous autorise à rester, se réservant sans doute le droit de vous expulser si votre tête lui déplaît. Ce qu'on est le plus à même d'étudier dans ces grands voyages transafricains, ce sont les différences entre les colonisateurs, l'ethnographie européenne.

Notre vrai voyage a commencé à Fort-Lamy. A cheval, suivis d'une caravane de bœufs pour nos bagages, nous avons, au cours d'une douzaine de journées, longé le lac Tchad et gagné Mao, au nord du Kanem. Là, nous avons équipé une caravane de chameaux qui, en un mois, à travers le Borkou, nous a menés au Tibesti. Je n'insisterai pas non plus sur ce trajet, quoique nous ayons enfin vu autre chose que des villes où tous les enfants sont dressés à demander des sous. Mais nous n'avons voulu nous arrêter nulle part, et je ne pourrais par conséquent rien dire que les lecteurs du Temps ne connaissent déjà – du moins je le souhaite – par les relations des grands voyageurs d'autrefois, Barth et Nachtigal, ou les ouvrages du général Tilho, dont les études géographiques font aujourd'hui autorité pour toute la région du Tchad[1]. Mais ici commence le rôle de secrétaire des Téda – nom des habitants du Tibesti – que je voudrais assumer dans ces feuilletons, puisque je suis un des premiers européens qui ait eu l'heureuse fortune de passer un an parmi eux sans avoir autre chose à faire que d'étudier leur langue, leurs mœurs, leurs coutumes, ce qu'ils pensent d'eux-mêmes et du monde.

La connaissance du monde, de la géographie est aussi répandue chez eux que celle de l'alphabet chez nous. Nous verrons qu'il n'est pas de Téda de quelque valeur qui n'ait été échanger des produits, par delà le désert, à Bilma, à Mourzouk, à Abéché ou même au Bornou, sur les bords du lac Tchad. Autrefois ils allaient razzier l'Ennedi et jusqu'aux Touaregs de l'Aïr ; maintenant ils font pour les Français des transports qui les mènent jusqu'à Fort-Lamy. Depuis l'enfance, tous ces noms leur sont familiers, et sous la forme la plus concrète. Tandis que le petit Français qui voit partir son père connaît seulement l'heure du train, le petit Téda n'a qu'à ouvrir les yeux pour savoir dans quelle direction le sien va et pour combien de jours de marche il emporte de quoi manger. Ils en tirent parfois des conclusions bizarres. Un Téda expliquait au lieutenant Réquin que le Tibesti est forcément le centre du monde puisque, de quelque côté qu'on se tourne, au nord vers le Fezzan, à l'est vers Faya, au sud vers le Kanem, à l'ouest vers Djado, on se trouve toujours au milieu. Le raisonnement est boîteux (par excès d'empirisme), mais témoigne de leur curiosité.

Le monde connu des Téda se divise en trois régions. Au sud, la zone des grands fleuves équatoriaux comme le Logone et le Chari, où le mil pousse sans peine, mais que l'humidité constante, les moustiques, la mouche tsé-tsé rendent inaccessible aux chameaux et souvent même aux chevaux et aux bœufs. Puis vient la steppe, dunes fixées entre lesquelles l'eau s'accumule pendant la saison des pluies, et qui pendant l'hiver ressemblent aux pâturages du désert. Les rivières du sud s'y perdent dans de grands marécages comme le lac Tchad et le lac Fitri. C'est là que sont établies les grandes villes commerçantes, sièges autrefois des empires musulmans et aujourd'hui de la domination française. « A Fort-Lamy, disait un Téda, les Français sont aussi nombreux que le sable ». Plus au nord encore on a le désert, où la vie n'est plus assurée que par des pluies intermittentes et quelques cours d'eau souterrains venant du sud comme le Bahr-el-Ghazal, effluent invisible du Tchad, ou descendant des montagnes de l'Ennedi et du Tibesti.

Des nomades circulent dans les deux zones du nord. Au sud, les Peuls, pasteurs de bœufs ; puis les Arabes tchadiens, arrivés depuis si longtemps qu'au contact des Noirs leur type s'est complètement négrifié et que leur langue a perdu toutes ses gutturales ; enfin les Arabes plus purs de Tripolitaine, venus en deux vagues, la première au début du XIXe siècle après une révolte contre les Turcs, la seconde tout récemment après la conquête italienne. Dans la plaine du Borkou nomadisent les Daza, proches parents des montagnards téda. Ils ont de grandes palmeraies qu'ils font entretenir par des serfs. Eux-mêmes s'occupent de leurs troupeaux de bœufs, de chèvres et de chameaux, « le gros et le petit bétail », comme dit la Bible. Car lorsque le soir on voit, des trois points de l'horizon, revenir d'elles-mêmes vers le campement, en files distinctes, ces trois espèces de troupeaux, on ne peut pas ne pas évoquer Abraham. Il s'en dégage une impression de noblesse et de richesse dont un économiste, fort des statistiques mondiales des ovins et des bovidés, montrerait sans peine la futilité, mais que les Téda ressentent profondément.

Mais leur admiration va surtout aux Touaregs. Il est devenu de mode parmi les touristes qui vont au Hoggar de se moquer de l'enthousiasme de Duveyrier pour les Touaregs, et de dire au retour que ces prétendus « chevaliers du désert » sont tout simplement des pouilleux. C'est de l'esprit facile. En fait, on ne m'en a jamais parlé au Tibesti que comme d'un grand peuple, dont on vante, dont on envie, parfois dont on hait la richesse, la civilisation, le courage. Le vieux chef du Tibesti me racontait qu'il y a trente cinq ans il avait fait partie d'un rezzou contre l'Aïr, qui réunissait plus d'une centaine de Téda et d'Arabes. En route ils avaient rencontré cinq Touaregs. Sans hésiter, les Touaregs avaient assuré leur bouclier sur le bras gauche, saisi leurs sagaies de la main droite, et s'étaient élancés sur l'armée ennemie, la traversant de part en part, et combattant jusqu'à ce que, écrasés sous le nombre, ils aient tous péri. Jamais un Téda, ajouta le vieux chef, n'aurait agi de la sorte. En revanche les Téda se considèrent comme plus courageux que les Arabes, dont les victoires en Afrique ne seraient dûes qu'à la possession de fusils.

A cette masse bédouine d'origine blanche, quoique plus ou moins métissée, s'opposent les Nègres de la région équatoriale. Ce sont des « sauvages », païens incirconcis aux redoutables gris-gris de bois, ayant pour tout vêtement une peau de chèvre sur les fesses, dont les femmes n'ont qu'un cache-sexe et se rasent la tête comme les hommes. On rapporte en outre, avec de grands éclats de rire, qu'ils ont peur des vaches, et, par une confusion volontaire avec les tribus plus méridionales du Congo, on les accuse – moitié riant, moitié sérieux – d'être des anthropophages. Surtout on voit en eux le réservoir d'esclaves, où les Arabes du Ouadaï razziaient périodiquement des enfants qu'ils revendaient à Koufra, à Tripoli et jusqu'au Tibesti. L'aventurier Rabèh, dont la domination fut brisée par la concentration des colonnes Foureau, Joalland-Meynier et Lamy, en traînait à sa suite des centaines, peut-être des milliers que l'Administration française a libérés et rassemblés dans des villages de colonisation. Mais les Français ont eu besoin eux-mêmes de cette main-d'œuvre abondante et docile. Les tirailleurs du Régiment du Tchad et les boys des Européens sont presque tous recrutés au Chari. Ils ont beau être engagés à terme et payés, les Téda ne font pas tant d'histoire et les appellent « les esclaves des Français ».

Les pauvres diables acceptent ce mépris. Un jour que je revenais de tournée, le guide téda prit à partie mon boy et, par manière de plaisanterie, lui dit ce qu'il ferait de lui si les Français n'étaient pas là : il le prendrait comme esclave, l'attacherait, le battrait, le ferait travailler sans rien lui donner à manger. Tout ce que mon boy trouva à répondre fut que les Français étaient heureusement là, et que le capitaine mettrait le Téda en prison. L'idée ne lui vint pas qu'il pourrait se défendre tout seul. Beaux gaillards bien nourris, ils se sentent humbles devant les nomades meurt-de-faim, et cherchent à en imiter les usages. Il n'y a qu'à leurs danses qu'ils ne renoncent pas. Sitôt qu'ils sont plusieurs et ont un moment de loisir, ils battent le tam-tam, et dans l'excitation de la fête se dépouillent peu à peu de leurs vêtements pour réapparaître, la peau de chèvre sur les fesses, dans la nudité nationale. Mais ils n'ont pas l'orgueil de ces admirables danses. Ils savent qu'aux yeux des Téda, paraître le torse nu, chanter et danser devant des femmes est le fait d'abjects saltimbanques. Ils ne se rebiffent pas, mais préfèrent être d'abjects saltimbanques, plutôt que de ne pas danser. ils racontent, avec humour et humilité, que quand Dieu créa le monde, il offrit aux hommes du mil, des étoffes et du papier : le bon Nègre glouton se jeta sur le mil ; le bédouin plus noble choisit les étoffes ; le Français prit le papier (et ce fut le plus ridicule qui fut le plus malin).

Nous sommes loin de nos impressions de voyage en automobile. « Rien que la terre », écrit Paul Morand qui, volant d'aérodrome en aérodrome, finit par croire que tous les hommes vivent à l'hotel, et ne mettent des chapeaux différents que pour étonner le touriste. Le Téda qui voyage à chameau, se guide sur les étoiles, doit apprendre la langue des gens chez qui il va et ignore comment il sera reçu, sait au contraire que le Sahara est grand, et que les changements du décor humain ne sont pas simplement du théâtre. La guerre ou la paix, l'esclavage ou la liberté sont derrière une danse ou une façon de s'asseoir. Mais comment se créent, entre races voisines, ces profondes différences morales ? Il va nous falloir vivre plus longtemps parmi les Téda pour approfondir ce mystère.

(à suivre)

Fig. 29 — Bouki, l'épouse du Derdé Chaï (Tibesti, 1934)
(cliché Charles et Marguerite Le Coeur).

PENDANT UNE ANNEE,

UN JEUNE SAVANT FRANCAIS, M. LE COEUR,

A SEJOURNE AU TIBESTI*

Il rapporte sur les populations Teda — ou Tebou — une incomparable documentation et nous accorde, dans une interview la primeur des résultats de sa mission

M. Le Coeur, ancien élève de l'Ecole normale supérieure, revient du Tibesti où il a séjourné pendant une année entière pour en étudier les populations ; les résultats qu'il a acquis justifient pleinement l'importante mission dont l'avaient chargé l'Institut d'Ethnologie et la Fondation Rockefeller. Est-il besoin d'ajouter que la cession d'une partie du Tibesti à l'Italie ajoute à ses recherches un intérêt d'actualité tout particulier.

Avec une grande amabilité, le jeune savant a bien voulu nous exposer les conditions et les résultats de ses travaux qui apportent des données toutes nouvelles sur les populations tebou – ou, plus exactement, teda – si curieuses et encore assez mal connues.

Accompagné de sa femme, qui fut pour lui une collaboratrice précieuse et infatigable, M. Le Coeur gagna Bardaï, au coeur du Tibesti, en empruntant les services de la Compagnie transsaharienne jusqu'à Niamey, puis en rejoignant Fort-Lamy et en remontant par Faya et Zouar.

Au point le plus éloigné de notre empire

– A Bardaï – nous dit-il – je me trouvais au point le plus éloigné de notre domaine colonial, au moins au point de vue postal puisque les lettres mettent trois mois à y parvenir. J'ai séjourné au Tibesti du mois de février au mois de décembre.

---

* 1935, *La Nouvelle Dépêche - organe de la France extérieure*, 2ᵉ année, 129, samedi 30 mars 1935, p. 1-2.

– Quelle est l'aire d'habitat des Teda ?

– Ce sont essentiellement des montagnards qui habitent le massif du Tibesti, mais on en trouve aussi quelques groupes dans le sud de la Tripolitaine et dans les oasis du Kaouar. Il ne faut pas les confondre avec les Daza qui sont, eux, des gens de la plaine habitant plus particulièrement au sud du Tibesti.

– Sont-ils nombreux ?

– Le capitaine Schneider les a dénombrés avec méthode ; il en a compté 6 000. Si peu nombreux qu'ils soient, les Teda forment un groupe humain absolument à part, au point de vue géographique, ethnographique, linguistique. Tout en conservant l'ossature et les caractéristiques sociales de la race blanche, ce sont les plus noirs – ou les plus noircis – des Sahariens.

Rivaux et admirateurs des Touaregs

« Ils ont une grande admiration pour les Touaregs, avec lesquels ils ont des relations, et ils les considèrent comme des gens riches et courageux, plus courageux qu'eux-mêmes.

– Ce sont des musulmans ?

– Oui, sans doute depuis la fin du XVIe siècle seulement ; une deuxième vague d'islamisation a eu lieu vers 1870 avec des missionnaires de la Senoussia.

« Leurs monuments religieux se résument à des enceintes sacrées qui servent notamment à des sacrifices agraires qui sont extrêmement curieux.

– Leur langue se raccorde-t-elle à quelque autre dialecte africain ?

– On n'a pu, jusqu'à présent, établir quelle pouvait être sa filiation. Le parler des Teda, qui ne comporte d'ailleurs aucune écriture, garde encore tout son mystère.

Un peuple de montagnards

« Ces montagnards sont des gens fermés, repliés sur eux-mêmes, silencieux, bien différents à cet égard des Noirs et des Arabes.
« Leur costume ? Le suroual et la grande chemise pour les hommes, des étoffes bleues portées en drapé pour les femmes.

– Des étoffes que les Teda fabriquent ?

– Non point. Ce sont pour la plupart des tissus nippons et il est vraiment curieux de voir ces primitifs sahariens portant des vêtements avec des caractères japonais.

« Quant à l'habitation, elle consiste en tentes de nattes, en huttes ou en maisons de roseaux.
« Le matériel des Teda est des plus pauvres ; ils ne fabriquent que quelques objets de vannerie et de cuir. Le travail du fer est réservé à une caste de forgerons, méprisés parce qu'ils chantent et que le fait de chanter devant une femme est considéré comme une inconvenance ».

Une incomparable panoplie d'armes

– On parle fréquemment des couteaux de jet utilisés par les Teda.

– Oui c'est – ou plutôt, c'était – une de leurs armes. Leur armement traditionnel est d'ailleurs très complet : lances, sagaies, épées, et même casques et cotte de mailles d'importation du Ouadaï – sans oublier les fusils.

Au demeurant M. Le Coeur a réuni une très remarquable documentation ethnographique qui fera l'objet d'une exposition au Musée d'Ethnographie. Jusqu'ici aucune collection n'avait été réunie sur cette étrange population.
En outre, M. Le Coeur rapporte d'importantes séries de photographies et un film qui viennent compléter les observations et notations qu'il a méthodiquement réunies sur toutes les manifestations de la vie humaine au Tibesti.

Le Tibesti franco-italien...

Il nous reste une dernière question à poser à M. Le Coeur :

– Que pensez-vous de l'accord franco-italien sur le Tibesti ?

– Je n'en parlerai qu'au point de vue local, nous dit-il. L'installation des Italiens dans le Tibesti implique une très étroite et très confiante collaboration entre les autorités de nos deux pays, sinon l'administration du pays sera des plus difficiles.

– Les territoires concédés ont-ils une importance réelle ?

– Il ne m'appartient pas de le dire.

Et M. Le Coeur d'ajouter en souriant :

– En tout cas, en leur abandonnant l'oasis d'Aozou, nous avons fait don aux Italiens du seul jardin potager qu'on avait réussi à créer au Tibesti...

TABLE DES LEGENDES

Fig. 1 — Charles Le Coeur en tournée au Tibesti (1934) : l'entrée dans la gorge de Soborom 10

Fig. 2 — Conduite des vaches vers un nouveau campement (Niger, 1969) 12

Fig. 3 — Charles Le Coeur au Tibesti (1934) 31

Fig. 4 — Marguerite Le Coeur, née Tardy (Paris, 1929) 32

Fig. 5 — Village téda de la région de Zouar (Tibesti, 1979) 46

Fig. 6 — Kinnimi, l'actuel derdé du Tibesti (1979) 49

Fig. 7 — Réunion du Frolinat à Kalaït (Borkou) après la prise de contrôle de l'ensemble du B.E.T. en 1979 72

Fig. 8 — Aux abords d'Aozou (1934) 82

Fig. 9 — Une audience du tribunal coutumier de Fada (1957) 90

Fig. 10 — Jeunes femmes lors d'une fête (Tibesti, 1979) 109

Fig. 11 — Le conteur Mahama Kiari 113

Fig. 12 — Kanouri du Kawar (vers 1934) 138

Fig. 13 — Contraste des habitats : tentes téda aux abords de la ville morte de Djado (1946) 141

Fig. 14 — Femmes Ulâd Sulaymân en voyage (Niger, 1969) 148

Fig. 15 — Femmes aza en partance (Niger, 1969) 174

Fig. 16 — Le derdé Chaï revenant de tournée (Bardaï, 1934) 200

Fig. 17 — Maison de nattes allongées du campement daza de Béni-Dorozo dans le Borkou. Au premier plan, une selle de chameau d'homme et une selle de chameau de femme (1934) 208

Fig. 18 — Village daza de Tiggi, au pied de la falaise sud du Tibesti : maisons de nattes allongées mêlées à des abris-séchoirs à dattes et à de petits greniers de pisé sur armature de branches (1934) 208

Fig. 19 — Maison de nattes ronde dressée en été dans la palmeraie téda de Bardaï. Une cour de roseaux est en construction (1934) 213

Fig. 20 — Maison ronde de nattes à Bardaï pour abriter un jeune circoncis (1934) 213

Fig. 21 — Construction d'une maison de nattes monumentale à Bardaï pour le mariage de la fille du derdé du Tibesti (1934) 217

Fig. 22 — La même vue de plus près (1934) 217

Fig. 23 — Aux abords du massif de Termit 226

Fig. 24 — La ville morte de Djado (1943) 233

Fig. 25 — Abreuvage des troupeaux par les esclaves en Egueï (1933) .. 238

Fig. 26 — Paysage du Tibesti 264

Fig. 27 — *Kamaja* bêchant son jardin (Tibesti, 1934) 268

Fig. 28 — Vieille femme pilant le mil (Tibesti, 1934) 272

Fig. 29 — Bouki, l'épouse du derdé Chaï (Tibesti, 1934) 278

TABLE DES MATIERES

Liste des auteurs 7

Introduction par Catherine Baroin 9

Biographie de Charles et Marguerite Le Coeur 31

Bibliographie de Charles et Marguerite Le Coeur 33

Monique Brandily — Les inégalités dans la société du Tibesti 37

Robert Buijtenhuijs — Les Toubou et la rébellion tchadienne 73

Louis Caron — Administration militaire et justice coutumière en Ennedi au moment de l'Indépendance 87

Catherine Baroin — Une histoire honteuse : « Le chef et la viande » .. 111

Peter Fuchs — Téda et Kanouri : les relations interethniquesà Fachi ... 139

Jean-Claude Zeltner — Futurs voisins et partenaires des Toubou, les Ulâd Sulaymân à la fin du XVIIIe siècle 149

Henri Tourneux — Bibliographie linguistique teda-dazza 175

Textes de Charles Le Coeur 187

Méthode et conclusions d'une enquête humaine au Sahara nigéro-tchadien (1945) 189

Le système des clans au Tibesti (conférence prononcée en 1935, publiée en 1953) 201

Les « mapalia » numides et leur survivance au Sahara (1937) 209

Humour et mythologie (1943) 227

Un Toubou conciliateur de l'islam et du christianisme (1945) 229

Une chambre des hôtes dans la ville morte de Djado (1943) 233

L'honneur et le bon sens chez les Toubou du Sahara central (1944) 239

Causerie sur le Tibesti (1935, texte inédit) 265

Notes sur le Tibesti 273

Pendant une année, un jeune savant français, M. Le Coeur, a séjourné au Tibesti (1935) 279

Table des Légendes 283

*Achevé d'imprimer sur les presses
de l'Imprimerie LAMY
150, rue Paradis, 13006 MARSEILLE*

Dépôt légal Septembre 1988